GÜTERSLOHER
VERLAGSHAUS

Entdecken Sie mehr auf
www.gtvh.de

Martin Dreyer

DER vergessene JESUS

Auf keinen Fall von gestern und auf jeden Fall für heute

Gütersloher Verlagshaus

Bibliografische Information der Deutschen Nationalbibliothek
Die Deutsche Nationalbibliothek verzeichnet diese Publikation
in der Deutschen Nationalbibliografie; detaillierte bibliografische
Daten sind im Internet über https://portal.dnb.de abrufbar.

 Verlagsgruppe Random House FSC® N001967

1. Auflage
Copyright © 2016 Gütersloher Verlagshaus, Gütersloh,
in der Verlagsgruppe Random House GmbH,
Neumarkter Str. 28, 81673 München

Umschlagmotive: © plainpicture/Hayden Verry, © Renáta Sedmáková – Fotolia.com
Druck und Bindung: GGP Media GmbH, Pößneck
Printed in Germany
ISBN 978-3-579-08530-2

www.gtvh.de

»Der Geist des HERRN ist über mir, darum daß mich der HERR gesalbt hat. Er hat mich gesandt, den Elenden zu predigen, die zerbrochenen Herzen zu verbinden, zu verkündigen den Gefangenen die Freiheit, den Gebundenen, daß ihnen geöffnet werde, zu verkündigen ein gnädiges Jahr des Herrn.«

(Jesaja 61,1-3)

Inhalt

11

Einleitung

Überall begegnen mir Menschen mit ihren Gottesbildern. Seit 33 Jahren beschäftige ich mich intensiv mit Jesus Christus. Ich bete zu ihm. Ich lese alles, was über ihn gesagt wurde und wird. Ich beschäftige mich mit dem, was er selbst gesagt hat. Ja, ich glaube sogar, behaupten zu können, dass ich ihn selbst erlebe. Er berührt mich. Er trägt mich. Er redet mit mir. Manchmal jeden Tag, manchmal auch ein ganzes Jahr lang nicht. Ich kann ihn erleben, weil es Jesus ist. Der Mensch, welcher stärker war als der Tod. Er lebt ewig, und mit diesem ewigen Gott kann ich stetig in Kontakt treten. Vor vielen Jahren begann diese Reise. Auf diesem Weg hat er mir immer wieder neue Seiten von sich gezeigt. Die Gotteserkenntnis hat nie ein Ende.

Jesus ist vielseitiger als die Farben eines Prismas. Das macht den Glauben so faszinierend, so abwechslungsreich, so unendlich.

Eines ist sicher: Vor 20 Jahren wäre ein solches Buch nicht möglich gewesen. Mein Gottesbild steckte in einer anderen Phase. Einer ängstlichen und irgendwie auch distanzierten Phase. Ich betete und betete den heiligen Gott an. Den Jesus, der auf einem Thron sitzt. Der über den Himmeln schwebt. Der uns alle vor dem endgültigen Gottesgericht richten wird. Der so heilig ist, dass ihn bloß zu berühren den sicheren Tod bedeutet hätte. Ich fiel auf meine Knie. Ständig musste ich ihm meine Sünden bekennen. Nur so konnte er mich noch annehmen, weil ich durch sein Blut gewaschen wurde. Jesus war mir als Opferlamm begegnet, das für meine Schuld starb. Es war ein Gottesbild, wie es Mel Gibson in seinem Film »Passion Christi« zeichnet. Doch mit den Jahren hat sich mein Bild verändert. Es ist weiter und größer geworden. Jesus zeigte mir neue Seiten an sich. Neue Seiten am Glauben. Gott ist mir dabei immer nähergekommen. Immer weiter entgegengekommen. Hinab auf meine Ebene, in meine kleine Welt.

Darum geht es in diesem Buch. Ich möchte dem Leser ermöglichen, einen irdischen Jesus kennenzulernen. Einen Gott, der als Mensch auf die Erde kam. In unseren Staub, in unsere Gedanken, in unsere Welt. Über den heiligen Jesus gibt es genug zu studieren. Die Bücherregale dieser Welt sind voll davon. Aber es gibt auch andere Seiten an ihm zu entdecken. Seiten, die immer da waren. Die aber im Wechsel der Jahrhunderte vergessen worden sind.

In der schriftlichen Umsetzung meiner Gedanken habe ich versucht, am Ende eines jeden Kapitels die angesprochenen Inhalte noch einmal zusammenzufassen.

Als Bibel wurde die Lutherübersetzung von 1912 herangezogen.

Ich danke meiner Frau Rahel für ihre Unterstützung bei diesem Buch. Ohne sie wäre es nie entstanden. Des Weiteren danke ich Freunden, die mir in Experteninterviews zu den einzelnen Themenblöcken beiseite gestanden haben: Attila Albert, Pfarrer Andreas Ebert, Jocky Johannes Spörl, Dirk Tolle, Danielle Norberg, Andre Dick, Dennis Michalke, Lilija Kwic, Stefan Metzler, Dipl. Psych. Hajo Müller, Heiko Evermann und Steffen Bien. Ihr wart mir eine große Inspiration!

Mein besonderer Dank geht an die lektorale und inhaltliche Bearbeitung des gesamten Textes durch Antje Hildebrandt. Sie hat nicht nur sprachlich, sondern auch argumentativ zu großen Stücken dazu beigetragen, dass die Aktualität des Themas deutlich werden konnte.

Ich danke dem Gütersloher Verlagshaus für den Mut, dieses Buch zu veröffentlichen.

Meine Bitte an den Leser ist, die Aussagen und Inhalte erst zu beurteilen, nachdem das ganze Buch, zumindest ansatzweise, gelesen wurde.

Es wäre mir eine Freude, wenn meine womöglich radikalen Ideen und Gedanken Jesus Christus neu in den gesellschaftlichen Diskurs bringen. Er hätte es verdient. Wir hätten es alle verdient. Wir haben es nötig.

Martin Dreyer
Berlin 2016

1.
Unser Bild von Jesus

Unser Bild von Jesus ist unvollständig. Es wurde einseitig geprägt und religiös verfälscht. Es wurde oft missbraucht, spirituell vergewaltigt. Es wurde dazu genutzt, Macht zu vergrößern und Menschen zu kontrollieren. Menschen wurden in Jesu Namen klein- und stillgehalten. Gläubige wurden ruhiggestellt, regelrecht »eingeschläfert« und »wachtot« gemacht.

Deshalb muss dieses Bild gesprengt werden. Es muss zerstört und neu gemalt werden. Es muss eine neue Gestalt bekommen und vervollständigt werden. Denn erst dann ist es richtig und bewirkt, was es bewirken soll. Es soll uns verstören, herausfordern, verändern. Es soll uns Kraft geben, beflügeln und anfeuern. Er, Jesus, soll uns als Vorbild dienen und unser Denken wieder neu beeinflussen.

Denn dieser Jesus war anders. Er war ein Provokateur, der sich mit den Mächtigen der Welt anlegte. Mit seinen Worten und Taten hat er die religiöse Elite gegen sich aufgebracht. Er kritisierte öffentlich, mit scharfen und harten Worten. So gar nicht liebevoll und überhaupt nicht diplomatisch.

Er war nie p.c. (politisch korrekt). Er ging nie Kompromisse ein. Auf Nachfragen reagierte er ungehalten. Seine Kritik tat so weh, dass man ihn töten wollte. Er musste aus dem Weg geräumt werden. Man hat ihn schließlich umgebracht, vor aller Augen hingerichtet.

Jesus Radikalität kannte keine Grenzen. Er setzte alles auf eine Karte. Sein Leben bestand aus Schwarz oder Weiß. Was er sagte, meinte er. Sein Wort war im Einklang mit seinen Taten. Seine

Sätze hatten Sprengkraft. Bis heute können wir ihren Knall noch wahrnehmen, wie ein Echo aus der Urzeit, wie eine Schallwelle aus dem universellen Über-Ich. Sie verfolgt uns – leise, aber unnachgiebig. Seine Worte kritisieren, fordern uns heraus, ermutigen uns. Niemand wurde so oft zitiert und nachhaltig studiert wie er. Doch sehen wir diesen radikalen Jesus überhaupt? Nehmen wir ihn heute so wahr, wie er war? Oder haben wir ihn nur noch als Baby im Blick? Es liegt in einer Krippe bei schummerigem Lagerfeuerlicht. Ein Esel steht am Rand und kaut Stroh. Mehrere seltsam gekleidete Männer schauen das Neugeborene an. Weihrauchgeruch. Englein singen im Hintergrund. Es lächelt. Sie lächeln. Alle lächeln. Über dem Kopf des Kleinen glänzt ein strahlender Ring. Weihnachtlich.

Erstes Jesusbild: das Baby

Dies ist das erste Bild, das viele Menschen vor ihrem inneren Auge sehen, wenn sie an Jesus denken: das Christkind. Es ist der erste Eindruck, den wir von ihm bekommen. Dieses Bild saugen wir schon mit der Muttermilch auf. Ich weiß noch, wie ich als Sechsjähriger mit meinen Eltern eine Weihnachtskrippe gebastelt habe. Da lag es nun, in Windeln gewickelt in einer Krippe. Wie niedlich. Wie süß. Das Jesusbaby.

Zweites Jesusbild: der Erlöser

Jesus sitzt auf einem Berg im Schneidersitz. Männer in braunen oder beigen, bodenlangen Hemden hocken um ihn herum. Auch Frauen sind da. In der rechten Hand hält der Messias ein Fladenbrot und in der anderen einen Fisch. Es sind Tausende, auch Kinder. Sie haben Hunger. Sie sind Zeugen. Es steht kurz bevor: das große Vermehrungswunder. Vielleicht ist das sogar noch die spannendste Geschichte, die wir aus der Bibel kennen. Sie wurde uns im Kindergottesdienst erzählt. Rauf und runter. Immer und immer wieder.

Drittes Jesusbild: der Gekreuzigte

Das dritte Bild ist das des Gekreuzigten. Jesus hängt blutverschmiert an einem Kreuz. Jede Hand ist von einem Nagel durchbohrt. Leidend blickt er auf uns herab. In seiner Seite klafft eine Wunde, auf seinem Kopf thront ein Kranz aus Dornenzweigen. Die Spitzen der Dornen drücken sich in sein Gesicht, aus den Händen und Füßen tropft Blut. Um ihn herum weinende Frauen, dunkle Wolken, ein Donner im Hintergrund. Es regnet. So hängt er in fast allen Kirchen. So können wir ihn täglich sehen. Der sterbende Jesus am Kreuz. Schaurig, aber schön.

Das sind die Bilder, die uns durch den Kopf schwirren, wenn wir ihn uns vorstellen. Den Gottessohn. Den Christus. Diesen Jesus. Den Mann, der die weltweit größte Religion gegründet hat. 2,2 Milliarden Menschen glauben an ihn. Sie gehen mehr oder minder regelmäßig in eine Kirche. Sie beten ihn an. Sie nennen sich nach ihm, nämlich »Christen«.

Sie glauben an den Mann, der unser Denken wie kein anderer in der westlichen Welt beeinflusst hat. Er hat unsere Werte über viele Generationen hinweg immer wieder neu hinterfragt und verortet. »Segnet, die euch fluchen.« – »Und wer dir auf die rechte Wange haut, dem halte die linke auch noch hin.« – »Geben ist seliger als nehmen.«

Es sind hohe Ansprüche, die er an sich selbst und an uns stellt. Und wenn wir ehrlich sind, müssen wir zugeben: Das meiste von dem, was er von uns Menschen fordert, tun wir nicht. Sind Jesu Vorstellungen vom Leben zu abgehoben? Oder haben wir ihn möglicherweise falsch verstanden? In seinem Namen wurden blutige Kriege geführt und Menschen gefoltert. Das zieht sich wie ein roter Faden durch die Geschichte. In seinem Namen wurden im Mittelalter Mediziner, Magier und Hexen bei lebendigem Leibe verbrannt. In seinem Namen haben beide großen Kirchen im Dritten Reich erst die Waffen der Nazis gesegnet und dann die Bomben der Amerikaner. Welchen Teil des Jesusworts »Liebe deinen Nächsten« haben seine Anhänger dabei wohl nicht verstanden?

Seine Religion hat viel Gutes bewirkt. Das ist unbestritten: Sie appelliert an Soziales Denken, Fürsorge für Arme und Kranke. Das ist Jesu Vermächtnis. Und doch wurden in seinem Namen Menschen auch missbraucht, vergewaltigt, verführt, verletzt und vernichtet.

Viel wurde über ihn geschrieben. Unzählige Bücher stehen in den Bibliotheken dieser Welt. Benedikt, der erste deutsche Papst der Neuzeit, hat ihm eine Enzyklopädie gewidmet. Tausende Seiten, drei Bände, ein weiterer wird folgen. Wer hat sie gelesen, und wer hat sie verstanden? Unzählige Bilder wurden von ihm gemalt, von Rubens bis Rembrandt, von van Gogh bis Versace. Man hat versucht, ihn auf diese Weise zu begreifen und sichtbar werden zu lassen. Viel Schönes ist dabei entstanden und viel Verstörendes.

Auch die Musik hat sich mit Jesus beschäftigt, von Bach bis Beethoven, von Techno bis House. Rockbands haben sich nach ihm benannt und Heavy-Metal-Bands nach seinem Gegner. Ganze Arien, Opern und natürlich Choräle erzählen von seinem Leben.

Der historische Jesus füllt Geschichtsbücher. Sein Leben bietet unendlich viel Gesprächsstoff. Was hat er getragen? Hatte er einen Bart? Wie hat er gesprochen? Was hat er gegessen? War er verheiratet? War er ein Prophet? Hat er wirklich jeden geheilt? Wir versuchen, dem wahren Bild Jesu näherzukommen. Wir versuchen, ihn zu begreifen.

Und doch scheint uns dieser Jesus bei aller Nahbarkeit auch immer fern zu bleiben. Ein umfassendes Bild, das ihn in all seinen Facetten zeigt, kann es gar nicht geben.

Denn dieses Bild verändert sich mit den Menschen und damit, was sie Neues über ihn erfahren. Es ändert seine Farbe im Lichte neuer Erkenntnisse der Theologie. Es unterliegt einer Art Evolution.

Einen Menschensohn, so nannte sich Jesus selbst. Es ist ein Begriff, der im Judentum vorbelastet ist, denn Juden verbinden damit eine ganz konkrete Erwartung. Der Menschensohn sollte alles gut werden lassen. Er sollte die Verheißungen der alten Propheten erfüllen. Mit ihm sollte eine neue Zeit anbrechen. Doch ist das passiert?

Die wichtigere Frage für uns ist aber: Haben wir in all dem, was über Jesus geschrieben, geforscht, gemalt oder gesungen wurde, vielleicht etwas vergessen? Eine Seite an ihm, die wir vielleicht gern übersehen? Und ist diese andere Seite vielleicht sogar die entscheidende?

In Vergessenheit geraten: Jesus als »Freak«

Damit meine ich den Freak Jesus: den Jesus, der uns alle überrascht und provoziert, weil er einen völlig anderen Blickwinkel auf das Leben hat. Gibt es vielleicht sogar eine Seite, die uns befreien könnte? Befreien von dem religiösen Druck, der drückenden Moral, der Angst vor dem Leben?

Diese Frage habe ich mir gestellt und unter diesem Blickwinkel die Schriften neu studiert. Dieser vergessene Jesus ist Thema meines Buches. Der Jesus, der uns aus dem Gefängnis unserer Religion befreit. Machen Sie sich auf neue Bilder von Jesus gefasst. Die nächsten Seiten werden provozieren. Sie werden verstören. Sie werden an Glaubensvorstellungen rütteln. Vermutlich werden sich einige von Ihnen über diesen Jesus ärgern. Trotzdem ist er da. Er wird uns so im Neuen Testament geschildert. Wir müssen nur genau hinschauen.

Und wenn sich jemand über diesen Jesus ärgert, wäre das so schlimm? Ich denke, nein. Ganz im Gegenteil: Ein Jesus, der nicht provoziert, ist wie das Open-Air-Konzert der Heavy-Metal-Fans in Wacken ohne Headbanger und Musik. Die Welt in Frage zu stellen, das ist seine Mission. Und genau deswegen haben sich Menschen jahrhundertelang über ihn aufgeregt. Und Jesus genoss es, zu polarisieren. Er nannte das »salzig sein«.

Meine Grundlage für dieses Buch ist die Bibel. Die Schrift, auf der die gesamte christliche Religion aufbaut. Aus dieser Schrift wurden immer wieder Passagen ausgeblendet, oder sie wurden nicht stark genug gewichtet. Warum eigentlich? Weil sie nicht in die Moralvorstellungen der jeweiligen Zeit passten? Weil man sie für unrealistisch oder sogar irre hielt? Oder weil man sie einfach nicht verstand?

Die Kirchen schrumpfen. Nicht nur in Deutschland, sondern in der gesamten westlichen Welt. Diesen Trend beobachten alle Christen natürlich mit wachsender Sorge. Ob es die evangelische oder katholische Kirche in ihrer heutigen Form in hundert Jahren in Deutschland noch geben wird, ist mehr als fraglich.

Im Gottesdienst haben sich die Reihen im Internet-Zeitalter gefährlich gelichtet. Mitunter kommen nur noch so wenige Besucher, dass diese lieber einen Stuhlkreis um die Kanzel bilden, damit sie nicht so verloren in der leeren Kirche sitzen. Dieser Abwärtstrend betrifft übrigens auch die Freikirchen. Die Gemeindemitglieder sind anspruchsvoller geworden. Kein Mensch quält sich morgens aus dem Bett, um sich von Predigern einschläfern zu lassen, die außer ihrer Brille oder der Frisur seit Jahren nichts an sich und ihrem Stil geändert haben. Die Oldies unter ihren Schäfchen lassen sich das vielleicht gefallen. Die Jüngeren aber lassen ihnen das nicht mehr durchgehen. Sie wechseln die Kirche und gehen zur besseren Predigt, zur moderneren Musik, zum hipperen Style.

Ist das bisherige Gottesbild zu verweichlicht?

Die Unzufriedenheit mit den Gottesdiensten rührt aber auch von dem Bild her, das uns die Kirchen immer noch von Gott verkaufen. Ihr Gott ist lieb, harmlos und sanft. Ein imaginärer Ein-Mann-Ältestenrat, der nirgends aneckt und es allen recht zu machen versucht. Zu stromlinienförmig, um echt zu sein. Doch kann mir so einer wirklich helfen, wenn ich mit dem Rücken zur Wand stehe? Hat dieser vollbärtige Hippie im Schneidersitz Antworten auf meine Fragen? Versteht er mich wirklich? Kann er mir Orientierung geben? Ich denke: Nein!

Wie verhält es sich mit Christus? Er kommt als anämischer Gutmensch daher, dem jede Bodenhaftung fehlt, der über den Dingen schwebt. Mit diesem Gott kann kein modern denkender Mensch etwas anfangen. Dabei hat er uns noch so viel zu sagen.

Lassen wir uns deshalb auf den vergessenen Jesus ein. Den, der die Menschen befreit, weil er unsere Vorstellungen sprengt. Von Gott, von Kirche – und vom Leben. Es ist genau dieser Jesus, der uns in der zweitausend Jahre alten Bibel begegnet. Sehen wir ihm endlich in die Augen! Gott auf Augenhöhe. Immanuel: Gott ist mit uns.

2.
Jesus liebt Partys

»*Und am dritten Tag war eine Hochzeit zu Kana in Galiläa; und die Mutter Jesu war da. Jesus aber und seine Jünger wurden auch auf die Hochzeit geladen. Und da es an Wein gebrach, spricht die Mutter Jesu zu ihm: Sie haben nicht Wein. Jesus spricht zu ihr: Weib, was habe ich mit dir zu schaffen? Meine Stunde ist noch nicht gekommen. Seine Mutter spricht zu den Dienern: Was er euch sagt, das tut. Es waren aber allda sechs steinerne Wasserkrüge gesetzt nach der Weise der jüdischen Reinigung, und ging in je einen zwei oder drei Maß. Jesus spricht zu ihnen: Füllet die Wasserkrüge mit Wasser! Und sie füllten sie bis obenan. Und er spricht zu ihnen: Schöpfet nun und bringet's dem Speisemeister! Und sie brachten's. Als aber der Speisemeister kostete den Wein, der Wasser gewesen war, und wußte nicht, woher er kam (die Diener aber wußten's, die das Wasser geschöpft hatten), ruft der Speisemeister den Bräutigam und spricht zu ihm: Jedermann gibt zum ersten guten Wein, und wenn sie trunken geworden sind, alsdann den geringeren; du hast den guten Wein bisher behalten. Das ist das erste Zeichen, das Jesus tat, geschehen zu Kana in Galiläa, und offenbarte seine Herrlichkeit. Und seine Jünger glaubten an ihn.*«

(Johannes 2,1-12)

[Jesus spricht:] »*Der Menschensohn ist gekommen, isst und trinkt; so sagen sie: Siehe, was ist dieser Mensch für ein Fresser und Weinsäufer, ein Freund der Zöllner und Sünder!*«

(Matthäus 11,19)

»Dasselbe war im Anfang bei Gott. Alle Dinge sind durch dasselbe gemacht, und ohne dasselbe ist nichts gemacht, was gemacht ist.«

(Johannes 1,3)

Professionelle Christen werden oft als Party-Schreck empfunden. So habe ich es immer wieder erlebt. Eine Party, die Stimmung ist ausgelassen. Menschen trinken, rauchen, kiffen, lachen, flirten. Hier und da wird getanzt. Und plötzlich kommt der Pastor zur Tür herein und die Stimmung ändert sich schlagartig. Die Dame mit dem zehnten Weinglas in der Hand knüpft sich umständlich ihre obersten Knöpfe wieder zu. Gesichtszüge erstarren, die Flasche Wodka wandert unter das Sofa. Man lächelt ihm zu, dem Profi-Christen, und versucht, sich so normal wie möglich zu verhalten. »Hallo! Wir sind ja alle noch so nüchtern!«

Party? Christen müssen draußen bleiben!

Diese Erfahrung habe ich immer wieder gemacht als Christ, den relativ viele kennen, weil sie sein Gesicht schon mal irgendwo gesehen haben. Und woran liegt das? Warum schlägt die Stimmung um, wenn Christen mitfeiern wollen? Warum unterstellt man Jesu Jüngern, sie verstünden das Wort »Party« nicht wirklich? War das schon immer so? Oder haben sie sich diesen Ruf erst in den letzten 2.000 Jahren Christentum erworben?

Überschwang, Spaß und Exzess: Das sind Worte, die im Vokabular der Christen fehlen. Die besten Partys, so das gängige Klischee, laufen in der Welt. Und »Welt« bedeutet »gottlos«. Orte, an denen Gottes Wort nicht verbreitet wird. Wo niemand an Gott denkt oder an Jesus glaubt.

Wenn Christen feiern, dann nur mit Contenance und Anstand.

Und natürlich mit einem tieferen Hintergedanken. Ökologisch, sozial verträglich, friedliebend. Entwicklungsländer unterstützend. Nachhaltig. Selbstgestrickt. Das kalte Buffet bestückt mit Lebensmitteln aus Neu Guinea oder Indien – alles bio, alles fairtrade, und wenn möglich noch vegan. Es sind Häppchen, die nicht gerade die Geschmacksnerven kitzeln. Aber vielleicht ist das sogar symptomatisch. Das gute Gewissen isst schließlich mit.

Und selbst auf den großen Massenevents der christlichen Szene kann man das spüren, bei Kirchentagen oder im Jesus House. Manchmal hat man den Eindruck, da wird auf »Teufel komm raus« gefeiert, bloß eben ohne Teufel. Lichtshow, laute Musik, Videobeamer und Nebelschwaden. »Seht her, wir können auch Party!«, wollen die Veranstalter wohl demonstrieren. Manchmal gelingt das sogar. Doch meistens wirkt es peinlich. Zumindest auf den Zuschauer, der sich eher aus Versehen bei solchen Partys verirrt hat.

Und das ist der Gesamteindruck aus allen Kirchen. Wer richtig feiern will, geht überall hin, aber nicht in die Gemeinde. Egal, welcher Konfession er angehört.

Ich habe mich schon oft gefragt, woher das eigentlich kommt. Diese Angst vor dem Feiern. Diese Spaßfeindlichkeit. Diese Antiparty-Theologie. In einem bin ich mir sicher: Bestimmt nicht von Jesus!

Was steht in der Bibel wirklich?

Ich kann nur vermuten, dass einer der Gründe aus einer falschen Ableitung der Theologie des Paulus herrührt. Paulus, und nicht Jesus! Vielleicht nur ein Übersetzungsfehler, eine Fehlinterpretation? Ein Grund von vielen, oder vielleicht der entscheidende.

Im Brief an die Römer wird Paulus zitiert:»Das Sinnen des Fleisches ist Tod. Das Sinnen des Geistes aber ist Leben und Frieden.« So steht es im achten Kapitel, Vers sechs. Über Jahrtausende wurde diese Stelle von Predigern, Pfarrern und Pastoren falsch ausgelegt. Wer»Fleisch« las, dachte an das Körperliche und daran, was der Körper will und was wir mit ihm machen, was wir ihm zuführen, was der Körper fühlt. Und vor allem: Was der Körper will! Das Sinnen des Körpers eben. Da kommt sofort die Sexualität auf den Schirm. Sinnen des Körpers ist Lust. Fleisch ist gleich Körper. Körper ist gleich Sex. Ah! Fleischlich leben ist also sexuell freizügig leben. Und das führt am Ende zum Tod. Exitus durch Sexeslust. Das meint Paulus also?!

Geht es um Dinge, die wir mit dem Körper tun, die wir ihm zufügen? Ein fleischlicher Lebenswandel wird mit einem lustvollen Lebenswandel in Verbindung gebracht. Lust, die wir über unseren Körper in unseren Gefühlen erleben.

Das beinhaltet natürlich auch den Rausch. Rausch, bewirkt durch Stoffe, die wir zu uns nehmen. Alkohol, Tabletten, Zigaretten oder Drogen. Sie beeinflussen unseren Körper und unseren Geist. Sie sorgen für einen Rausch. Rausch ist»Wein-Geist«. Gott ist»Heiliger-Geist«. Versteht man die Stelle so, dann stehen die beiden im Widerspruch zueinander. Sie passen nicht zusammen. Sie bekämpfen sich sogar.

Daraus erwächst ein Kampf, der sich zwischen Körper und Geist abspielt. Es ist ein Kampf zwischen Gut und Böse, Gott und dem Teufel, Joda und Darth Vader. Ein Kampf zwischen unserer Liebe zu Gott und den Bedürfnissen unseres Körpers.

Folgt man dieser merkwürdigen Logik, dann töten wir den Geist Gottes in uns in dem Maße ab, in dem wir unsere fleischlichen Bedürfnisse nähren. Wir beleidigen ihn. Wir verdrängen ihn. Wir verscheuchen ihn.

Und das läuft auf den Worst Case hinaus: Am Ende hat Gott keinen Platz mehr in unserem Leben.

Ernähren wir unseren Geist aber mit geistlichen Dingen, dann, so das christliche Bild, stirbt das Fleisch, die Lust wird bekämpft. So wie ionisierende Strahlen in der Therapie den Krebs abtöten, soll uns der Geist durch spirituelle Handlungen reinigen und uns aus dem eisernen Griff der Lust befreien. Wir verändern uns innerlich, psychisch und geistlich. Mit spirituellen Handlungen sind Bibellektüre, Meditation und Gebet gemeint. Oder das Singen von geistlichen Liedern. Oder der Gang zum Gottesdienst. In den Ohren von Agnostikern mag das mittelalterlich klingen, aber – bewusst oder unbewusst – einige Christen denken tatsächlich so. Und nicht nur die Charismatiker, man kann es in allen Konfessionen finden. Sie gehen in die Gottesdienste, um ihr Fleisch »bestrahlen« zu lassen. Sie lesen in der Bibel, um ihre sinnliche Lust zu verdrängen. Sie singen Lobpreisungen, um sich dem Geist auszusetzen. Sie legen die Beichte ab, um damit die Gewissensbisse wegen ihrer sinnlichen Bedürfnisse loszuwerden. Sie hören geistliche Musik und singen geistliche Lieder, um geistlich zu sein. Denn 100-prozentige Christen sind nun einmal spirituelle Menschen. Sie denken und leben geistlich. Sie wollen das.

Mit anderen Worten: Gebet ist geistlich. Gebäck ist fleischlich. Segen ist geistlich. Sexualität ist fleischlich. Gottesdienstbesuche sind geistlich. Partybesuche sind fleischlich. Doch wenn man unvoreingenommen an diese Gleichungen herangeht, wird einem schnell klar: Was ist das für ein Unsinn! Das kann Jesus Christus doch nicht gemeint haben! Und Paulus übrigens auch nicht.

Wenn Paulus vom Fleischlichen spricht, meint er immer eine Existenz ohne Gott. In Römer 7,14 wird das deutlich, wenn er über einen fleischlichen Zustand schreibt: »... ich aber bin Fleisch, das heißt: verkauft an die Sünde ...«

Wer an Jesus glaubt, ist keineswegs »verkauft an die Sünde«, er ist vollständig befreit davon. Sünde hat den Schrecken verloren, weil Vergebung durch Christus möglich wurde. Fleisch und Gott mögen zwar keine Freunde sein. Wer aber Jesus folgt, wer ihn toll findet, ist natürlich niemals ein Feind Gottes. Es ist mir wichtig, dass wir das Christentum nur von Christus aus denken können. Er ist das Zentrum. Von ihm geht alles aus. Er ist zentral in allem. Was er getan und gesagt hat, ist das oberste Gebot, auf das sich alles andere ausrichten muss.

Bis heute begeht die Kirche einen Jahrhunderte alten und folgenschweren Fehler: Sie nahm die Worte von Paulus zur Richtschnur, nicht die Worte von Jesus Christus. Paulus' Theologie aber ist nicht immer die Theologie von Jesus. Es ist höchste Zeit, dass wir Jesus in das Zentrum des Glaubens zurückholen. Denn nur er hat die höchste Autorität in allen Fragen, auch in den moralischen.

Meine fundamentalistischen Freunde können dieser Argumentation nicht folgen. Aber nur so macht für mich das ganze Evangelium Sinn. Man muss die Worte aus der Bibel richtig gewichten. Sonst reiben wir uns in unserem Glauben an Widersprüchen auf. Jesus ist das Zentrum! Was von ihm in der Schrift erzählt wird, ist die Richtschnur. Er gibt den Ton an.

Was Jesus sagt, hat oberste Priorität. Seine Worte stechen alles andere aus. Weder die Worte von Mose noch die Worte von Paulus oder Petrus können sich daran messen. Natürlich haben sie auch großes Gewicht. Sie sind Worte, die uns im Glauben weiterhelfen. Sie stehen in der Bibel. Durch dieses Wort kann der lebendige Gott zu uns sprechen.

Aber wenn sich für uns ein Widerspruch in der Schrift darstellt, bezogen auf unser heutiges Leben, dann kann nur Jesus der höchste Trumpf sein.

Seine Worte haben das stärkste Gewicht. Ihnen muss sich alles unterordnen. Sie geben die Werte vor, nach denen ein Christ zu leben hat. Auch wenn uns diese Werte hoch erscheinen, vielleicht sogar unerreichbar. Werte? Das klingt wieder nach Moral, nach Verzicht und Selbstkasteiung. Und nicht nach Party. Ein Christ folgt Jesus. Und wie hat der gelebt? War sein Leben feierfeindlich? Hat er jemals etwas gegen Spaß, Musik und Partys gesagt? Bedeutet das Leben als Christ ein Leben unter ständigem Verzicht? Sicher: Jesus hat von Verzicht gesprochen. Davon, dass Glaube auch Konsequenzen haben kann. Konsequenzen, die wehtun. In Lukas 9,23-25 wird der Gottessohn so zitiert:»Da sprach er zu ihnen allen: Wer mir folgen will, der verleugne sich selbst und nehme sein Kreuz auf sich täglich und folge mir nach. Denn wer sein Leben erhalten will, der wird es verlieren; wer aber sein Leben verliert um meinetwillen, der wird's erhalten ...«. Bedeutet diese Aussage nicht genau das? Wer ein schönes Leben haben will, der wird das Leben verlieren? Wer Partys mag, wird daran sterben? Und nur wer sein Kreuz auf sich nimmt, nur wer bereit ist, sich für seinen Glauben töten zu lassen, den erwartet am Ende ein ewiges Leben im Himmel? Ich habe das jahrelang geglaubt. Doch heute sage ich: Nein!

Spaßverleugnung ist nicht christlich

Mit diesen Versen wurde und wird in vielen Gemeinden eine lebens- und spaßverleugnende Theologie gerechtfertigt. Sie verbietet die Freude am Feiern. Sie engt jeden Christen ein. Sie erlaubt keinen Partyspaß. Dabei sind sich die meisten seriösen Bibelausleger einig: Jesus griff mit diesen Sätzen der Zeit der Christenverfolgung vor. Das Kreuz auf sich zu nehmen bedeutet, sich für den Glauben an Gott buchstäblich hinrichten zu lassen.

Die zwölf Jünger haben das auch so erlebt. Keiner ist eines natürlichen Todes gestorben. Diese Worte sind also eine Ermutigung in Zeiten der Verfolgung und kein Aufruf zur Ernüchterung. Und kein Grund, das Feiern zu verteufeln.

Ich denke dabei gern an die eingangs zitierte Geschichte, die uns Johannes von Jesus erzählt hat. Es ist die erste Geschichte in seinem Evangelium. Sozusagen der Kickstart für Jesus. Eine Wundergeschichte der besonderen Art, und das gleich zu Anfang. Sie steht im zweiten Kapitel des Johannes-Evangeliums ab Vers zwölf. Was lesen wir dort?

Wie Jesus eine Party gerettet hat

Jesus ist auf einer Party. Und er rettet diese Party, indem er 600 Liter Wasser in 600 Liter Wein verwandelt. Ich möchte uns diese Geschichte noch einmal in Erinnerung rufen. Was ist dort eigentlich genau passiert?

Johannes erzählt uns von einer großen Hochzeitsfeier. Diese fand in Kanaa statt, einem kleinen Dorf in der Nähe von Nazareth. Jesus war eingeladen, und er brachte seine Freunde mit. Die Party hatte schon vor einer Weile begonnen. Jüdische Hochzeiten dauern bis zu einer Woche. Es wird viel gegessen und getanzt. Und es wird auch richtig viel getrunken, um nicht zu sagen, gesoffen. Es muss wohl gegen Mitte der Feier gewesen sein, da stellt die Mutter überraschend fest: »Der Alk ist alle! Kein Wein mehr da! Die Fässer sind leer!« Und es war nicht die Mutter der Braut, es war die Mutter Jesu!

Ein Horrorszenario. Auf allen großen Partys meines Lebens war das der Todesstoß. Kein Alkohol mehr da? Auch nichts zu kiffen? Da bleibt nur noch die Tanke. Oder die nächste Party.

Jesus fühlte sich angesprochen. Und er scheint erbost. Wie kann man sich seine Reaktion sonst erklären? Es klingt für mich sehr unwirsch, fast schon abweisend, wenn er nach der Luther-Übersetzung mit den Worten zitiert wird:»Was geht's dich an, Frau, was ich tue?«Höflich ist das nicht gerade. So redet kein Gentleman, so redet auch kein religiöses Vorbild. Denn im Klartext sagt Jesus:»Was willst du von mir, Alte?«Jesus, abgenervt? Ja!

Und was macht er dann, der Gottessohn? Ein guter Katholik, ein frommer evangelischer Christ und vermutlich jeder evangelikale Freikirchler hätte an dieser Stelle wohl gesagt:»Das ist ein Zeichen des Himmels! Es wurde genug getrunken. Das Bier ist alle, der Wein ist aus! Gott hat gesprochen. Ab jetzt geht die Party ohne Alkohol weiter! Holt die Kisten Selters raus! Wir sind gläubige Menschen, wir können auch ohne Wein Spaß haben!«

Nicht so der Messias. Er forderte die Knechte auf, sie sollten die sechs Fässer mit Wasser befüllen, welche in einer Ecke des Saals standen. Vermutlich sollten sich die Gäste darin die Hände waschen. Diese Fässer hatten Badewannengröße! Man schätzt, dass fast hundert Liter darin Platz hatten. Nachdem man seine Anweisungen befolgt hatte, muss Jesus irgend etwas getan haben. Vielleicht ein heimliches Gebet gesprochen. Vielleicht auch nur das Wasser berührt. Vielleicht auch nur einmal gepustet. Die Bibel gibt uns darüber keine Auskunft.

Doch Fakt ist, dass der Weinschenk bei der anschließenden Probe mehr als geschockt ist. Der Barkeeper flippt aus. Unfassbar! Er probiert das Wasser und rennt sofort völlig aufgelöst zum Bräutigam.»Warum hast du das getan?«, fragt er.»Bei jeder Party gibt man den Gästen am Anfang den guten Tropfen! Den edlen Wein. Erst wenn alle Gäste total betrunken sind, schenkt man den billigen Fusel aus! Du machst es genau umgekehrt?«So hat Jesus sein erstes Wunder nach Johannes vollbracht und damit eine Party gerettet! Wenn das kein Statement ist!

Ich bin Christ, und als solcher glaube ich nicht an Zufälle. Alles hat einen Sinn, auch wenn wir den manchmal nicht verstehen. Das gilt erst recht für die Bibel. Warum ist das so passiert? Warum hat uns Gott diese Geschichte so prominent überliefert? Was kann man aus dieser Begebenheit über Jesus lernen?

Jesus hatte nichts gegen den Rausch

Zum einen: Jesus hat nichts gegen Rausch! Ich weiß, meinen Freunden von den Anonymen Alkoholikern muss das wie ein Faustschlag erscheinen. Aber ich kann leider keine Bibelstelle finden, die sagt:»Ein Christ darf nichts trinken! Alkohol ist nicht gut! Der Teufel hat den Schnaps gemacht!«

Ich finde nur Stellen, die das Gegenteil belegen. Jesus hat Wein getrunken. Seine Jünger haben Wein getrunken. Die Apostel haben Wein getrunken. Das ist schon Provokation genug. Dass Jesus selbst nicht asketisch gelebt hat, wissen wir auch aus anderen Stellen in der Bibel. In dem oben zitierten Vers beschwerte sich der Messias zum Beispiel über den Umgang mit seinem Vorgänger, Johannes dem Täufer.

Seine Botschaft lautet: Man kann es den hyperfrommen Gläubigen nie recht machen. Egal wie man lebt, sie kritisieren und verurteilen alles. Fast schon wütend klingt es, wenn er in Matthäus 11, 18 und 19 sagt:»Johannes ist gekommen, aß nicht und trank nicht; so sagen sie: Er ist besessen. Der Menschensohn ist gekommen, isst und trinkt; so sagen sie: Siehe, was ist dieser Mensch für ein Fresser und Weinsäufer ...« Jesus streitet also nicht ab, dass er Wein trinkt. Aber er regt sich über die Einstellung seiner Mitmenschen auf. Darüber, dass sie andere sofort verurteilen, ohne nach den Hintergründen zu fragen. Diese Einstellung ist heute noch weitverbreitet, auch unter Frommen.

Unter Menschen also, die Jesus eigentlich folgen wollen. Sicher: Paulus schreibt im Epheserbrief 5,18: »Saufet euch nicht voll Weines, daraus ein unordentliches Wesen folget.« Aber hier kann es nur um ein tägliches Sichbetrinken gehen, um eine immer wiederkehrende Handlung. Ein gelegentliches Trinken wird dagegen wohl geduldet, sogar vom Heiligen Paulus.

Was ich auch interessant finde: Die Wirkung des Heiligen Geistes scheint vergleichbar mit der Wirkung von Alkohol zu sein. Oder von Cannabis und anderen Drogen.

Wir lesen davon in der Stelle der Bibel, die von der Gründung der Kirche erzählt. Sie steht im Neuen Testament in der Apostelgeschichte, im zweiten Kapitel. Man erfährt dort, wie die Jünger mit dem Heiligen Geist erfüllt werden. Wie sie singen, beten und »pogen«. Wie sie lallen, wie ihre Gliedmaßen zucken. Wie sie völlig high sind, »breit im Heiligen Geist«.

Dort steht, dass ihr Anblick die zuschauende Menge verwunderte. »Sie sind voll süßen Weines«, bemerkten sie nach der Luther-Übersetzung (Apostelgeschichte 2,13). In der Übertragung der Volxbibel haben wir es so übersetzt: »Acht Uhr morgens … und diese Christen sind alle schon stoned …«

Sie plappern. Sie wanken. Sie sind breit, breit im Heiligen Geist. In dem Geist, welchen Jesus selbst versprochen hatte. Ein Geist, der auch eine berauschende Wirkung haben kann. Viele Christen konnten das über Jahrtausende immer wieder erleben. Und doch wurde es im großen Zusammenhang irgendwie vergessen. Es trat in den Hintergrund. Es war auf einmal nicht mehr so wichtig. Und dann wurde plötzlich aus »nicht wichtig« sündig.

Wenn Jesus wirklich etwas gegen Rausch gehabt hätte, dann würde er die Menschen nicht mit seinem Geist berauschen. Und er hätte nicht eine Party gerettet, indem er für Nachschub von Alkohol gesorgt hat, mit Weinfässern in Wannengröße. Und es wird nicht berichtet, dass der Gottessohn den Rest der Party neben den Fässern gesessen hat, um zu kontrollieren, dass sich keiner betrinkt.»Na, Schwester? Schon dein drittes Glas? Reicht es nicht für heute? Zähl doch mal rückwärts bis zehn!« Das heißt nicht, dass er Alkoholikern einen Freibrief erteilt hätte. Sucht ist eine Krankheit. Sie kann einem die Kontrolle über sich selbst rauben und das ganze Leben zerstören. Wer nicht aus Genuss trinkt, sondern weil er muss, ist krank. Er braucht Hilfe. Und Jesus hat solche Menschen geheilt. Für alle anderen aber gilt: Ab und zu betrunken sein oder auch bekifft, das ist keine Todsünde. Das Leben ist schließlich zu kurz, um es nicht zu genießen.

Wein war zu Jesu Zeiten das am weitesten verbreitete Getränk. Oft war der Wein sauberer als das Trinkwasser. Jeder trank Wein, auch die armen Leute. Ganz besonders die. Der Wein war nicht heilig, hätte Jesus sonst ausgerechnet ihn als Getränk zum Abendmahl gewählt? Ein Getränk, das bis zu 18 Prozent Alkohol enthielt. Hätte er nicht auch Tee nehmen können oder stilles Wasser? Er wird wohl gewusst haben, warum er gegorenen Traubensaft bevorzugte:»Dieser Wein ist mein Blut, das für euch vergossen wird, zur Vergebung Euer Sünden.« (Matthäus 26, 28)

Würde Jesus heute in Deutschland predigen, er hätte sich vermutlich nicht für Wein entschieden, sondern für Bier. Ob für Weißbier oder Kölsch, vermag ich nicht zu sagen. Aber Hopfen und Malz hätten es sein müssen. Bier ist das Lieblingsgetränk der Deutschen, direkt nach Kaffee. 2014 trank jeder Bundesbürger durchschnittlich 107 Liter im Jahr.

Wofür stand der Wein damals? Galt gegorener Traubensaft als etwas besonders heiliges, göttliches? Sicher nicht! Jesu Botschaft war eine andere: Wein löscht den Durst. Er gehört zum Leben dazu. Und womit Ihr Euren Durst löscht, das nehme ich! Und auch mit dem Getränk, womit ihr feiert und euch betrinkt. Genau dieser Wein steht symbolisch für mein Blut.

Es ist schwer vorstellbar, dass sich sein indirektes Plädoyer für das Recht auf Rausch nur auf Wein beschränkte. Sicher war es damals das am weitesten verbreitete Getränk. In der Bibel gibt es sage und schreibe 1543 Verse, in denen von Wein die Rede ist. Doch auch das Bier wird darin immerhin 16 Mal erwähnt, das Lieblingsgetränk der Deutschen. Hätte die oben erwähnte Hochzeitsfeier in Deutschland stattgefunden, der Messias würde mit Sicherheit das Bierfass vollmachen. Dann hätte die Bibel vielleicht das Bierwunder von Warstein beschworen und nicht das Weinwunder zu Kanaa.

Würde Jesus heute kiffen oder etwa koksen? Davon finden wir nichts in den heiligen Büchern. Wahrscheinlich war Jesus auch so vom Heiligen Geist erfüllt, dass er diesen Flash nicht mehr brauchte. Es hätte ihn vermutlich eher abgetörnt. Christus war beseelt von Gottes Kraft und seiner Liebe. Aber gegen einen Rausch hat er nie gepredigt. Sonst gäbe es dafür Belege in der Bibel.

Schließlich war Jesus an der Schöpfung beteiligt. Er entwarf den Hasen und das Hanf. Den Wal und das Weed. Am Ende der Schöpfungsgeschichte lesen wir, dass sich »Gott alles ansah, was er gemacht hatte; und siehe da, es war sehr gut!« (1. Mose 1, 31) Die gesamte Schöpfung TÜV-geprüft, wenn man so will. Und davon war keine Pflanze ausgenommen.

Jetzt werden einige von Ihnen vermutlich einwenden:»Aber der Besitz von Cannabis ist illegal! Und als Christ sollen wir nichts tun, was das Gesetz verbietet!« Ich frage dann einfach zurück:»Wann bist du das letzte Mal über eine rote Ampel gegangen, als meilenweit kein Auto in Sicht war? Ist das weniger illegal? Nein, aber du tust es trotzdem. Weil du dir sicher bist, dass du niemanden gefährdest.«

Und so ist es mit dem Kiffen. Alle paar Wochen einen Joint zu rauchen, das gefährdet meiner Meinung nach niemanden. Den Konsumenten nicht, den Staat nicht und dich auch nicht. Natürlich will ich niemanden zum Missbrauch von Marihuana verführen. Wie käme ich dazu? Der Grat zwischen Genuss und Missbrauch ist schmal. Das ist bei Alkohol und anderen Suchtmitteln nicht anders.

Es hängt immer von uns selbst ab, wieviel Platz wir den Drogen in unserem Leben einräumen. Und nicht jeder bekommt diesen Balanceakt hin. Ich habe das selbst erlebt. Einige meiner Freunde sind an ihrer Sucht gestorben. Kollegen aus der Schulzeit haben sich eine Überdosis Heroin gespritzt. Ein anderer fuhr high mit seinem Motorrad gegen einen Laternenpfahl. Er war sofort tot. Aber das Kiffen deshalb grundsätzlich zu verbieten, halte ich für weltfremd.

Der Konsum von Cannabis ist übrigens laut Strafgesetzbuch nicht strafbar, nur der Besitz. Hier gilt die Suchtfrage, die Krankheit Sucht. Das Problem ist doch immer, was wir damit machen. Wie wir es gebrauchen. Welchen Raum es in unserem Leben einnimmt. Natürlich gibt es einen ungesunden Konsum. Übrigens von fast allen Dingen. Nicht nur von Wein und Weed. Auch von Essen und Einkaufen.

Wie gesagt: Sucht ist eine Krankheit. Krankheit ist nie von Gott. Sucht zerstört alles. Die zwischenmenschlichen Beziehungen, die Psyche, den Körper, den Geldbeutel. Und am Ende steht der Tod. Ich habe das selbst erlebt. Freunde sind an ihrer Sucht gestorben. Die Krankheit Sucht ist tödlich. Aber ein normaler Gebrauch von Substanzen, die einen gelegentlich in einen anderen Gefühlszustand versetzen?

Ich kann keine Bibelstelle finden, die das grundsätzlich verbietet. Und von Jesus gibt es dazu ebenfalls kein Zitat.

Aber zurück zum Thema Party. Ich habe oben beschrieben, wie Jesus die Gäste einer Hochzeitsparty vor dem Verdursten rettete. Ich schließe daraus: Gott steht auf Partys! Dafür gibt es genügend Belege in der Bibel.

Nicht nur die Apostel haben mit Jesus zusammen gefeiert und gesungen. Auch der israelitische König David aus dem Alten Testament wusste lange vor dem Davidsohn, wie man richtig Party macht. Im ersten Teil der Bibel lesen wir von rauschenden Festen und Saufgelagen des Königs von Israel. Wir hören von Tanz und Gesang, von einer Stimmung wie am Ballermann.

Musik durfte da nicht fehlen. Solche mit Rhythmus und Beat, die ohne Umweg in die Beine geht. Ich bin mir sicher, dass unser Jesus seine Hände auch bei der Erfindung der Musik im Spiel gehabt hat. So kann man es aus der Bibel herauslesen. Johannes schreibt in seinem Evangelium: »Am Anfang war das Wort, und das Wort war bei Gott (…)«. Und dann weiter in Vers 3: »…alle Dinge sind durch dasselbe gemacht, und ohne dasselbe ist nichts gemacht …« In Vers 17 wird dann aufgeklärt, wer das Wort eigentlich ist: »Jesum Christum«. Alles ist durch Jesus Christus gemacht worden (Johannes 1,1-7).

Das bedeutet: Jesus hat die gesamte Schöpfung gestaltet. Seine kreative und künstlerische Kraft war schon immer da. Jesus, der Stardesigner? Der Weltenformer? Ja! Gigantische Galaxien, faszinierende Sternennebel, farbenfrohe Blumen, tiefgrüne Urwaldlandschaften, knallbuntes Gefieder, alles seine Idee!

Wohin wir in der Natur schauen, sehen wir Kunstwerke. Die Silhouette einer freistehenden, zweihundert Jahre alten Buche. Das geometrische Muster einer Bienenwabe. Die Haut eines Elefanten. Das weiße Band der Milchstraße. Nein, ich schreibe diese Hymne auf die Schöpfung nicht unter dem Einfluss eines Joints. Ich kiffe schon lange nicht mehr. Mir tut es nicht gut. Aber ich staune darüber, was Jesus für faszinierende und gigantische Schönheiten geschaffen hat.

Jesus liebte Kunst. Gott und in ihm Jesus war der erste Künstler der Welt und, wie ich finde, auch der beste von allen. Wenn die Schöpfung durch seine Hände gegangen ist, dann gilt für mich als sicher, dass er sich auch für die Erschaffung von Tönen und Beats verantwortlich zeichnete.

Vielleicht war das sogar sein kreativster Geniestreich, gleich nach dem Sex. Musik ist immer göttlich, ich kenne keine Musik, die nicht göttlich ist. Und ich teile auch nicht die Sorge, dass hinter einigen Klängen der Teufel steckt, der uns in negative Schwingungen versetzt. So ganz heimlich und hinterrücks. Kleine, fiese »Dämönchen«, die sich über das Mittelohr in unseren Geist schleichen, wenn wir Marilyn Manson hören. Oder Wagner?

Das ist eine verrückte Vorstellung! Satan, der Teufel, ist nicht kreativ. Auch das kann man der Bibel entnehmen. Es gibt keine einzige Quelle, die den Teufel als Macher deklariert. Als jemanden, der etwas Neues erschafft. Das kann nur Gott. Jeder Beat trägt seine Handschrift. Ob Techno oder Klassik, ob Elektro oder Dubstep, ob Dark Wave oder Death Metal.

Ja, ich gehe sogar so weit zu behaupten, dass er auch hinter Justin Bieber steckt, dem milchgesichtigen Pop-Wunder. Egal, ob man den mag oder nicht. Alles Kreative hat seinen Ursprung in Jesus. Im Kolosserbrief bestätigt Paulus diese These noch einmal. Dort schreibt er: »Alles ist durch ihn und für ihn geschaffen worden!« (Kolosser 1,15-16) Das sagt der größte Apostel aller Zeiten. Ist das so schwer zu glauben? Sicher können die Texte dunkel sein, das Gute wird in der Aussage verdreht. Aber bei Tönen ist das nicht möglich, und auch nicht bei den Beats. Die sind immer göttlich, ob sie einem gefallen oder nicht. Alles ist durch Jesus geschaffen worden, davon bin ich überzeugt. Und die Bibel scheint es auch zu sein.

Paulus geht im obigen Brief an die Kolosser sogar noch einen Schritt weiter. Er sagt nicht nur »durch«, sondern auch »für«. Alles ist für Jesus geschaffen worden? Ja! Paulus spricht von der ganzen Schöpfung. Alles soll Jesus dienen, alles soll ihm applaudieren. Christus gebührt nicht nur die größte La-Ola-Welle der Welt. Ihm gilt auch jede Form von Musik. Sie muss einzig und allein den Zweck erfüllen, Jesus zu ehren. Auf diese Aussage können Christusjünger wirklich tanzen und abfeiern.

Wir müssen unsere Vorstellung von Christus hinterfragen. Wenn Menschen heute an Jesus denken, haben sie das Bild eines Mannes vor Augen, der an ein Kreuz genagelt wurde. Er ist blutverschmiert. Er schaut uns aus traurigen Augen an. So kennen wir ihn aus den Kirchen.

Aber die Kreuzigung war nur ein kurzer Ausschnitt aus seinem Leben! Jesus hat ungefähr 30 Jahre auf dieser Welt verbracht. Er hat gegessen, geliebt, gesungen, getanzt und auch gefeiert. Interessant finde ich auch: Selbst nach seiner Auferstehung hat Jesus seine Jünger getroffen. Und was hat er mit ihnen gemacht? Richtig, sie haben zusammen gegessen! Sie haben gefeiert!

Vor Tagen fand ich ein Bild im Internet, das mir richtig gut gefallen hat. Dort sitzt Jesus mit einem breiten Lächeln im Gesicht und strahlt uns an. So stelle ich ihn mir vor. Wenn er das Leben geschaffen hat, dann weiß er auch, wie man es meistert. Und auch, wie man es am besten feiert. Jesus war die meiste Zeit gut drauf! Er hat das Leben genossen. Er liebte das Leben.

Zu viele Moll-Akkorde im Christentum

Ich verstehe nicht, warum uns die Feierlaune im Christentum verloren gegangen ist. Warum wir am Kreuz stehengeblieben sind und uns schuldig fühlen, warum wir weinen und nicht weitergehen.

Ein Hauch von Depression liegt über den christlichen Kirchen. Ich habe einmal untersucht, in welcher Tonart die meisten Lieder geschrieben wurden, die wir in den Gottesdiensten singen. Auch in den freien Gemeinden und Kirchen. Es sind e-Moll, d-Moll oder a-Moll. Melodien in Moll. Die Tonart von Traurigkeit, Einsamkeit, von Schuldgefühl und Schmerz.

Ein guter Gottesdienst wird am Korrekturfaktor gemessen. Daran, ob die Teilnehmer ihre Sünden erkennen. Ihre Fehler und Fehlhaltungen. Die Predigt sagt ihnen, was sie künftig besser machen müssen. Sie geht davon aus, dass der Mensch weder seinen eigenen Ansprüchen noch denen von Gott genügt.

Darum laufen wir geduckt durch das Leben. Immer mit der Angst, einen Schlag in den Nacken zu bekommen. Und wenn es nur der geistige Nacken ist.

Einen echten Christen plagen eigentlich ständig Schuldgefühle. Es gibt immer Dinge, die er nicht so macht, wie Gott es sich vorstellt. Der Maßstab ist einfach zu hoch. Die Forderungen kann man gar nicht erfüllen. »Liebe deine Feinde!« – »Segnet, die Euch fluchen!« »Und wenn Dir jemand auf die rechte Wange haut, dann halte ihm die linke auch noch hin!«

Ich glaube mittlerweile: Allen Ansprüchen der Bibel kann kein Mensch genügen. Vieles, was dort steht, muss ausgelegt werden. Es ist für eine bestimmte Zeit, für eine bestimmte Zielgruppe geschrieben worden. Wer jede Forderung eins zu eins zu erfüllen versucht, wird irgendwann verrückt. Es gibt zu viele Widersprüche in den moralischen Werten, die uns in der Bibel überliefert werden.

Gott ist heilig im Sinne von unnahbar. »Wer ihn berührt, stirbt.« Viele Anhänger Jesu haben ein angstbesetztes Gottesbild. Wer Gott zu nahe kommt, verbrennt. Vor seiner Heiligkeit kann niemand bestehen. Wer nur die Bundeslade mit seinen Gesetzen berührt, fällt tot um. Im Alten Testament wird uns so eine Geschichte erzählt. König David will die heilige Lade wieder nach Israel transportieren. Darin befinden sich zwei Steintafeln mit den Geboten, welche Mose von Gott selbst empfangen hatte. Für den Israeliten war Gott selbst in dieser Lade, er war ein Teil davon. Als der Träger, ein gewisser Usa, den Kasten versehentlich berührt, stirbt er an Ort und Stelle (2 Samuel 6,6-8). Mit einer solchen Angst im Nacken leben bis heute viele Christen. Gott nahezukommen, das bedeutet den sicheren Tod. Zumindest, wenn man nicht besonders fromm gelebt hat. Und dazu gehört regelmäßig zur Kommunion zu gehen, täglich in der Bibel zu lesen, ständig zu beten und möglichst nicht zu sündigen. Doch wer schafft das schon?

Christen versuchen unbewusst, Forderungen zu erfüllen, die man gar nicht erfüllen kann. Wir hadern mit unseren Fehlern und Sünden. Und wir leiden. Leiden mit dem leidenden Christus. Und mancher Christ kommt aus dem Leiden gar nicht mehr heraus. Das ist zu einer Grundhaltung vieler Gläubiger geworden.

Bereits im 15. Jahrhundert tauchte eine Frage in den christlichen Kirchen auf: W.W.J.D. Die Abkürzung für »What would Jesus do?« (»Was würde Jesus tun?«). Diese geht auf den damals sehr bekannten Prediger Charles Spurgeon zurück. Bis heute tragen Tausende junger Christen diese vier Buchstaben als Armband um ihr Handgelenk.

Sie sollen die Jesusanhänger ständig daran erinnern, so zu leben, wie Jesus es vorgelebt hat. In jeder Sekunde soll sich der eifrige Christ fragen: »Wie würde sich Jesus jetzt verhalten?«

Oder auch:»Was würde er jetzt besser machen als ich?«–»Wo würde er helfen, wo ich nicht helfe?«

Sicher ist das grundsätzlich keine schlechte Idee. Aber mit dieser Frage schwingt auch immer etwas Moralisches mit. Etwas, das mir Schuldgefühle einreden soll. Das schlechte Gewissen als ständiger Begleiter. Ich trage es ums Handgelenk immer bei mir. Es führt mir ständig meine Unzulänglichkeit vor Augen. So zu leben wie Jesus? Der Maßstab ist zu hoch! Wer will sich denn wirklich mit Jesus auf eine Stufe stellen? Er ist das Vorbild, aber er eignet sich nicht als Messlatte.

Vielleicht könnte man in diesem Jahr ein neues Armband drucken lassen. H.W.J.P.:»How would Jesus party?«(»Wie würde Jesus feiern?«). Ich finde, diese Frage sollten sich alle Christen stellen, die Spaß am Leben haben wollen. Zumindest ab und zu. Es würde uns an die Freude und die Lust erinnern, die Jesus auch als sein Vermächtnis hinterlassen hat. Es würde ein Lächeln in die Gesichter der Gläubigen zaubern. Und vielleicht steckt dieses Lächeln andere sogar an.

Eigentlich müssten Jesus-Anhänger in der Lage sein, ausgelassener zu feiern als der Rest der Welt. Sie bräuchten sich nicht ständig mit anderen zu vergleichen und sich mit Fragen wie diesen zu quälen: Wer sieht besser aus als ich? Wer trägt die stylisheren Klamotten? Wer hat die bessere Figur? Wer verhält sich cooler? Wer kann besser tanzen?

Ich finde, solche Fragen sind obsolet. Wenn Gott sagt, dass er die Menschen durch Jesus liebt (Johannes 3,16), dann sollte das doch genug an Liebe und Anerkennung sein. Jesus liebt mich, mehr geht nicht! Ich kann befreit tanzen, feiern, mir auch einmal die Kante geben. Ohne Angst davor, mich zu blamieren. Wenn ich wirklich glaube, dass Christus mich liebt, ist das Bestätigung genug. Ich brauche nichts anderes mehr.

Am Anfang der Kirche hing die Feierfeindlichkeit vermutlich mit der Endzeiterwartung der Christen zusammen. Man ging davon aus, dass diese Welt nicht mehr lange existieren würde. Jesus hatte es so angekündigt. Bald geht es zu Ende mit der guten alten Erde. Die Zeit bis dahin muss genutzt werden. Es braucht alle Kraft, um möglichst viele Seelen zu retten. Da bleibt keine Zeit mehr für fröhliches Feiern übrig.

Davor kam auch noch der Missionsbefehl Christi. Diesen Befehl findet man so in der Bibel. Es ist kein frommer Wunsch und auch keine Bitte, es ist ein Befehl. Jesus war das sehr wichtig. Es lag ihm am Herzen, andere Menschen zu seinem Glauben zu bekehren.

»Gehet hin in alle Welt und verkündet das Evangelium allen Völkern!« So steht es im Markus-Evangelium ganz am Ende. Für Jesus war das Evangelium natürlich eine positive Botschaft. Übersetzt heißt Evangelium »Die gute Botschaft!«. Es ist aus unterschiedlichen Gründen eine gute Botschaft. Gut, weil sie die Menschen mit Gott wieder in Kontakt bringt. Aber auch gut, weil sie die Freude am Leben bringen wollte.

Jesu Anhänger haben diese Botschaft auf der ganzen Welt verbreitet. Gegen Verfolgung, Angriffe, Folter und Tod. Überall dort, wo sie ihr Revier markiert haben, ging es den Menschen auf lange Sicht besser. Die Gebote der Nächstenliebe und Fürsorge sprachen sich herum. Sie haben der Menschheit geholfen, sich weiter zu entwickeln. Freundlicher und liebevoller im Umgang miteinander zu werden.

Auch wenn die Jesusnachfolger Jahrhunderte brauchten, um die wichtigsten Kernsätze seiner Botschaft zu lernen. Und auch wenn sie sich immer wieder neu von den Jesusworten korrigieren und hinterfragen lassen mussten. So hat er doch im Laufe der Zeit für eine immer positiver werdende Welt gesorgt. Nur durch das, was er gesagt und wie er es ausgelebt hat.

Sie hatten dabei immer sein Bild vor Augen. Und ich glaube, dass er auch noch verdammt gut aussah. Vermutlich werden einige Leser spätestens jetzt das Buch aus der Hand legen und sagen:»Der Dreyer spinnt! Dieser verrückte Schwärmer!« Dabei ist erwiesen, dass Jesus ein Publikumsmagnet gewesen ist. Ein religiöser Star seiner Zeit, der sich rasant schnell Bekanntheit verschaffen konnte. Ganz ohne Castingshows wie »Deutschland sucht den Superstar« oder »Germany's Next Top Model«. Er hätte sich heute mit Followerzahlen auf Facebook oder Twitter mit anderen Weltstars leicht messen können. In der Hochphase seines Schaffens folgten ihm Millionen Follower. Sie waren beeindruckt von seinem Charisma.

Es ist für mich unvorstellbar, dass Jesus hässlich herüberkam. Ob das Model auf dem Buchcover mit ihm nur ansatzweise mithalten kann, wissen wir natürlich nicht. Auf dem Bild sehen wir einen schönen, wilden Mann mit einer coolen Tätowierung. Ich denke aber, das kommt schon hin. Die Richtung stimmt.

Jesus hatte keinen Schwabbelbauch. Er war schlank und schön. Vermutlich hatte er lange Haare und mit Sicherheit einen hypnotischen Blick. Ich glaube, er sah umwerfend aus.

Übrigens gibt es schriftliche Berichte von den heidnischen Römern, die über seine Wirkung auf das andere Geschlecht berichten. Danach hingen besonders Frauen und Mädchen an seinen Lippen. Und das verdankte er nicht nur seinem rhetorischen Talent. Es muss auch etwas mit seinem Aussehen zu tun gehabt haben. Er wusste genau, was er wollte, und er strahlte das auch aus. Mit Sicherheit käme er auch gut bei schwulen Männern an.

Menschensohn, so nannte sich Jesus in der Bibel selbst. Wobei er diesen Titel immer in der dritten Person verwendete:»Der Menschensohn ist gekommen, um ...«. Oder:»Der Menschensohn hat die Vollmacht auf Erden, Sünden zu vergeben.« Damals war allen klar, wer damit gemeint ist. Der Menschensohn als Begriff tauchte schon im Alten Testament auf. Es haben sich wohl Tausende von Theologen bereits über dieses Wort den Kopf zerbrochen. Es wurde hinterfragt, wen Jesus damit genau meinte. Bis heute ist für viele die Frage nicht sicher geklärt. Die Bezeichnung taucht über 80 Mal in der Bibel auf. Für mich ist ganz klar: Jesus kann sich damit nur selbst gemeint haben.

Jesus sah sich selbst als Sohn aller Menschen. Zum einen war er ein Mensch wie du und ich. Er hatte Hunger. Er musste schlafen. Jesus hat gefroren. Er kannte das Gefühl, verliebt zu sein. Er kannte das Bedürfnis zu tanzen. Er sehnte sich gelegentlich nach Rausch. Er wusste, wie es war, sich einsam zu fühlen.

Jesus liebte das Leben, so wie ein gesunder Mensch das Leben eben liebt.

Und doch war er auch mit Leib und Seele Gott. Seine Heimat war der Himmel und nicht die Erde. Seine Gedanken waren nicht nur irdisch, sondern auch himmlisch. Er hatte himmlische Kräfte in sich, die Menschen heilen konnten. In gewisser Weise schwebte er tatsächlich über den Dingen.

Menschensohn bedeutet auch: Christus war der perfekte Mensch. Der Mensch, der Gott repräsentiert. Eine Art Prototyp, der demonstrierte: So könnte Menschsein aussehen, so sollte es aussehen. Das war der Plan Gottes, und Jesus hat ihn verkörpert.

Der Prototyp Mensch, da bin ich mir ganz sicher, würde sich auch heute gut in Casting-Shows verkaufen. Dieses Blitzen in den Augen, diese Art, auf Menschen zuzugehen. Oder geht da mein Sinn für Romantik wieder mit mir durch?

In der Bibel erfahren wir, dass Jesus nicht nur Männer, sondern auch Frauen um sich scharte. Für die damalige Zeit war das eher ungewöhnlich. Ich wage einmal zu behaupten: Jesus war damals das für die Frauen, was Mick Jagger in den 60er-Jahren oder Justin Bieber in den Nuller-Jahren des neuen Jahrtausends waren. Ein Frauenschwarm, ein Rockstar, ein Sex-Symbol. Dazu gehörte auch, dass er Groupies um sich scharte. Eine von ihnen war Maria von Magdala, die Jesus als erste nach seiner Auferstehung treffen durfte. Eine andere war Salome, die schon seit seinem Wirken in Galiläa kaum noch von seiner Seite wich. Hatte Jesus auch eine Freundin? Darüber kann man nur spekulieren. Biblische Belege gibt es dafür nicht. Für jüdische Männer war es damals üblich zu heiraten. Es war die Norm. Jesus aber hätte für ein Ehe- oder für ein Familienleben kaum genug Raum gehabt. In seinem Dienst war er nur unterwegs und predigte im ganzen Land. Für eine Frau oder eine Freundin blieb da keine Zeit. Das änderte aber nichts daran, dass er Männer und Frauen liebte, und einige davon ganz besonders.

Jesus hatte viele Anhänger, Frauen wie Männer. Daraus schließe ich, dass er auch optisch ein Reißer war. Und seine Nachfolger können sich diese Eigenart ruhig als Vorbild nehmen.

Es spricht nichts dagegen, sich schön zu stylen. Gott hat nichts dagegen einzuwenden. Das findet er sogar gut. Wenn man sich auf Katholikentagen oder Kirchentagen so umschaut, stellt sich die Frage, warum diese Wahrheit (noch) nicht bis in die Gegenwart vorgedrungen ist. Da trifft man Frauen in voluminösen Vorzelten oder in selbstgestrickten Kleidern. Am besten in lila-orangen Farbtönen. Man sieht unrasierte Männer, die sogar von ihrem Deo verlassen wurden. Einen Friseurladen haben sie seit langer Zeit auch nicht mehr von innen gesehen. Und dann hat man auch noch wunderschöne Ledersandalen an den Füßen. Das schuhgewordene Klischee. So richtig »jesuslike«. Mode und Geschmack glänzen bei solchen Veranstaltungen durch ihre Abwesenheit.

Styling steht auch Christen gut

Dabei müsste es doch genau umgekehrt sein. Christen sollten sich am schönsten kleiden! Sie sollten den Style für sich gepachtet haben. Und wenn es nur dem einen Zweck dient, den Schöpfer zu ehren.

In diesem Kapitel also habe ich eine Seite von Jesus als Hedonist gezeichnet. Ich möchte die zentralen Aussagen dieses Kapitels noch einmal konzentrieren, weil sie so wichtig sind.

Wir fassen zusammen: Mit Jesus kann man Partys feiern. Er war kein nur ernster Typ, der mit starrer Miene dasaß, um seinen Nachfolgern ins Gewissen zu reden. Jesus hat gelacht. Er hatte eine Menge Spaß am Leben. Und er hat es genossen, mit seinen Freunden zu feiern.

Ein paar Gläser Wein oder vielleicht sogar ein Joint können auch dazu gehören. Jesus hat kein Recht auf Rausch propagiert, aber etwas dagegen hatte er wohl auch nicht. Das mag eine gewagte These sein, aber ich habe genügend Bibelstellen zitiert, die diese Interpretation zulassen. Der Gottessohn selber hat nicht asketisch gelebt. Seine Kritiker beschimpften ihn sogar als »Weinsäufer« (Matthäus 11,19).

Jesus liebte Musik. Seine Schüler haben mit und ohne ihn Lieder gesungen. Musik ist eine Erfindung des Himmels. Eine Party ohne Musik, das wäre wie Meer ohne Wind.

Spaß, Partys, Sex, Wein und Musik, das ist alles eine göttliche Idee. Jesus hat das Leben geliebt und gefeiert. Wenn Christen denken, das Leben mit allen Sinnen zu genießen, sei nicht das, was Gott will, beruht dieses Urteil auf einem biblischen Missverständnis. Ich sage es noch einmal: Paulus meinte mit Fleisch nicht unseren Körper, sondern unser altes Leben ohne Gott und ohne Glaube.

Unser Vorbild ist dabei immer Jesus, nicht Paulus. Die ganze Bibel dreht sich um seine Person und darum, wie er das Leben versteht. Was er getan, gesagt und vorgelebt hat, ist der Maßstab für uns Christen.

Heilig zu leben, das sollte auch unser aller Anspruch sein. So zu leben wie er, ohne Makel, ohne Fehler. Jesu Ansprüchen kann man nicht in allen Punkten genügen, aber das ist kein Grund, sich ständig schuldig zu fühlen. In Gottes Augen sind alle Menschen heilig, die mit Christus in Verbindung stehen.

Heilig zu sein und Spaß zu haben, das schließt sich nicht gegenseitig aus. Im Gegenteil. Christen sollten rauschende Feste feiern. Denn sie können frei von Zwängen und Konventionen leben.

Ich bin mir sicher: Jesus würde auch heute noch keine gute Party auslassen. Er würde das Leben feiern, die Musik, die Freude. Und natürlich den Glauben an Gott.

3.
Jesus mochte Sex

Jesu Salbung durch die Sünderin:

»*Es bat ihn aber der Pharisäer einer, daß er mit ihm äße. Und er ging hinein in des Pharisäers Haus und setzte sich zu Tisch. Und siehe, ein Weib war in der Stadt, die war eine Stadt bekannte Sünderin. Da die vernahm, daß er zu Tische saß in des Pharisäers Hause, brachte sie ein Glas mit Salbe und trat hinten zu seinen Füßen und weinte und fing an, seine Füße zu netzen mit Tränen und mit den Haaren ihres Hauptes zu trocknen, und küßte seine Füße und salbte sie mit Salbe. Da aber das der Pharisäer sah, der ihn geladen hatte, sprach er bei sich selbst und sagte: Wenn dieser ein Prophet wäre, so wüßte er, wer und welch ein Weib das ist, die ihn anrührt; denn sie ist eine Sünderin. Jesus antwortete und sprach zu ihm: Simon, ich habe dir etwas zu sagen. Er aber sprach: Meister, sage an. Es hatte ein Gläubiger zwei Schuldner. Einer war schuldig fünfhundert Groschen, der andere fünfzig. Da sie aber nichts hatten, zu bezahlen, schenkte er's beiden. Sage an, welcher unter denen wird ihn am meisten lieben? Simon antwortete und sprach: Ich achte, dem er am meisten geschenkt hat. Er aber sprach zu ihm: Du hast recht gerichtet. Und er wandte sich zu dem Weibe und sprach zu Simon: Siehest du dies Weib? Ich bin gekommen in dein Haus; du hast mir nicht Wasser gegeben zu meinen Füßen; diese aber hat meine Füße mit Tränen genetzt und mit den Haaren ihres*

Hauptes getrocknet. Du hast mir keinen Kuß gegeben; diese aber, nachdem sie hereingekommen ist, hat sie nicht abgelassen, meine Füße zu küssen. Du hast mein Haupt nicht mit Öl gesalbt; sie aber hat meine Füße mit Salbe gesalbt. Derhalben sage ich dir: Ihr sind viele Sünden vergeben, denn sie hat viel geliebt; welchem aber wenig vergeben wird, der liebt wenig. Und er sprach zu ihr: Dir sind deine Sünden vergeben. Da fingen die an, die mit zu Tische saßen, und sprachen bei sich selbst: Wer ist dieser, der auch Sünden vergibt? Er aber sprach zu dem Weibe: Dein Glaube hat dir geholfen; gehe hin mit Frieden!«

(Lukas 7,36-50)

Irgendwann mit 12 oder 14 geht es los. Der eine hat es etwas früher, der andere etwas später. Das Kribbeln im Lendenbereich. Ein pulsierendes Gefühl, welches zuerst im Bauch pochert und dann im Kopf anschlägt. Es wird immer stärker. Es wird immer heftiger. Es wird bemerkt und verlangt nach Aufmerksamkeit. Bei den Jungen wohl mehr als bei den Mädchen. So sagt es uns zumindest die aktuelle Sexualforschung.

Aber es ist da. Definitiv. Bäng! Der jugendliche Mensch merkt: »Ich bin ein sexuelles Wesen!« Und Gott hat das so gemacht. Den Hormonschub. Das Gefühlshoch. Den Orgasmus. Es ist gewollt. Es ist toll. Es ist Sex. Sex ist eine Idee des Schöpfers. Vielleicht eine seiner besten. Oder?

Sex ist ein Genuss. Er ist besser als jede Droge. Der Rausch bei gelebter Sexualität ist einzigartig und kann durch keine chemischen Stoffe künstlich erzeugt werden. Der Körper schüttet einen einzigartigen Hormoncocktail aus. Ein Sexflash übernimmt die Kontrolle. Man lässt sich gehen. Eine Geisel purer Emotionen. Muskelkontraktion folgt Muskelkontraktion. Pulsschlag folgt

Pulsschlag. Haut reibt auf Haut. Es riecht gut und wild. Intim. Innig. Und dann geht es los. Wilder. Schneller. Heftiger. Bis zum Höhepunkt. Um danach in eine himmlische Entspannung zu rutschen. Ineinander verschlungen. Herrlich. Göttlich. Jesus? So unterschiedlich Menschen auch sind. Männer wie Frauen. Ost und West. Asien und Europa. Reich oder arm. Dick oder dünn. Gebildet oder ungebildet. Alle kennen es: Sex! Ab einem bestimmten Alter geht es los. Und dann gleich richtig. Und es bleibt ein Leben lang. Wenn es auch nur in der Jugend pulsierend erlebt und ausgelebt wird: Das Verlangen ist da. Immer.

Selbst bei den Heiligen, den Spirituellen, den Geistlichen. Das ist sicher. Der meditierende Mönch im Himalaja hat es genauso wie der alte und der neue Papst in Rom. Die Bundeskanzlerin kennt es genauso wie der Außenminister in den USA. In diesem Punkt sind wir alle gleich. Alle. Jeder Mensch erlebt Sexualität. Es ist normal. Es ist natürlich. Wir wurden so geschaffen. Kein Biologe würde das bestreiten wollen. Gott hat uns als sexuelle Wesen gemacht.

Gottes erste Weisung: Habt Sex!

Dabei fing alles mit einem Wunsch an. Mit einem Wort, einem Wort von Gott. Nein, es war nicht nur ein Wunsch, es war sogar eine Aufforderung, ein Befehl, Gottes Befehl. Es geht um etwas, das der Schöpfer in das Leben eines jeden Menschen gelegt hat. Gleich nach der Schöpfung dieser Welt.

Was ich faszinierend finde: Es ist tatsächlich das erste, was Gott überhaupt jemals zu den Menschen gesagt hat! Sozusagen sein erster Auftrag, sein erstes Wort an uns. Und was für ein Wort! Denn bei diesem Wort geht es um das Thema Sex. Wir lesen es in 1 Mose 1,28:»Und Gott segnete sie und sprach zu ihnen: Seid fruchtbar und mehrt euch und füllt die Erde.« Seid fruchtbar! Vermehrt Euch! Bekommt viele Babys! Dieser Befehl war Gott sehr wichtig. Der erste Auftrag ist immer der wichtigste. Er schafft erst den Boden, auf dem alles Weitere gedeihen kann. Was bedeutet »Seid fruchtbar« denn genau? Es heißt doch zwangsläufig auch:»Schlaft miteinander! Habt viel Sex!« Es sollen so viele neue Menschen wie möglich in die Welt. Wir sollen uns vermehren. Und das geht nur, wenn wir viel Sex miteinander haben. Ja, wir sollen uns vermehren. Wenn Mann und Frau es nicht tun, handeln sie gegen Gott. Wer sich dagegen stellt, tut nicht das, was Gott den Menschen aufgetragen hat. Das ist sehr wichtig, festzuhalten und zu respektieren. Es war Gottes erster Wunsch an seine Geschöpfe.

Wenn es keinen Sex gibt, gibt es keine Babys. Wenn es keine Babys gibt, sind wir nicht fruchtbar. Es war Gottes Wille, dass Sexualität überlebensnotwendig ist für die ganze Menschheit. Ist uns das wirklich klar? Wenn es keine Erotik gäbe, würde die von ihm geschaffene Menschheit bald am Ende sein. Wir würden aussterben. Aus und vorbei. Finito.

Sex ist wichtig. Sex ist sogar sehr wichtig. Überlebenswichtig. Sex ist nicht nur die schönste Nebensache der Welt. So zwischendurch, husch-husch und heimlich, ins Bett. Möglichst im Dunkeln. Mit Decke über dem Kopf. Leise, wenn keiner hinschaut, im Geheimen. Nein! Es ist elementar! Ohne Sex kein Leben! Ohne Sex kein Überleben der Menschheit. Gott will Sex. Jesus will Sex. Es ist sein Gebot.

Warum jetzt Jesus? Ist Jehova nicht für die Schöpfung verantwortlich? Gott, Abba, der Vater? Meine Antwort ist: Ja und Nein. Jesus hat all das geschaffen! So steht es in der Bibel. Er war dabei. Er hat es initiiert.»Im Anfang war das Wort, und das Wort war bei Gott, und Gott war das Wort. Alle Dinge sind durch dasselbe gemacht, und ohne dasselbe ist nichts gemacht, was gemacht ist.« (Johannes 1,1-2) Das hatten wir schon im vorherigen Kapitel klargestellt. Wenn »alle Dinge« den Menschen meint, die Natur und auch die Musik, dann muss dies auch auf die Sexualität zutreffen. Die Erde war seine Idee. Die Natur war seine Idee. Der Mensch war seine Idee. Und der Sex natürlich auch!

Sex ist göttlich

Darf man das laut sagen? Jesus hat den Sex gemacht? Die Zuckungen. Die schönen Gefühle. Den Rausch. Den Orgasmus. Die wilden Gedanken. Das miteinander Verschmelzen. Den Schweiß. Den Geruch. Die Körperflüssigkeiten. Alles sein Plan? Ja, ich denke, man darf das sagen. Man muss es sogar sagen. Und zwar mit großer Dankbarkeit und fröhlichem Herzen. Jesus hatte damit einen ganz besonderen Gedanken. Er wollte die Menschen ganz großartig beschenken. Sex ist ein Genuss. Sex ist göttlich. Sex ist herrlich. Sex ist ein Geschenk von Jesus! Sex war seine Idee. Und Gott hat keine schlechten Ideen.

Jetzt stellt sich aber trotzdem eine Frage. Nämlich die, welche über die Jahrhunderte immer wieder gestellt wurde und gestellt werden musste. Warum wollte Jesus, dass Sex so gut ist? Warum sollte es so erstrebenswert sein, Sex zu haben? Warum so rauschhaft? Warum so geil?

Hätte es bei den Menschen nicht auch eine Fortpflanzung durch Bestäubung geben können? Ein Windeshauch, und der Samen des Mannes landet auf der empfängnisbereiten Frau? Huch, und es ist passiert. So ganz ohne »Ooohs« und »Aaahs«! Ohne Zuckungen und Windungen. Ohne Schweißtropfen und

Körperflüssigkeiten. Ohne Erektionen, wohlige Gefühle und wilde Emotionen.

Die Evolutionstheoretiker haben darauf eine Antwort. Natürlich, wie auf alles andere ja auch. In ihrer Theorie heißt es: Sexualität ist deswegen gut, damit die Art sich mit jeder neuen Generation auch weiterentwickelt. Sie ist nicht nur gut für die körperliche Fitness, obwohl sie das auch tut. Sie ist nötig, damit jede Art dazu angetrieben wird, ständig neue Kinder zu zeugen. Es mag ein bisschen darwinesk klingen, aber nur so wird unser Genpool immer wieder neu durcheinandergewirbelt. Und nur so ist gewährleistet, dass sich die Chromosomenträger durchsetzen, die am besten an ihre Umwelt angepasst sind.

Darum braucht die Evolutionstheorie mannigfaltigen und immer wieder guten Sex. Sex muss Spaß machen, damit sich die Gene ordentlich vermischen können. Also nicht nur:»Der Stärkere gewinnt.«»Survival of the Fittest«, so wie es Darwin gelehrt hat. Nein, auch der Geilste gewinnt!»Survival of the horniest.«

Je mehr Sex, desto besser. Viele Kinder bringen viele neue mögliche Variationen. Da sind sich die meisten Evolutionstheoretiker, Biologen und Mediziner einig. Nur so ist auch im Rückblick erklärbar, dass so viele neue Arten entstehen konnten.

Sex kann heilen. Die Psyche des Menschen zum Beispiel. In einer weltweit geführten Studie des britischen Gesundheitsdienstes wurden 2012 knapp 30.000 Menschen über 18 Jahren in 35 Ländern befragt. Es ging um eine Untersuchung, ob es einen Zusammenhang zwischen der Häufigkeit des Geschlechtsaktes und der Gesundheit gibt. Das Ergebnis war verblüffend. Demnach ist guter Sex gesundheitlich wertvoller als regelmäßiger Sport. Je mehr Orgasmen, desto gesünder der Mensch! Es bringt den Hormonhaushalt in Fahrt. Es macht widerstandsfähiger gegen Krankheiten. Frauen werden durch Sex sogar schöner. Endorphine sorgen für ein Hochgefühl, das sonst nur nach einem lang anhaltenden Ausdauertraining erlebt wird. Sex baut die Muskeln auf, und das ganz ohne Nebenwirkungen. Es macht glücklich und kann Schmerzen lindern. Fast wie ein Wundermittel.

Diese Studie belegt einmal mehr: Sexualität ist ein wunderbares Geschenk von Jesus an die Menschheit. Wir müssen es nur regelmäßig auspacken, es ausleben und uns daran erfreuen. Wir lernen: Guter Sex ist lebenswichtig. Er ist wichtig zum Überleben der Menschheit und auch für das persönliche Überleben. Wenn es wichtig ist für meine Psyche, für meinen Körper und für meine Beziehung, dann ist es auch wichtig für eine funktionierende Gesellschaft.

Ich glaube: Genau so hat es Jesus in seinem Plan der Schöpfung vorgesehen. Genau so hat er es gewollt. Sexualität hält alles zusammen. Gäbe es sie nicht, würde die Gesellschaft auseinanderfallen.

Übrigens: Gott kann auch erotisch! Sogar in der Bibel gibt es erotische Passagen. Da knistert es an allen Ecken und Kanten. Fast pornoreif, nur ohne Porno. Sehr ästhetisch und prickelnd. In dem berühmten Hohelied der Liebe, geschrieben vom König Salomo, lesen wir im Kapitel 7,2-4, mit leichter Überraschung: »Deine Lenden stehen gleich aneinander wie zwei Spangen, die des Meisters Hand gemacht hat. Dein Schoß ist wie ein runder Becher, dem nimmer Getränk mangelt. Dein Leib ist wie ein Weizenhaufen, umsteckt mit Rosen. Deine zwei Brüste sind wie zwei Rehzwillinge« usw.

Wenn das nicht »porno« ist, was dann? »Dein Schoß, ein runder Becher?« Na, wenn das mal kein Fall für den Playboy ist. Gott deutet an, was er sich beim Sex gedacht hat. Und das in der Bibel! Eben nicht nur schnell und nebenbei. Rein, raus, im Dunkeln, heimlich und unter der Bettdecke. Nein, es darf, es soll sogar scharf und schön sein! Erotisch. Sehr schön. Himmlisch schön.

Sex ist eine pulsierende Kraft. Bei Frauen und Männern. Die Wissenschaft hat herausgefunden, dass der Mann täglich Millionen Spermien pro Tag produziert. Fortpflanzungskraft im Überfluss. Und die Spermien lösen sich nicht in Luft auf ...

Auch Luther mag Sex

Selbst der alte Reformator Martin Luther wusste das. Für ihn war es unnatürlich, keinen Sex zu haben. Das gehörte zu seinen bahnbrechenden Erkenntnissen nach 42 Jahren als Single. Lange Zeit seines Lebens war Luther als zölibatärer Mönch in kirchliche Strukturen eingebunden. Doch 1525 heiratete der Reformator die Ordensschwester Katharina von Bora. Schon vor der Ehe kam er zu dem Schluss: Ein Leben ohne Sexualität mit einer Partnerin widerspricht dem Willen Gottes!

Das katholische Zölibat lehnte er seither rigoros ab. In seinen Schriften und Predigten dozierte er fortan:»Jeder Mann braucht eine Frau, und jede Frau braucht einen Mann!«Dies war eine seiner elementaren Erkenntnisse. In Luthers Text»Zum ehelichen Leben«finden wir folgenden Satz:»So wenig wie es in meiner Macht steht, dass ich kein Mannsbild sei, ebenso wenig steht es auch bei mir, dass ich ohne Weib sei.«Zack. So einfach ist das. Jeder Mann braucht eine Frau. Jede Frau braucht einen Mann. Jeder Mensch braucht einen Partner. Und dann schreibt er weiter:»Wie soll's anders zugehen, sintemal Gott Mann und Weib, sich zu besamen und zu mehren geschaffen hat?«

Für Luther war also klar: Wir müssen uns»besamen«. Das ist normal. Millionenfach befruchten. Es ist der Auftrag Gottes. Gott hat uns so geschaffen. Gott hat den Sex erfunden. Und das war eine richtig geile Idee.

Wenn man seinen Partner gefunden hat, dann muss es rundgehen, auch im Bett. Dr. Martin Luther, der Doktor Sommer der evangelischen Kirche, empfahl:»In der Woche zwier, schadet weder ihm noch ihr, macht im Jahre hundertvier.« Luther konnte Sexualität so verstehen und leben. Und rechnen konnte er auch. Immerhin: Hundertvier! Man muss ehrlicherweise fragen, welche Eheleute das heute noch zwischen dem Alltags- und Arbeitsstress schaffen. Aber es ist ein schönes Ziel.

Wie kam es nur dazu, dass Sex verwerflich geworden ist? Etwas, das nur nachts stattfinden darf. Leise. Heimlich. Peinlich. Wer hat die rigide Sexualmoral in unserer christlichen Welt erfunden? Jesus wohl nicht. Im Neuen Testament gibt es keine negativen Kommentare von ihm zu diesem Thema. Nicht einen einzigen!

Wenn es Jesus nicht war, der das Thema in den Schmutz gezogen hat, dann waren es wohl die Menschen. Genauer gesagt: religiöse Menschen. Oder noch genauer: die christlich-religiösen Menschen.»Religiös« definiert das Online-Lexikon als»die gewissenhafte Sorgfalt in der Beachtung von Vorzeichen und Vorschriften«. Schon komisch, dass Jesus selten von Vorschriften gesprochen hat. Und schon gar nicht von moralischen Vorschriften. Jesus kannte nur eine Vorschrift: die Liebe. Er sagte, sie ist das wichtigste Gebot. Und die Gebote waren damals schon das Wichtigste. Zumindest für die Juden. Das Wichtigste ist die Liebe.

Ich glaube: Moral ist an und für sich nichts Schlechtes. Sie beurteilt und regelt unser Verhalten. Ohne Moral wäre Chaos. Wir brauchen Werte, an denen wir uns orientieren können. Moral sorgt für akzeptiertes Handeln in der Gesellschaft, sie ist eine Art Kompass für die Gruppe und das Individuum.

Auch die christliche Moral galt als großer Fortschritt in der historischen Betrachtung. Zu Jesu Zeiten wurde moralisch falsches Handeln hart bestraft. Wenn eine Frau Ehebruch begangen hatte, durfte sie von der Dorfgemeinde gesteinigt werden. Zumindest, wenn sie so leichtsinnig gewesen war, sich dabei erwischen zu lassen. Wenn möglich auch noch in flagranti. So steht es im Gesetz Mose, den alten Verträgen der Bibel. Jesu Antwort darauf war eindeutig:»Wer ohne Sünde ist, werfe den ersten Stein!«(Johannes 8,7) Damit sagt er nicht:»Fremdgehen ist okay. Das kann mal passieren. Die sexuelle Anziehungskraft ist einfach zu groß. Alles nicht so schlimm.« Aber er nimmt den Frommen den Stein der Verurteilung aus der Hand. Er hält ihnen den Spiegel vor. Er macht klar, dass so ein Seitensprung ein unverzeihlicher Fauxpas sein mag, dass aber auf der göttlichen Ebene eben immer noch die Liebe das letzte Wort hat, und nicht die Moral. Und Jesus war dieses letzte Wort. Er ist Liebe. Die Liebe in Person, die Liebe als Gegenüber.

In der oben beschriebenen Geschichte von der »Sünderin« geht Jesus erstaunlich entspannt mit der angeprangerten Verfehlung um. Der Begriff »Sünderin« beschreibt eine Prostituierte. Eine Frau, die ihren Körper für Sex verkaufte. Das war damals ein No-Go. Sie war das Allerletzte. Und so wurde sie auch behandelt, als Abschaum.

Man muss sich die Szene einmal genau vorstellen. Was ist dort wirklich geschehen? Die Frau begeht einen folgenschweren Fehler. Ein weibliches Wesen hatte in dieser Szene eigentlich nichts verloren. Das waren eingeschworene Männergemeinschaften. Für Frauen galt:»Zutritt verboten! Frauen raus!«Dass Jesus Frauen um sich geschart hatte, war für die damalige Gesellschaft generell ein Affront. Es war Provokation genug.

Das muss noch einmal betont werden. Diese Frau war nicht eine x-beliebige Hure. Sie war stadtbekannt! So steht es dort. Alle wussten von ihrem Job. Sie galt als Dorfschlampe. Sie war mit hunderten Männern ins Bett gegangen. Und wer weiß, wie viele es schon an diesem Tag gewesen waren. Man hätte den Geruch von Männerschweiß an ihrem Körper noch riechen können. Und vielleicht waren ein paar von ihren Freiern gerade sogar im gleichen Raum.

Ihre Sünde war nicht unbedeutend. Sie hatte auch nicht nur irgendeine sexuelle Sünde begangen. Auch im alten Judentum galt Ehebruch als schlimme Verfehlung. Damals wie heute standen Huren in der gesellschaftlichen Hierarchie ganz unten. Es war kein Traumjob, seinen Körper für Geld zu verkaufen. Von Männern gebraucht und missbraucht. Ausgenutzt. Rein, raus. Fertig.

Eins ist klar: Diese Frau hatte offensichtlich Unrecht begangen. Sie hatte Sex mit Männern gehabt, die verheiratet waren. Es gab in der Regel keine unverheirateten Männer in Israel. Ab einem bestimmten Alter wurde man von den Eltern verheiratet. Ob man wollte oder nicht. Jeder!

Aber Jesus scheint das nicht zu interessieren. Es war ihm nicht wichtig. Er erwähnt es mit keiner Silbe. Es hindert ihn nicht daran, diese Frau zu lieben, sie zu achten, sie zu respektieren. Er lässt sich von ihr anfassen, er lässt sich von ihren Händen salben. Ihre Haut berührte seine Haut. Mit der gleichen Hand, mit der sie vorher noch die Genitalien ihrer Kunden stimuliert hatte, cremte sie ihm jetzt seine Füße ein. Und Christus lässt sich das gefallen. Er tadelt sie nicht. Er weist sie nicht zurück. Jesus hat anscheinend kein Problem damit. Er spricht das Thema nicht einmal an. Christus sitzt nur da, vermutlich genießt er es auch, sich von ihr verwöhnen zu lassen. Sie macht diese Salbung der Füße, weil sie ihm dankbar für seine bedingungslose Liebe ist. Wie hätte er sie da kritisieren können?

Man muss fragen, wie die heutige Gesellschaft auf diese Frau reagieren würde. Sexuelle Sünden stehen bei vielen Christen immer noch weit oben auf der »To-Hate-Liste«. Porno und Prostitution. Sadomaso und Masturbation. Kaum jemand redet offen darüber, was er oder sie hinter verschlossenen Türen alles tut. Es ist pfui. So etwas macht man als Christ nicht. Und es werden noch immer Pastoren aus ihren Ämtern entlassen, weil sie gegen den Moralkodex ihrer Kirche verstoßen haben. Erst im vergangenen Jahr wieder, mitten in Deutschland. Ein lediger Pastor hatte sich in eine verheiratete Frau verliebt. Sie kam zu ihm in die Seelsorge. Sie landeten erst im Bett und später auf der Anklagebank. Nach einer außerordentlichen Sitzung des Gemeinderats wurde der Pastor gefeuert.

Ein Kollege, der in der christlichen Jugendarbeit tätig ist, hat einmal treffend bemerkt: »Wenn du in einem Jugendgottesdienst als großer Prophet glänzen willst, geht der folgende Satz immer: ›Ich sehe prophetisch, hier gibt es junge Männer, die Probleme mit Internet-Pornografie haben!‹ Danach stehen Dutzende vor der Bühne. Oder sie kommen im Dunkeln nach dem Gottesdienst zu dir. ›Das Wort war für mich! Woher wussten Sie das? Sind Sie ein Seher?‹ Dabei ist es kein Geheimnis. Schätzungen zufolge konsumieren 80 bis 90 Prozent der christlichen Männer Pornos. Zumindest in jungen Jahren. Später wird es besser, wenn sie reifer sind und eine Partnerin oder einen Partner gefunden haben.

450 Jahre nach Christi Geburt fand am Bosporus das vierte ökumenische Konzil von Chalcedon statt. Auf diesem Treffen wurden lehrmäßige Grundlagen geschaffen, an welche sich bis heute fast alle Konfessionen gebunden fühlen. Die damaligen Kirchenobersten kamen auf diesem Konzil zu folgendem Schluss: »Jesus war ganzer Mensch und ganzer Gott!« Was in diesen Worten unausgesprochen mitschwingt: Jesus war nicht nur ein ganzer Mensch. Er war auch ein ganzer Mann. Jesus hatte ein Geschlecht. Er war nicht sächlich, sondern männlich.

Er war auch ein normaler Mensch, der Menschensohn. Er musste essen, er musste trinken. Das ist in der Bibel mehrfach belegt. Er hatte einen menschlichen Körper und somit alle Bedürfnisse, die ein Mann haben kann.

Der weltberühmte US-amerikanische Psychologe Abraham Maslow hat sich sein Leben lang mit der Frage beschäftigt, was Menschen antreibt. 1943 entwickelte er die so genannte Bedürfnispyramide. Dieses Modell hat sich in der Psychologie weltweit durchgesetzt. Maslow schlüsselt sechs elementare menschliche Bedürfnisse untereinander auf. Physiologische Bedürfnisse stehen ganz unten im Diagramm. Sie stellen die Grundlage dar, ohne die nichts geht. Dazu gehört neben Essen, Trinken und Schlafen eben auch Sexualität. Sex ist die Grundlage, auf der alles aufbaut. Es ist elementar! Ohne Sex geht nichts. Es ist ein Grundbedürfnis.

Erst danach kommen Sicherheitsbedürfnisse, soziale Anerkennung und individuelle Bedürfnisse. An der Spitze steht die Selbstverwirklichung. Aber wie passt Jesus in dieses Schema hinein?

Gehen wir die Stufen einzeln von oben nach unten herunter. Selbstverwirklichung? War für ihn kein Thema. Sie ergab sich aus seinem Tun, diese war aber kein Selbstzweck. Soziale Anerkennung? Auch die erntete er für seine Arbeit.

Die Zahl seiner Follower war um ein Vielfaches höher als die von Helene Fischer. Und das waren echte Follower, keine virtuellen Freunde. Sie folgten ihm nicht auf Facebook oder Twitter, sie folgten ihm zu den Veranstaltungen, bei denen er auftrat. Aus Jüngern wurden sogar Freunde.

Die Bibel erzählt uns, dass er in Johannes sogar einen sehr engen Freund gefunden hat. Liebe gehört hier auch dazu. Und es ist nicht schwer zu glauben, dass Christus für seine Wundertaten auch Liebe bekommen hat. Er selbst hat aber auch Fürsorge gebraucht, was seine Jünger nicht immer erkannt haben. In seiner schwersten Stunde ließen sie ihn im Garten Gethsemane allein. Dabei hätte er gerade in dieser Situation jemanden zum Reden gebraucht.

Sicherheit? Die besaß er, schon allein durch seine enge Beziehung zum Vater-Gott. Selbst am Kreuz konnte er noch zu seinem Vater beten:»Mein Gott, mein Gott …«

Wenn wir uns mit diesen grundlegenden menschlichen Bedürfnissen beschäftigen, wird schnell klar: Auch hier passt der Mensch Jesus hinein. Er musste essen, und er musste auch schlafen. Dafür gibt es viele Belege. Wie kommen wir nun aber bloß auf die Idee, dass ausgerechnet Sexualität keine Rolle in seinem Leben gespielt hat? Dass Jesus ein asexuelles Wesen gewesen sein soll? Ich finde, das ist vollkommen undenkbar.

Jesus liebte die Menschen, aber er war auch mal ärgerlich. Jesus kannte es, wütend zu sein. Auch Trauer war ihm bekannt. Und natürlich hatte der Mensch Jesus auch sexuelle Fantasien. Wenn er ganz Mensch war, dann war er auch ein sexuelles Wesen. Jeder Mensch kennt Sex. Jeder Mann und jede Frau. Sexuelles Verlangen ist schließlich ein menschlicher Trieb. Und das ist per se nicht böse.

Jesus liebte Berührungen, er spürte jede Umarmung, aber auch jedes Zwicken auf seiner Haut. In Markus 5,30 lesen wir von der Berührung mit einer Frau, die an der Bluterkrankheit litt. Sie hatte ihn nur kurz angefasst. Und er spürt es sofort, obwohl hunderte Menschen um ihn herum standen.

Jesus war laut Bibel »von Anbeginn der Schöpfung« da. Wenn er die Menschen geschaffen hat, dann hat er auch die Sexualität erschaffen. Dann hat er als Mann zu Lebzeiten auf Erden auch Sexualität erlebt. Ist das so schwer zu glauben?

Ja, Jesus hatte sexuelle Gefühle, er war eben auch ein Mann. Vielleicht hat er seine Sexualität nicht mit anderen ausgelebt. Das kann gut sein. Es wird in der Bibel nie etwas von einer Partnerin berichtet. Und übrigens ebenso wenig von einem Partner. Auch wenn es in der Bibel heißt, dass Johannes ein Jünger war, den er sehr liebte. Nur in esoterischen Forschungen kommen Menschen auf die Idee, Jesus hätte eine sexuelle Beziehung mit Johannes gehabt. Andere haben die Theorie aufgestellt, er wäre mit Maria Magdalena zusammen gewesen. Ich denke: Das ist völlig abwegig. Es gibt dafür auch keinen Beleg. Nicht in der Bibel und auch nicht in anderen historischen Büchern. Aber er war ganzer Mensch. Er hat alle menschlichen Bedürfnisse in sich vereint. Da bin ich mir sicher.

Vor Abraham Maslow hat sich Sigmund Freud intensiv mit menschlichen Trieben auseinandergesetzt. Seine Triebtheorie wurde ständig weiterentwickelt. Sex ist für Freud ein »Grund- oder Primärtrieb, der zur Erhaltung der Art überlebensnotwendig ist«. Jedes Lebewesen auf diesem Planeten hat diesen Trieb, er steckt in ihm oder in ihr. Man könnte es auch so ausdrücken: Gott hat alle Geschöpfe auf Sexualität programmiert. Und er wird bei seinem Sohn keine Ausnahme gemacht haben.

Sex ist nichts Schmutziges, sondern eine göttliche Erfindung! Ich bin mir sicher: Jesus möchte, dass wir so viel Sex haben, wie es nur geht! Dass wir uns daran erfreuen und es mit allen Sinnen genießen. Dass uns vielleicht sogar mitten drin ein »Halleluja!« über die Lippen rutscht, weil es einfach so schön ist. Jesus will, dass wir Sex lieben. Dass wir ihm danken und ihn preisen für diese wunderbare Erfindung. Sex ist eines seiner Geschenke an uns.

Woher kommt dann aber die rigide Sexualmoral? Ist Moral denn immer schlecht? Das Wort »Moral« kommt vom lateinischen Wort »moralis« und bedeutet frei übersetzt »festgelegte Verhaltensform« oder »bestimmte Sitte«.

Auffällig ist, dass Moral immer von anderen bestimmt wird. Meistens von der Gesellschaft oder eben der Kirche. Oder von beiden. Dabei verändert sich die Moral. Sie hängt vom Lauf der Geschichte und von der Entwicklung der Wissenschaften ab. So war es zum Beispiel zu neutestamentarischen Zeiten moralisch zulässig, mehrere Frauen zu haben. Es gibt keine Bibelstelle, die das verbietet, weder im Alten noch im Neuen Testament. Jesus selbst hat tatsächlich nie etwas gegen die Vielehe gesagt. Und sogar Martin Luther hielt sie für biblisch rechtmäßig.

Heute ist die Ehe mit mehreren Partnern nicht nur moralisch verwerflich. Sie ist auch gesetzlich verboten! Undenkbar, dass ein männlicher Christ sich heute mit zwei Frauen verheiratet. Sogar Evangelikale und Pfingstler werden mir in diesem Punkt wohl zustimmen. Auch wenn sie sich dabei auf die Bibel berufen könnten. Diese Moralvorstellung hat sich verändert, sogar in entgegengesetzter Richtung zur Bibel.

Noch ein Beispiel: Der Konsum von Tabak wurde vom Christentum über Jahrhunderte toleriert. Viele Pastoren und Pfarrer haben geraucht, ganz ohne schlechtes Gewissen und schon lange vor dem bekanntesten Zigarettenraucher der Nation, Helmut Schmidt. Heute ist das anders. Da steht das Rauchen ganz oben auf der Sündenliste.

Natürlich brauchen wir Moral. Ohne einen Kompass kommt keine Gesellschaft aus. Moral hat den Wandel von der Barbarei zur modernen Zivilisation erheblich befördert.

Moral schafft Sicherheit. Zu wissen, was man darf und was man nicht darf, ist elementar. Und das Gegenteil von Moral ist Barbarei. Eine Gesellschaft, in der jeder macht, was er will, ohne Rücksicht auf den Rest. Der Stärkere hat die Macht. So etwas will heute keiner mehr.

Aber eine strenge Moral ist auch nicht gut. Sie ist sogar gefährlich. Sie setzt Menschen unter Druck. Sie erzeugt Unfreiheit. Sie macht krank, psychisch krank. Besonders dann, wenn sie religiös motiviert ist. Immer wenn versucht wird, sexuelle Forderungen mit einer höheren Macht zu erzwingen. Indem man predigt: »Gott kann so ein Handeln nicht segnen. Für Jesus ist das Sünde, und er starb einen bitterlichen Tod für dich.« Immer dann, wenn sich sexuelle Moral angeblich auf Christus beruft, wird es schräg. Dann mündet Religion im Missbrauch der selbigen.

Leider gibt es in vielen christlichen Kirchen und Gemeinden immer noch strenge Vorstellungen davon, was sexuell moralisch und was unmoralisch ist. Besonders die jungen Gläubigen werden damit unter Druck gesetzt. Vor einiger Zeit bekam ich die Einladung, als Redner bei einem nationalen christlichen Jugendevent zu sprechen. Wir hatten schon die Daten abgeklärt, das Thema stand auch fest. Und dann bekam ich wenige Tage vorher eine Mail. Man hätte gehört, meine Einstellung zum Thema Sex vor der Ehe wäre zu liberal. Man könnte nicht mehr vertreten, dass ich dort sprechen würde. Es bestünde die Gefahr, ich verführe die Jugendlichen zur Sünde. Mich hat das sehr überrascht. Denn in meiner Predigt sollte es gar nicht um Sexualität gehen. Ich wollte über etwas ganz anderes reden. Mein Thema war eigentlich: »Jesus, das Zentrum des Universums«.

Für mich folgt daraus: Moralvorstellungen zu hinterfragen, das bereitet einigen Menschen Angst. Wer das tut, wird ausgegrenzt. Oder zumindest ausgeladen.

Doch was passiert, wenn man Sexualität unterdrückt? Was passiert, wenn der innere Druck, von dem selbst Luther sprach, nicht mehr entweichen kann? Eben dann macht Sexualität auch krank. Dann schadet sie dem Glauben. Sie macht die Psyche krank und auch den Körper. Der Neurologe und Kriminalpsychologe Reinhard Haller aus Melau sagt, die Folgen könnten im schlimmsten Fall verheerend sein. 2010 erklärte er in einem Interview für das Deutschlandradio, dass unterdrückte Sexualität vergleichbar mit einem Dampfkessel sei. Je mehr man sie unterdrücke, desto stärker steige der Druck im Kessel. Und im schlimmsten Fall könne das zu sexuellen Übergriffen und anderen »Notlösungen« führen. Eine diplomatische Umschreibung für Vergewaltigung oder sexuellen Missbrauch.

Dieser Druck, den ein Christ nicht ablassen kann, treibt mitunter merkwürdige Blüten. Ich habe schon oft in der Seelsorge von jungen Männern gehört, die sich am liebsten selbst kastriert hätten, so mächtig war der Trieb. Er quälte sie immer wieder. Die Schuldgefühle wuchsen ins Unermessliche. Und am Ende stand eine Gewalt, die nur noch gegen sich selbst gerichtet werden konnte. Teppichmesser gezückt und weg mit dem Problem. Zumindest in der Fantasie. Das ist wirklich krank!

Masturbation: zu Unrecht tabuisiert

Andere Christen berufen sich in ihrer sexuellen Moral auf Bibelstellen aus dem Alten Testament. Da wird zum Beispiel von dem jungen Onan erzählt, der seinen Samen auf den Boden fallen ließ. In Genesis 38,8 taucht er auf und dann gleich wieder ab. Onan wurde von Gott getötet, weil er seinen Samen nicht an den Ort brachte, wo er eigentlich hingehörte. Onan ließ seinen Samen »fallen«, heißt es da. Sprich: Er »onanierte«. Dieses Verb wurde nach ihm benannt. Was er tat, missfiel dem Gott des Alten Testaments. Onan wurde bestraft, Gott tötete ihn.

An dieser Stelle müssen wir mit einem weitverbreiteten Missverständnis aufräumen: Gott bestraft nicht Onans Masturbation, sondern die Untreue zu seinem Bruder. Das sagen alle seriösen

Bibelausleger. Onan hatte sich verweigert, für die Nachkommen der Frau zu sorgen. Es ging um die wirtschaftliche Versorgung von Menschen, nicht um eine sexuelle Handlung. Trotzdem wurde diese Stelle jahrhundertelang falsch ausgelegt. Mit fatalen Folgen. Denn das führte dazu, dass sich Menschen bis heute schuldig fühlen, wenn sie onanieren. Und krampfhaft dagegen ankämpfen, meist erfolglos.

Wichtig ist festzuhalten, dass diese Stelle nichts darüber sagt, dass Gott Masturbation verurteilt. Es ist unerträglich, dass es diese moralische Forderung geschafft hat, Einzug in das Christentum zu erhalten. Und das sowohl bei evangelikalen wie auch bei evangelischen und katholischen Christen. Bis heute!

Jesus hingegen redet nur an einer Stelle von männlicher und weiblicher Zweisamkeit, und da auch nur indirekt. Es geht in seiner Predigt nicht um Sex oder die Ehe, sondern um die Scheidung. Seine Kritiker versuchen ihm verbal mal wieder eine Falle zu stellen. Ihre Frage an den Messias lautet: »Ist es einem Manne erlaubt, sein Weib zu entlassen?« (Markus 10,2) Bedeutet: »Darf ein Mann seine Frau in den Wind schießen? Darf er sie rausschmeißen, darf er sich von ihr trennen, nur weil er keine Lust mehr auf sie hat? Findet Gott das in Ordnung?« Jesus gibt eine klare, kluge Antwort, wie immer. Er erklärt seinen Kritikern, wie tief eine Ehebeziehung geht. Wie sehr man sich mit dem Anderen verbindet. Erst recht bei einer Heirat. Und dann ganz besonders beim Sex.

Christus antwortet, dass Gottes Idee von Beginn an eine andere war. »Von Anfang der Schöpfung aber schuf Gott sie als Mann und Weib. Um deswillen wird ein Mensch seinen Vater und seine Mutter verlassen und seinem Weibe anhangen, und es werden die zwei ein Fleisch sein; also sind sie nicht mehr zwei, sondern ein Fleisch.« Es geht um Verschmelzung. Zwei Individuen wachsen zu einer Einheit zusammen.

Das ist doch eine erstaunliche Aussage über Sexualität. Sex ist eine so intime Sache, wir kommen uns so nahe. Wir verschmelzen miteinander. Wir werden eins, obwohl wir dabei immer noch zwei bleiben. Zwei Menschen werden zu einem. Auch das war der Plan Jesu.

Warum soll Sexualität dazu auch noch Spaß machen? Warum wollte das Gott? Ist das so außergewöhnlich? Es geht um eine Kombination aus zwei Dingen: nützlich und herrlich. Das Nützliche beim Sex ist klar: Es sorgt für Entspannung. Es ist ein ganz besonderer Ausdruck von Liebe. Es schweißt zwei Menschen zusammen. Und es ist die Grundlage für das Fortbestehen der gesamten Menschheit. Fortpflanzung ohne sexuelle Lust ist undenkbar. Darum ist es normal, dass Sexualität auch ein Genuss ist.

Diese Kombination von Nutzen und Genuss kommt ja auch in anderen Bereichen der Schöpfung vor. Zum Beispiel beim Essen. Essen schmeckt gut - jedenfalls, wenn der Koch keinen schlechten Tag hatte. Essen ist ein Genuss. Beim Essen werden verschiedene Regionen in Mund und Rachen stimuliert. Unsere Geschmacksknospen feiern Party, wenn wir in ein Stück Schokolade beißen. Auch hier kann es zu rauschartigen Zuständen kommen. Bei einem Stück Pizza und dem Genuss von gut gelagertem Rotwein erleben wir ein gefühlsmäßiges »High«.

Und doch ist es auch nützlich, es ist sogar lebensnotwendig. So hat Gott das Angenehme mit dem Nützlichen verknüpft. Das Rauschhafte mit dem Rationalen. Das Geile mit dem Guten. Jesus, der Schöpfer des Universums, hat dies bis ins kleinste Detail so geplant. Ich finde: Das ist ein guter Plan!

Es erscheint doch erstaunlich, dass viele jesusgläubige Menschen sich über die Jahrhunderte mehr damit beschäftigt haben, was man alles *nicht* tun soll. Über die Gebote wissen wir besser Bescheid als über die Geschenke. Wir reden mehr über das, was man nicht darf, anstatt uns darüber zu freuen, was man alles darf! Im Konfirmanden- und Kommunionunterricht lernen wir die Zehn Gebote auswendig. Aber von den zehn Geschenken wissen wir nichts. Das ist doch irre. Die ganze Bibel ist nicht nur voller Regeln. Es gibt mindestens genauso viele Preisungen. Worte, Sätze, Kapitel, die etwas darüber verraten, wie sehr Gott uns und das Leben liebt. Worte, die von Freiheit und Kraft erzählen. Worte darüber, was uns der Glaube ermöglicht: über uns hinauszuwachsen.

Und doch quält sich die Christenheit mit einer rigiden Sexualmoral. Sie beißt sich fest wie ein Pitbull, der den Stock nicht mehr loslassen will. Und das, obwohl neben ihm ein großes, saftiges Stück Fleisch liegt. Wir haben Angst, etwas Gewohntes zu verlieren. Etwas, das wir bereits im Maul tragen. Es schmeckt nicht sonderlich gut. Moral schmeckt selten sonderlich gut. Aber sie war schon so lange da. Es ist besser, etwas Schlechtes zwischen den Zähnen zu haben als gar nichts.

Eine strenge Sexualerziehung kann junge Seelen kaputt machen. Der Druck ist da, und er kommt von ganz oben. Erst vor kurzem hatte ich nach einem Jugendgottesdienst ein Seelsorgegespräch. Es war eine junge Christin. Man hatte ihr eingeredet, ihre sexuellen Fantasien seien ein Zeichen des Bösen in ihr. Sie hatte sich der Gemeindeleitung offenbart. Ihr wurde zwar durch die Bibelstelle von Paulus gesagt, sie wäre mit der Taufe ein neuer Mensch geworden. Ihr alter Mensch, ihr altes Wesen wären jetzt tot. Und doch musste sie feststellen, wie das verfaulte Fleisch ihres alten Menschen anscheinend wieder lebendig geworden war. Das Verlangen kam immer wieder, immer stärker in ihr auf. Die Leitung vermutete sogar einen Sex-Dämon, der bekämpft werden müsse.

Diese Moralpredigt wurde noch von harten Drohungen flankiert. Der Jugendleiter verbat ihr, in der Lobpreis-Band der Gemeinde mitzuspielen, solange sie ihr Problem nicht in den Griff kriege. Sie spielte dort bereits viele Monate mit großer Begeisterung die Posaune. Doch Porno und Posaune, dass passte aus Sicht dieser Kirchengemeinde nicht. Immer wieder versuchte die junge Frau, den moralischen Forderungen der Gemeindeleitung gerecht zu werden. Nach erfolglosen Versuchen besorgte sie sich schließlich ein Tapetenmesser im Baumarkt. Damit wollte sie sich die Ursache ihres fleischlichen Begehrens, ihre eigene Klitoris, abschneiden. Zum Glück war der Schmerz beim ersten Schnitt zu groß, dass sie dann doch das Gespräch suchte. Ich habe der jungen Frau etwas ganz anderes geraten: Applaus statt Angst. Ich brauchte eine Weile, um ihr klarzumachen: Sexuelle Gefühle sind ein Geschenk und kein Fluch! »Deine Sexualität ist von Gott gewollt. Genieße sie! Es ist die Idee vom Schöpfer Jesus. Und der hat nie schlechte Ideen für dich.«

Der Psychologe Abraham Maslow hat übrigens auch untersucht, was mit Menschen passiert, deren Grundbedürfnisse nicht erfüllt werden. So ein Mensch verhungert innerlich, er verkümmert und wird krank. Erst psychisch und dann auch körperlich.

Was ich wirklich schlimm finde, ist, dass rigide sexuelle Moral immer mit der Bibel begründet wird. Es wird behauptet, die Bibel gäbe uns vor, wie ein Mensch mit seiner Sexualität umzugehen habe. Für mich ist ganz wichtig festzuhalten: Gottes Gebote sind gut für uns! Sie sollen uns schützen und Freude machen. Was Gott von uns fordert, ist immer gut. Er wird keine moralischen Regeln von uns verlangen, die heute nicht mehr passen. Jesu Wille für die Menschheit ist nie negativ!

Liest man die ganze Bibel, wird das an vielen Stellen deutlich: Gott ist ein Gott der Liebe. Er hat liebevolle Gedanken für die Menschen. Er hat liebevolle Pläne mit den Menschen. Die Bibel sagt im ersten Johannesbrief, 1. Kapitel: »Und wir haben erkannt und geglaubt die Liebe, die Gott zu uns hat. Gott ist die Liebe!«

Alles, was der Schöpfer von uns will, dient keinem göttlichen Selbstzweck. Es sind keine Gesetze um der Gesetze willen. Es steckt keine Willkür dahinter. Nein, seine Pläne zielen auf unser Wohlergehen. Damit ist für mich auch klar, dass sich der Wille Gottes für die Menschen mit der Zeit verändert. Gott ist nicht stehengeblieben. Gott ist nicht konservativ. Was er einmal gesagt hat, kann auch von ihm korrigiert und angepasst werden. Sein Wille ist dynamisch. Jesus selbst hat Gottes Wort – und damit ist natürlich die Thora gemeint – ausgelegt und angepasst. Teilweise hat er sie radikalisiert, teilweise auch abgeschwächt. »Ihr habt gehört, dass zu den Alten gesagt ist ... Ich aber sage euch!« (Vgl. Matthäus 5,21 ff.) Im Neuen Testament gibt es 695 Zitate, die aus dem Alten Testament stammen. Dort wird von einem Vertrag berichtet, den Gott mit den Menschen eingegangen ist. Es ging um Forderungen, Gesetze Gottes an die Menschen. Diese Gesetze sind überall präsent. Und doch wurden sie immer wieder in ihren Werten hinterfragt und angepasst. Auch vom Gottessohn.

Von einer weiteren moralischen Anpassung können wir im Neuen Testament lesen. Und zwar in der Apostelgeschichte, weit nach der Kreuzigung und Auferstehung Jesu. Die christliche Kirche war gerade erst gegründet, da gab es bereits einen großen Konflikt. Denn auf der einen Seite saßen die Juden, welche Christen geworden waren. Und auf der anderen Seite die Nichtjuden oder Heiden, welche sich ebenfalls auf Christus hatten taufen lassen. Nun war die Frage, ob die Nichtjuden sich auch an die Essensvorschriften aus dem Alten Testament halten müssen, wie es die Juden von je her taten. Zu lesen in der Apostelgeschichte, Kapitel 15.

Die Antwort lautete: Brauchen sie nicht! Keiner der neuen Gläubigen sollte sich an alle Gebote aus dem Alten Testament halten müssen. Die Beschlüsse dieses Konzils relativierten die

Regeln des Judentums aus dem Alten Testament. Moralische Regeln wurden den neuen Lebensbedingungen angepasst. Es gab in diesem Punkt nur eine Ausnahme: Von ersticktem Fleisch und Tierblut sollte nicht gegessen werden! So können wir es in der Apostelgeschichte lesen. Dieser Beschluss gilt bis heute für alle Christen, die keine jüdischen Wurzeln haben. Darf ich fragen, wann der kritische Christ aus dem 20. Jahrhundert das letzte Mal den Schlachter seines Vertrauens gefragt hat, wie das Tier, das dort liegt, eigentlich umgekommen ist? Wurde es erstickt oder erschossen? In Deutschland werden Kühe und Schweine erst betäubt. Dann sollen sie mit einem Bolzenschuss getötet werden. Bei der Betäubung kann auch die Atmung aussetzen. Viele Tiere sind bereits erstickt, bevor der Bolzenschuss kommt. Aber das interessiert keinen Christen. Vom Genuss der Blutwurst ganz zu schweigen. In Nordrhein-Westfalen wären viele Menschen beleidigt, wenn der Beschluss des Apostelkonzils dort wirklich umgesetzt werden würde. Blutwurst ist dort eine beliebte Spezialität. Stichwort »Himmel und Äd«. Wir übergehen diese »biblischen Gebote« einfach. Warum? Weil sie aus einer anderen Zeit stammen. Weil sich Gottes Wort immer an die Entwicklung der Menschheit angepasst hat.

Übrigens ist das auch mit einem anderen biblischen Gebot vergleichbar. Im ersten Korintherbrief, Kapitel 11, wird gefordert, dass sich Frauen im Gottesdienst verschleiern müssen. Doch daran hält sich heute kaum einer mehr, auch nicht in der katholischen Kirche.

Jesus hat nicht gegen Sexualität gepredigt

Zum Abschluss dieses Kapitels möchte ich kurz auf das Thema »Homosexualität« eingehen. Der Umgang damit hat sich in den

Jahrhunderten unter Jesu Nachfolgern verändert. Zum Glück. Die einen sagen:»Es ist immer noch eine Sünde, aber eben nur eine Sünde unter vielen.« Das ist schon einmal ein Fortschritt. Vor noch nicht allzu langer Zeit wurden homosexuell empfindende Menschen exkommuniziert, dämonisiert und verfolgt. Bei diesem Thema kochen die Emotionen schnell hoch. Auf Gemeindeversammlungen, in Universitätsseminaren und auch auf dem Kirchentag. Es gibt immer noch viele Vorurteile gegenüber Schwulen und Lesben. Besonders unter Christen. Ich weiß noch, wie mir eine ältere, sehr gläubige Frau aus der Gemeinde einzureden versuchte, das Wort»sexuell«in»homosexuell«wäre mit Absicht so gewählt. Homosexuellen ginge es vor allem nur um eins: Sex. Ihre Identität ist sexuell. Bei Lesbierinnen wäre das nicht der Fall, da ginge es mehr um Freundschaft. Was für ein Irrglaube! Was für ein dummes Gerücht! Erstaunlich ist doch: Auch dazu hat Christus nie etwas gesagt. Es war nicht sein Thema. Es hat ihn nicht interessiert. Er hat kein Gebot darüber formuliert. Die Bibelstellen der Anti-Homo-Fraktion stammen überwiegend aus dem Alten Testament. Obwohl jeder Christ weiß, dass die moralischen Forderungen des Alten Testaments nicht mehr aktuell sind. Sie stammen aus einem alten Bund zwischen Gott und Mensch.

In der Diskussion werden zusätzlich auch gern drei Stellen aus den Paulusbriefen zitiert (1 Korintherbrief 6,9; Römerbrief 1,26; 1 Timotheusbrief 1,10). Heute weiß jeder Theologe: Mit diesen Bibelstellen können nur Vergewaltigungen und eine Art der Tempelprostitution mit Knaben gemeint sein. Eine sich liebende, auf Treue und Hingabe aufbauende homosexuelle Beziehung kannte man damals noch nicht.

Zusammengefasst: Jesus hat nichts gegen einen verantwortungsvollen, leidenschaftlichen und dankbaren Genuss von Sex.

Er möchte, dass wir so viel davon haben, wie es nur geht und wie es gut für uns ist. Im Gespräch mit der »stadtbekannten Sünderin« klagt er die Frau nicht an, obwohl sie offensichtlich Unrecht getan hat. Sie hatte Sex mit verheirateten Männern. Mehrfach. Nach damaligen wie heutigen Wertmaßstäben etwas, das man nicht gutheißen kann. Aber für Jesus waren sexuelle Sünden nicht gravierend genug, als dass er darüber gepredigt hätte. Dagegen stehen sie bei den meisten Christen immer noch hoch im Kurs. Prostitution, Pornografie, Selbstbefriedigung, Sadomaso und Co. Über all das hat Jesus nie etwas gesagt.

Die Bibel lehrt, dass Jesus von Beginn der Schöpfung an da war. Wenn er die Menschen mitgeschaffen hat, dann hat er auch die Sexualität erschaffen. Jesus war ganzer Mensch und ganzer Gott. Als ganzer Mensch hat er auch Sexualität erlebt. Vielleicht hat er seine Sexualität nicht mit anderen ausgelebt. Das kann sein. Aber er war ganzer Mensch. Ganz sicher.

Sex ist nichts Schmutziges, sondern eine göttliche Erfindung. Gott, Christus, möchte, dass wir diese wunderbare Erfindung des Schöpfers genießen. Und ihn dafür preisen. Denn es ist eines seiner größten Geschenke an uns.

4.
Jesus war kein Pazifist

»Da aber Jesus einging zu Kapernaum, trat ein Hauptmann zu ihm, der bat ihn und sprach: HERR, mein Knecht liegt zu Hause und ist gichtbrüchig und hat große Qual. Jesus sprach zu ihm: Ich will kommen und ihn gesund machen. Der Hauptmann antwortete und sprach: HERR, ich bin nicht wert, daß du unter mein Dach gehest; sondern sprich nur ein Wort, so wird mein Knecht gesund. Denn ich bin ein Mensch, der Obrigkeit untertan, und habe unter mir Kriegsknechte; und wenn ich sage zu einem: Gehe hin! so geht er; und zum andern: Komm her! so kommt er; und zu meinem Knecht: Tu das! so tut er's. Da das Jesus hörte, verwunderte er sich und sprach zu denen, die ihm nachfolgten: Wahrlich ich sage euch: Solchen Glauben habe ich in Israel nicht gefunden! Aber ich sage euch viele werden kommen vom Morgen und vom Abend und mit Abraham und Isaak und Jakob im Himmelreich sitzen; aber die Kinder des Reiches werden ausgestoßen in die Finsternis hinaus; da wird sein Heulen und Zähneklappern. Und Jesus sprach zu dem Hauptmann: Gehe hin; dir geschehe, wie du geglaubt hast. Und sein Knecht ward gesund zu derselben Stunde.«

(Matthäus 8,5-13)

»Und der Juden Ostern war nahe, und Jesus zog hinauf gen Jerusalem. Und er fand im Tempel sitzen, die da Ochsen, Schafe und Tauben feil hatten, und die Wechsler. Und er machte

eine Geißel aus Stricken und trieb sie alle zum Tempel hinaus
samt den Schafen und Ochsen und verschüttete den Wechs-
lern das Geld und stieß die Tische um und sprach zu denen,
die die Tauben feil hatten: tragt das von dannen und macht
nicht meines Vaters Haus zum Kaufhause! Seine Jünger aber
gedachten daran, daß geschrieben steht: Der Eifer um dein
Haus hat mich gefressen.«

(Johannes 2,13-17)

Missbrauch ist ein schlimmes Wort. Es geistert seit vielen Jahren durch die mediale Welt. Meist im Zusammenhang mit sexuellem Missbrauch. Kaum fassbar, dass so etwas heute immer noch passiert. Immer wieder passiert.

Doch es gibt auch auf anderen Gebieten Missbrauch. Macht wird missbraucht. Religionen werden missbraucht. Und auch Jesus wurde missbraucht. Man hat seinen Namen missbraucht. Man hat seine Worte missbraucht. Man hat ihn für Ziele instrumentalisiert, die er gar nicht vertrat. Zum Beispiel den Frieden.

In den Anfängen im 18. Jahrhundert ging die Friedensbewegung sehr stark von den christlichen Kirchen aus. Ich bin froh, dass das so ist. Ich bin auch sehr froh, dass es sie immer noch gibt.

Krieg ist eine brutale und schreckliche Angelegenheit. Krieg ist eine Bedrohung für die Menschheit. Es sollte nie wieder Krieg geben. Diese Friedensbewegungen der Kirchen kämpften an der Anti-Kriegsfront ganz vorne. Sie beriefen sich dabei immer auf die Grundlagen des christlichen Glaubens. Auf die Worte von Jesus. Auf Jesus selbst. Aber durften sie das? Konnten sie das überhaupt?

Wie selbstverständlich ging man davon aus, dass Jesus ein Gegner von Soldaten, Armeen und Waffen sei. War er nicht der erste Hippie, der erste Friedensaktivist? Das suggeriert doch schon sein Äußeres oder die Art und Weise, wie er in der Ikonographie dargestellt wird: langhaarig. Mit Hippie-Bart. Leicht gebräunt, weil er ja den ganzen Tag draußen war, in der freien Natur. Beige Gewände und Ledersandalen. Entrückt lächelnd. Eben typisch Hippie. Fehlt eigentlich nur die Plakette mit dem Aufdruck »Atomkraft? Nein, danke!« an seinem Hemd. Ein Jutebeutel mit Peace-Zeichen in der Hand. Und natürlich das blaue Halstuch, mit weißer Taube drauf. Gurr, gurrr.

Aber war der Gottessohn wirklich so friedlich? Hat Jesus in seinen Predigten für den Weltfrieden geworben? Hat Christus jeden Konflikt nur mit Worten ausgetragen? Hat er sich vehement gegen den Gebrauch von Waffen ausgesprochen? War er nie aggressiv? War er nie wütend?

War er tatsächlich der erste Hippie, lange, bevor es dieses Wort überhaupt gab? Würde Jesus heute für den Friedensnobelpreis vorgeschlagen werden? Die letzte Frage ist vielleicht ein bisschen unreflektiert. Denn den Friedensnobelpreis bekommt ja mittlerweile jeder, egal wie viele Kriege er führt oder geführt hat. Wie zum Beispiel Barack Obama. 2009 bekam er den Friedensnobelpreis. Er forderte eine Welt ohne Atomwaffen. Doch seine Kriegsstrategie in Afghanistan kostete Tausende Amerikaner das Leben. Die USA haben sich mit Atomwaffen weiter hochgerüstet.

Es gab zu allen Zeiten die Tendenz, sich Jesus Christus so zurechtzubiegen, wie man ihn für die eigene Argumentation brauchte. Selbst die Nazis haben das getan. Hitler schreibt in seinem Buch »Mein Kampf«, dass er sich »für das Werk des Herrn« gegen die Juden stelle. Um Jesu willen müssten die Juden getötet werden. Dass Jesus selbst ein Jude war, blendete er dabei völlig aus. Und auch, dass der Holocaust alles konterkarierte, wofür Jesus stand. Trotzdem haben die Nazis seine Kreuzigung durch Juden immer wieder als

Argument missbraucht, um den Massenmord an sechs Millionen Juden zu legitimieren. Wie krank ist das? Und wie irre?

Zu Luthers Zeiten konnte man etwas Ähnliches beobachten. Die Mächtigen der Kirche missbrauchten das Evangelium Jesu Christi, um Reichtümer der Kirche anzuhäufen und zu vermehren. Und natürlich auch ihre eigenen. Jesu Kreuzestod und damit die Erlösung für die Menschen waren plötzlich nicht mehr umsonst. Man musste Geld für seine eigene Erlösung bezahlen. Von dem Prediger Johannes Tetzel stammt der damals berühmte Satz: »Sobald das Geld im Kasten klingt, die Seele in den Himmel springt!« Dieser Vers soll auf einer Kiste gestanden haben, in die Gottesdienstbesucher Geld werfen mussten, um sich von ihren Sünden freizukaufen. Ablasshandel, so nannte sich diese Seelsorge to go. Ein gutes Gewissen gegen Cash.

Wie man diesen Betrug mit Aussagen von Jesus legitimieren kann, ist mir bis heute schleierhaft. Aber eines ist gewiss: Auch hier wurde versucht, sich Jesus und seine Worte so zurechtzubiegen, wie man es für seine eigenen Zwecke brauchte. Man hat ihn missbraucht.

War Jesus denn ein Kriegsgegner? Hat er sich als Pazifist zu erkennen gegeben, so wie wir heute Pazifismus verstehen?

Sicher ist: Jesus hat sich nie explizit für den Krieg und den Gebrauch von Waffen ausgesprochen. Aber auch nie dagegen. In der berühmten Geschichte aus dem Garten Gethsemane, die von Jesu letztem Abend vor seiner Kreuzigung erzählt, wehrt er sich dagegen, dass ihn seine Jünger mit Waffengewalt verteidigen.

Was meinte Jesus mit »Stecke dein Schwert ein«?

Jesus sitzt dort mit seinen Schülern, als die Soldaten kommen, um ihn festzunehmen. Petrus zückt das Schwert, er will sich wehren. Er schlägt einem Soldaten mit seinem Schwert sogar das Ohr ab. Nach dem heutigen Strafgesetzbuch wäre das eine Tat irgendwo zwischen versuchter Tötung und vollendeter Körperverletzung. Oder hätte ein Richter auf Notwehr plädiert?

Wie man sich auch entscheidet, Jesus reagierte empört. Er weist Petrus scharf zurecht: »Da sprach Jesus zu Petrus: Stecke dein Schwert in die Scheide!« (Johannes 18,11). Diese Stelle wird immer wieder gern benutzt, um zu zeigen, dass Jesus eine Aversion gegen Waffen gehabt habe. »Stecke dein Schwert ein!«, befiehlt er seinen Leuten. Dieses Zitat wird bis heute gern gebraucht, um es auf andere Krisen oder Kriege zu übertragen. »Steckt eure Waffen ein! Steckt eure MG ein! Dreht ab mit euren Panzern und Flakgeschützen! Hört auf, zurückzuschießen. Verschrottet eure Flugkörper!«

Aber warum hat Jesus denn Petrus befohlen, das Schwert wiedereinzustecken? Hat er gesagt: »Petrus! Waffen sind nicht in Ordnung?« Oder meinte er nicht eher: »Mach es mit Worten, nicht mit Waffen?« Oder, noch allgemeingültiger: »Christen leben für einen gewaltlosen Widerstand!?« Also eher ghandi-like?

Nein, sein Argument ist ein eschatologisches. Er weist darauf hin, dass diese Festnahme Teil seines Auftrags ist. Eines Auftrags, der alles radikal verändern wird. Und die Folgen dieses Auftrags werden eine Wirkung haben, die bis in das Ende der Welt hineinreicht. »Soll ich den Kelch nicht trinken, den mir mein Vater gegeben hat?« Das klingt wie eine rhetorische Frage. Es fühlt sich auch ein wenig hilflos an. Aber war Jesus hilflos? Nein, das war er nie.

Jesus ist sich bewusst, dass die Soldaten nicht von Menschen geschickt wurden. Sie kamen von Gott. Von seinem Vater im Himmel. Er ergibt sich dem Auftrag des Vaters. Und dafür braucht er keinen Widerstand, erst recht keinen mit Waffen.

Darum sagt er seinem Schüler: »Stecke dein Schwert an einen sicheren Ort.« Er hätte sich sofort jede Hilfe des Himmels holen können. Armeen von Engeln. Donner und Blitze. Lichtschwerter und Kanonen. Aber er wollte es nicht.

Kann man nun aus dieser Stelle ableiten, dass Jesus wirklich so ein Baldriantrinker war, der Waffen per se ablehnte? Taugt diese Bibelstelle als Beleg dafür, dass Christus immer für einen gewaltlosen Widerstand plädiert hat und auch noch heute plädieren würde? Nein. Das wäre eine völlig falsche Auslegung seiner Worte.

Schließlich wusste Jesus, dass Petrus ein Schwert dabeihatte. Es wird ihm wohl kaum entgangen sein. Petrus war ein bewaffneter Jesus-Jünger. Theologen gehen davon aus, dass sogar mehrere Jünger Jesu ein Schwert mit sich führten. Er hat es ihnen nie verboten. Er fand es okay. Es war normal. Nur in diesem Moment eben nicht. Jesus wollte verhaftet werden. Er hatte vorausgesehen, dass es so kommen würde. Die Verhaftung war Teil eines Plans. Sie war Teil des Heilsplans Gottes.

Es ist doch erstaunlich, dass Jesus die Armee im Allgemeinen nie kritisiert hat. Nicht die römische und auch nicht die jüdische. Es gibt keine Predigt darüber. Auch in der Bergpredigt, die von Pazifisten immer gern als Leitfaden benutzt wird, lehnt er Waffengewalt nicht explizit ab. Er hat sich nie gegen den Beruf des Soldaten ausgesprochen. Auch wenn er mit Sicherheit nicht dafür war, dass Menschen sich gegenseitig töten: Jesus war kein Pazifist.

Jesus begegnete Soldaten vorurteilsfrei. Ein Soldat war für ihn ein Mensch wie jeder andere auch. Das zeigt eine Stelle aus der oben zitierten Geschichte über die Ereignisse im Garten Gethsemane. Wir lesen, wie ein Zenturio, ein Hauptmann der römischen Armee, zu Jesus kommt.

Dieser Mann hatte einen höheren Dienstgrad. Er war also ein Vorgesetzter, kein einfacher Soldat. Ein Entscheider. Dieser

Mann hatte einen kranken Untergebenen, den er sehr mochte. Der Zenturio bittet Jesus um eine Fernheilung für seinen kranken Freund. Und was macht der Gottessohn? Er willigt ein, zur großen Überraschung aller! Er schickt den Hauptmann weg, das Wunder geschieht. Das Kind wird geheilt. Hätte Jesus das auch getan, wenn er den Beruf des Soldaten abgelehnt hätte? Wenn das so wäre, hätte er mit Sicherheit anders reagiert. Er hätte gesagt:»Geben Sie erst Ihre Waffen ab, dann können wir vielleicht über eine Heilung reden!« Er hätte die Gelegenheit genutzt, um dem Mann eine Moralpredigt zu halten:»Wer Menschen für Geld tötet, darf keine Heilung von Gott erwarten!« Er hätte gesagt, dass er generell nicht für Leute arbeite, die schon von Berufs wegen eine Waffe mit sich tragen. Mit einer Lizenz zum Töten.

Vermutlich trug der Hauptmann sein Schwert in diesem Augenblick sogar bei sich. Diese Klinge hatte er schon Dutzenden Menschen ins Herz gerammt. Oder mit ihr Köpfe abgeschlagen. Aber Christus interessiert das nicht. Stattdessen macht er den Angestellten des Bittstellers gesund, ohne ihn zu sehen oder zu berühren. Und anschließend lobt er den Soldaten sogar. Er stellt ihn als Vorbild da! Gut, er beglückwünscht ihn zwar nicht zu seinem Beruf, aber zu seinem Glauben.

Jesus wurde handgreiflich

Das stellt unseren Easy-peasy-Yo-was-geht?-Peace-Hippie-Jesus doch in einem völlig anderen Licht dar. Würde er diesem Bild wirklich entsprechen, hätte er laut protestiert. Er hätte dem Bittsteller Bedingungen gestellt:»Waffe weg, sonst keine Heilung!«

Aber so war er eben nicht. Das zeigt auch eine andere Geschichte, welche ich oben aus der Bibel zitiere. Jesus besucht den Jüdischen

Tempel. Er war nicht zum ersten Mal dort. Und es ist kein Sight Seeing. Diesmal packt ihn die Wut. Diesmal rastet er aus. Er wird gewalttätig. Er wird brutal. Ob uns das passt oder nicht. In der Vorhalle des Tempels stehen Verkaufsstände. Wie auf einem kleinen Markt bieten die Verkäufer ihre Waren an. Es ist laut. Eine Menschenmasse schiebt sich durch diese Halle. Es wird gehandelt und gefeilscht. »Zwei Lämmer zum Preis für eines!« »Wenn Sie jetzt zugreifen, erhalten Sie noch ein Huhn gratis dazu!« »Döner, mit alles?«

Dieser Tempel war für Jesus heilig. Es war der Ort, wo Menschen ihrem Gott begegnen konnten. Dem Gott, zu dem Christus ein sehr intimes Verhältnis hatte. Er nannte ihn Vater, seinen Vater. Dieses Gebäude war dafür da, dass man darin beten und singen konnte. Es war das Haus, welches nur Gott gehört. Und jetzt hatte sich dieses Haus in einen Basar verwandelt. In einen Marktplatz. In eine Börse. Und das hat ihm gestunken.

Er geht auf die Verkäufer los. Er ist wütend. Er ist aggressiv. Er ist nicht unbewaffnet, er hat eine Geißel in seiner Hand!

Und dieses Mal wird Jesus sogar handgreiflich. Ich frage mich: War das eine spontane Aktion? Verlor Jesus einfach die Nerven? Konnte er sich nicht länger halten? Nein! Er flicht sich eine Geißel aus Stricken. Eine Peitsche! Wie genau Jesus sich diese Waffe zusammengebaut hat, ist uns nicht bekannt.

In der Bibel steht, dass er sich die Geißel selber »macht«. Woher das Material stammt, wissen wir auch nicht. Aber wir ahnen, dass er sie braucht, um damit um sich zu schlagen. Das Flechten der Geißel kostet Zeit. Zeit zum Überlegen und zum Überprüfen. »Was werde ich jetzt tun? Was werde ich gleich sagen? Wie werde ich es sagen?« Man sieht Jesus direkt vor sich, wie er vor Wut kocht. Wie es in ihm brodelt. Er ist sauer. Und dann folgt eine sehr bewusste Handlung. Eine durchdachte Handlung. Eine aggressive Handlung. Christus weiß genau, was er da tut.

Er springt auf und geht auf die Händler los. Dabei waren die sich keiner Schuld bewusst. Sie verkauften nur Waren, um damit ein Opfer nach den Geboten von Mose durchzuführen. So stand es in der Schrift. Die Art und Weise, wie geopfert wurde, war detailliert in der Thora festgehalten. Dass an diesem Ort die dafür vorgesehenen Gebrauchsgegenstände zum Verkauf angeboten wurden, das muss eigentlich normal gewesen sein. Jeder kannte es, und jeder hatte es akzeptiert. Es war ein Tagesgeschäft.

Aber es war nicht normal für Jesus. Es erzürnte ihn. Er machte sich ganz bewusst diese Waffe. Das ist keine Kurzschlussreaktion. Und dann geht er damit auf sie los. Er brüllt, er stößt die Verkaufsstände um. Er schlägt mit seiner Geißel um sich. Es knallt und zischt. Christus läuft von Tisch zu Tisch. Das Geld fällt nicht zufällig aus den Kassen. Nein, Jesus entreißt es den Händlern und feuert die Münzen auf den Boden. Er »verschüttet« das Geld der Wechsler, so steht es in der Bibel. Das ist kein Versehen. Kein »Huch, wie konnte das passieren?«. Das war Absicht.

Malen wir uns die Szene ruhig weiter aus: Jesus schlägt mit der Geißel auf die Tische. Er wird laut. Er springt umher. Er schmeißt die Stände um. Man hört sein lautes Geschrei in der Vorhalle. Das Klirren der Geldmünzen, die zu Boden fallen, das Krachen der umgestoßenen Tische. So muss es sich abgespielt haben. Es ist ein Moment, in dem uns ein ganz anderer Jesus begegnet. Ein Jesus, den wir vergessen haben.

Wie mag das Gespräch mit den teilnehmenden Geschäftsleuten ausgesehen haben? Vielleicht: »Liebe Händler! Ihr tut ja auch nur Euren Job. Dafür habe ich großes Verständnis. Aber es ist echt nicht in Ordnung, was Ihr hier macht. Denkt doch mal über Euer Handeln nach. Geht in Euch! Und wenn Ihr anderer Meinung seid, lasst uns das wie erwachsene Menschen ausdiskutieren. Ich bitte Euch! Das geht so nicht!« So würde wohl der

Protest heute klingen, wenn Protestanten sich empören. Nicht wütend, nicht laut, nicht entschieden.

Ich bin mir sicher, dass Christus sehr hart gesprochen hat. Er musste laut rufen, um gegen den Lärm im Hintergrund des Tempelgeschehens anzukommen. Mit großer Wahrscheinlichkeit hat er sogar geschrien. Er war sauer, das ist nicht zu übersehen. Jesus brüllt die Händler an: »Tragt Euer Zeug hier weg! Sofort! Verschwindet! Ihr habt aus dem Haus meines Vaters einen Konsumtempel gemacht!« Christus, brüllend? Jawohl!

Geistliche Männer dieser Welt fordern die Gläubigen immer wieder dazu auf, die Erzählungen der Bibel auf das Heute zu übertragen. Diese Praxis hilft uns, Inhalte zu verstehen, die uns sonst verschlossen bleiben würden. Sie klopft den Staub von den alten Texten und den alten Bildern ab. Und sie gibt uns ein Gefühl für das, was unausgesprochen zwischen den Zeilen steht.

Wie würde sich so eine Szene auf das Heute übertragen lassen? Vielleicht würde Jesus auf dem Kirchentag erscheinen oder in einer der großen Kirchen im Land. Vielleicht im Kölner Dom oder in der Hauptkirche St. Petri in Hamburg oder im Liebfrauenmünster in Ulm.

Er, der überwiegend auf der Straße gepredigt hat, wäre erschlagen von der Größe und vom Prunk der Gotteshäuser, geblendet von den Kunstschätzen. Was würde er zu der mit Blattgold verzierten Jesusfigur sagen, die überdimensional groß an einem Kreuz über dem Altar hängt? Wie würden ihm die Ölgemälde in barocken Rahmen gefallen, die von seinen Wundertaten erzählen? Und wie gefiele es ihm wohl, dass Gemeinden Millionen von Euro aus dem Kirchensteuersäckl für Orgeln ausgeben, die dann nur zwei Mal die Woche für ein paar Minuten im Gottesdienst gespielt werden? Was würde er zu dem Palazzo Prozzo sagen, den sich der ehemalige Bischof Tebartz-van Elst für 31 Millionen Euro

eingerichtet hat? Mit Privatkapelle, freistehender Designer-Bade-
wanne und beleuchteten Treppenstufen?

Ich bin mir sicher, dass Jesus protestieren würde. Er würde laut,
vielleicht sogar handgreiflich werden. Geißeln gibt es heute keine
mehr, aber vielleicht tun es auch ein Schlagstock oder ein Gummiknüppel. Es müsste ja eine Waffe sein, die ins 21. Jahrhundert passt.

Ich vermute, Christus würde den Bischöfen in der Kirche ihre
goldenen Kreuze vom Leib reißen und sie dem Immer-Noch-
Junkie schenken, der vis-à-vis des Eingangs sitzt und darauf war-
tet, dass ihm endlich irgend jemand eine »motz« abkauft.

Vielleicht würde Jesus aber auch mit einem Bulldozer anfah-
ren, um die Altäre plattzumachen. Vielleicht würde er die Konten
der Kirchenbank plündern und das Geld an die Armen verschenken. Er würde rufen: »Ihr habt aus einem Haus des Gebets einen
Prunkpalast gemacht! Aus einem Gebetshaus ein Museum!«

Nicht, dass man mich falsch versteht: Ich habe nichts gegen
die Gebäude der beiden großen Volkskirchen in Deutschland.
Ihre Häuser sind Orte, um zu beten und zur Ruhe zu kommen.
Wenn ich in einer fremden Stadt bin, kann ich hier jedes Mal
wunderbar abschalten.

Kirchen sind toll. Die alten Jesusfiguren sind toll, aber der ganze
Prunk drum herum ist nicht das, was Jesu wollte. Da bin ich mir
sicher. Einen Jesus, der dafür den Daumen heben würde, kann ich
jedenfalls nicht in meiner Bibel finden. Ich glaube eher, Jesus würde
sich im Grabe umdrehen, wenn er wüsste, wie viele Kirchensteuer-
Millionen für manche Gotteshäuser verpulvert werden. Aber da
liegt er ja bekanntlich nicht mehr.

Johannes schreibt, dass auch die Jünger der Gewaltausbruch
des Messias im jüdischen Tempel überrascht habe. Sie erlebten
Jesus von einer Seite, die sie so noch nicht von ihm kannten.
Sie wussten nicht, dass ihr Lehrer auch laut werden kann. Ja, so

brutal. Ihre Erklärung dafür lesen wir in der Bibel. Es ist die erste Hälfte vom neunten Vers, aus dem Psalm 69. »Der Eifer um dein Haus hat mich gefressen.« Die Schüler erinnern sich, dass diese Seite von Jesus schon in den alten Schriften vorhergesagt wurde. Hatten sie vergessen? Haben wir auch vergessen, dass Christus auch so sein konnte?

Wenn wir uns Jesus zum Vorbild nehmen, muss uns diese Stelle zu denken geben.

Aggression um jeden Preis ist nicht gut, das ist klar. Aber Aggression im Eifer um das Haus Gottes ist in Ordnung. Es ist jesuslike, wenn man so will. Jesus Christus ist schließlich ein Mensch. Auch er rastet mal aus. Und dann kann es passieren, dass er den Gummiknüppel schwingt. Nicht gegen Menschen, aber gegen Gegenstände.

Mit dem Haus Gottes könnte heute jede Kirche gemeint sein. Vielleicht auch die Kirche als Institution, als abstraktes Gebilde und weniger als Kirchenschiff.

Und was lernen die Kirchen daraus? Was könnten sie lernen? Wir müssen wieder das tun, wozu Gott uns berufen hat. Zu dem, was Gott schon immer mit ihr vorhatte.

So werden uns die Worte Jesu in der Geschichte von Lukas ergänzend übermittelt. Der Evangelist zitiert den Gottessohn in dieser Szene ausführlicher. Im 19. Kapitel, Vers 46 lesen wir, dass Jesus rief: »Mein Haus ist ein Bethaus; ihr aber habt's gemacht zur Mördergrube.«

Mördergrube! Hören wir das? Verstehen wir das? Das ist nicht nett! Das ist auch keine Verniedlichung. Das ist kein Lob. Das ist richtig hart! Die Mördergrube war ein dunkler, feuchter Tunnel. In diesem Tunnel versteckten sich die Mörder, um ihrer gerechten Strafe zu entgehen. Ein Schlupfwinkel für Schwerverbrecher. Ein Versteck für Totgeweihte. Das sind starke, aggressive Worte. Sie waren und sind schwer verdaulich. Der Tempel oder die Kirche? Ein dunkler, feuchter Ort, wo sich Mörder verstecken können? Na, super!

Jesus übt lauthals Kritik. Er schreit es heraus und verleiht seiner Wut Nachdruck, indem er handgreiflich wird. Er schmeißt die Händler aus dem Gebäude hinaus. Er erteilt ihnen ein Hausverbot. Er feuert ihre hart verdienten Goldmünzen einfach auf den Fußboden. Wann wurde das letzte Mal jemand aus einer Kirche hinausgeschmissen, weil er den Konsum mehr liebte als Gott?

Bet-Haus, was heißt das? Welche Eigenschaften soll in Jesu Augen das Haus Gottes eigentlich haben? Wofür soll es ausgezeichnet sein? Was soll dort vor allen Dingen passieren? Orgel-Konzerte? Bach-Kantaten mit dem Gemeindechor? Gospelkonzerte? Das ist alles schön. Aber Jesus sagt, das Haus Gottes solle ein »Bethaus« sein, ein Ort, wo vor allen Dingen gebetet wird. Wo die Begegnung mit Gott gefeiert wird.

Beten bedeutet Kommunikation mit Gott. Reden mit Gott. Von mir aus auch Singen zu Gott. Aber es geht um Gott und unsere Beziehung zu ihm, und die drückt sich im Dialog aus. Das fordert der Gottessohn hier ein.

Der Ort war Christus schon immer egal. Er hat auch unter freiem Himmel gepredigt. Räume zu überwinden, das war sein Ziel. Wie ich ihn kenne, würde er heute vermutlich Messen auf Facebook feiern oder Gebetssessions über Twitter zelebrieren. Aber immer in einer direkten Beziehung zu Gott, das war ihm wichtig. Ohne Figuren, Gemälde, Orgeln und Klimbim.

Jetzt werden Sie vermutlich fragen: In welcher Kirche wird denn heute noch überwiegend gebetet? Welches Kirchengebäude steht jeden Tag offen, damit man dort ungestört mit Gott kommunizieren kann? Ist unsere Kirche etwa dafür bekannt?

Jesus greift hier in einer heftigen Art in den Alltag der Gläubigen ein. Er übt Kritik. Er sagt, was im Tempel vor allen Dingen passieren soll. Gebet! Im übertragenen Sinn muss das auch für unser Leben gelten. Auch unser Haus soll ein Bet-Haus sein! Das befiehlt Jesus mit allem Nachdruck.

Dabei muss das Beten nicht in einem Tempel stattfinden. Und ob wir in einer Plattenbauwohnung beten oder in einer Doppelhaushälfte mit Carport, das ist ihm völlig egal. Hauptsache, das Herz wird berührt.

Was nun bedeutet das für die christliche Friedensbewegung? Ich behaupte, die meisten Christen sind zu weich geworden. Wir haben uns von unseren friedliebenden Glaubensschwestern und Glaubensbrüdern einlullen lassen. Wir haben Angst vor Kritik und fürchten uns davor, abgelehnt zu werden. Da kommt es besser, zu kuschen, leise zu sein, klein beizugeben. Mitzuschwimmen. Die leisen Töne anzuschlagen und nicht die lauten. Warum gab es in der Flüchtlingskrise keinen Aufschrei der Christen? Soziale Verbände, grüne und linke Politiker forderten lautstark, wir müssten jene Menschen mit offenen Armen aufnehmen, die vor Krieg, Armut und Terror flohen (und auch heute noch fliehen). Und was machten die Christen? Sie sangen lieber, als lautstark in den Chor der Regierungskritiker einzustimmen. Ganz engagierte Gemeinden bildeten vielleicht einen Arbeitskreis. Aber mehr auch nicht. Die Stimme der Kirchen war kaum zu hören.

Die Kritiker von Ihnen werden mir jetzt entweder die Bibel um die Ohren hauen oder mindestens eine berühmte Stelle der Bergpredigt aufschlagen: »Wenn dich einer auf die linke Wange schlägt, dann halte ihm die andere auch noch hin.« (Matthäus 5,39)

Ist das nicht genau der Jesus, den wir kennen? Er lässt sich von den Soldaten schlagen, er setzt sich nicht zur Wehr. Jesus lässt all das mit sich geschehen: die Brutalität, die Demütigungen. Hat er nicht dort genau das umgesetzt, was er in der Bergpredigt von den anderen Gläubigen gefordert hat?

Stillhalten. Keine Kritik üben. Sich verletzlich machen. Sich nicht zur Wehr setzen. Zum Opfer werden. Ist die Opferhaltung also eine christliche Norm? Nein!

Die Stelle aus der Bibel, in der Jesus von der linken Wange redet, wird leider immer wieder aus dem Zusammenhang gerissen. Sie wird falsch zitiert und falsch verstanden. Sie wird nicht richtig in den heutigen Alltag übersetzt. Es geht Christus nicht um Selbstverteidigung. Es geht ihm auch nicht um einen körperlichen Angriff oder um Waffengewalt. Jesus will seinen Leuten beibringen, wie man mit Beleidigungen umgeht. Im griechischen Urtext wird für »schlagen« das Wort »rhapizo« verwendet. Das ist kein Faustschlag ins Gesicht oder in die Magengrube. Es ist noch nicht mal eine schallende Ohrfeige. Es hat damit überhaupt nichts zu tun. Dieser Begriff steht für einen leichten Schlag mit dem Handrücken in das Gesicht des Gegners. Es war eine bestimmte Geste mit einer ganz bestimmten Bedeutung. Ein Sklavenbesitzer durfte nach dem jüdischen Gesetz seine Sklaven auf diese Art zurechtweisen. Es war erlaubt. Und zwar mit genau diesem Schlag. Nicht mehr und nicht weniger. Nur bei Menschen aus der gleichen Schicht galt dieses Schlagen mit dem Handrücken als schwere Beleidigung. Es war schlimmer als ein Schimpfwort. Eine Demütigung aus der untersten Schublade. Das Gesetz, welches die Rabbiner vertraten, hatte dafür eine doppelt schwere Bestrafung vorgesehen.

Jesus meinte also nicht: »Lass alles mit dir machen. Wehre dich nicht. Fordere deinen Gegner dazu auf, noch einmal zuzuschlagen. Hau nicht zurück. Lass alles mit dir geschehen. Kusche! Dann wird der Gegner einsehen, dass Gewalt auch keine Lösung ist ...«

Nein, seine Botschaft war eine andere. »Du kannst dich beleidigen lassen! Du musst dich nicht mit Worten dagegen wehren. Wehre dich nicht mit den gleichen Mitteln.« Es war eine geniale Anleitung, um den Druck aus dem Kessel zu nehmen. Anstatt noch härter zurückzuschlagen, sollte man verhindern, dass die Auseinandersetzung eskaliert. Aber es war keine Anweisung zum absoluten Gewaltverzicht. Wer hat so eine Situation nicht schon selbst erlebt? Du wirst angegriffen, wenn auch nur verbal. Ob du beleidigt oder bedroht wirst, ist egal. Der erste Reflex ist immer, mit Worten zurückzuschießen. Ein Wort gibt das andere. Der Streit wird immer härter, immer verletzender, immer lauter. Bis man auseinandergeht. Mindestens mit einer verbalen Ohrfeige im Gesicht.

Genau das will Jesus mit seinem Wort verhindern. Von einem Kampf zwischen zwei Menschen ist nicht die Rede. Christus spricht nicht von Waffen, von Fäusten, von Gewalt. Das war gar nicht sein Thema in dieser Predigt. Es ging ihn um eine Auseinandersetzung mit Worten.

Jesu Frieden ist ein innerer Frieden

In Johannes 14,27 verspricht Jesus Frieden. Auch dieses Zitat wird gerne auf Friedensmärschen benutzt. Aber hat er damit den Weltfrieden gemeint? Wollte er den Menschen damit sagen, dass er für Frieden ohne Waffen zwischen den Völkern oder Nationen sorgen wird? Peace for ever? John Lennon hätte sich gefreut. »Give Peace a Chance!«, das war auch sein Mantra. In der Bibel wird Christus so zitiert: »Den Frieden lasse ich euch, meinen Frieden gebe ich euch.« Und dann wird er noch deutlicher, wenn er sagt: »Nicht gebe ich euch, wie die Welt gibt. Euer Herz erschrecke nicht und fürchte sich nicht.«

Damit ist klar: Es war nicht der Frieden gemeint, den man mit

Waffengewalt erreichen kann. Um diesen Frieden ging es Jesus nicht und auch nicht um eine militärische Auseinandersetzung. Es war ein Frieden im Herzen, von dem er sprach. Ein Frieden zwischen Mensch und Gott.

Er sprach von einem Krieg, der in jedem von uns tobt. Einem Krieg von Schuldgefühlen, Hass gegen sich selbst. Und gegen Gott.

Übrigens ging es Jesus auch nicht um einen chemischen Frieden in uns. Also um einen Frieden aus der Pillendose. Jede Apotheke verkauft solche Stoffe, jeder Psychiater kann sie verschreiben. Fluxin, Rivotril, Valium. Sie machen einen schläfrig und ruhig. Sie geben chemisches Glück im Stück. In Pillen oder Kapseln. In Riegeln oder Dosen.

Jesus meinte einen Frieden, der viel tiefer geht. Einen inneren Frieden, der uns wappnet gegen Panikattacken. Einen Frieden, der uns die Angst nimmt und der uns Sicherheit gibt.

Und diesen Frieden, sagt Jesus, findet man nur auf unserem inneren Kampfplatz. Dem Ort, wo wir uns mal »scheiße« und mal »okay« finden. »Euer Herz erschrecke nicht und fürchte sich nicht«, sagt Jesus im Johannes-Evangelium (Kapitel 14, 27). Es geht ihm um einen Frieden, der in uns wirkt. Und dieser Frieden wird uns die Angst nehmen. Die Angst vor dem Leben. Die Angst vor dem Sterben. Die Angst vor Kritik. Die Angst vor dem Alleinsein. Die Angst, nicht genug zu sein. Die Angst, nicht geliebt zu werden. Die Angst, es nicht zu schaffen. Und auch die Angst vor dem Krieg.

Angst kann psychisch krank machen. Das hat eine Studie gezeigt, die die Deutsche Angestellten-Krankenkasse (DAK) 2014 in Auftrag gab. Danach kauften über 60 Prozent der Befragten Psychopharmaka, um ihre Angst zu bekämpfen. Betablocker und Neuroenhancer sind schwer im Kommen. Mit ihnen setzt die

Industrie jedes Jahr Milliarden um. Die Wartezimmer der Therapeuten und der Therapeutinnen sind voll mit Patienten, die gegen ihre Angst kämpfen. Und immer öfter muss nicht nur die Angst an sich, sondern auch die Angst vor der Angst therapiert werden. Eine Angst, dass die nächste Angstattacke kommt und einen überwältigt. Das ist die Definition von »krank«.

Wir brauchen einen Frieden für diesen Krieg. Wir brauchen aber auch einen Frieden für unser Innerstes. Wir brauchen einen Frieden für unser Herz. Wir brauchen nicht diesen chemischen Frieden, der uns von den Ärzten angeboten wird. Denn der hilft nur kurzfristig.

In jedem menschlichen Herz tobt ein Krieg. Es ist ein Krieg um Erlösung. Ein Krieg, bei dem es darum geht, besser zu sein als andere. Ein Krieg um Liebe, um bedingungslose Liebe. Es ist ein Krieg, der nie wirklich ganz gewonnen werden kann. Wir vergleichen uns ständig miteinander. Wer hat das schönste Kleid? Wer hat das dickste Auto? Wer hat die bessere Ausbildung? Wer hat mehr Geld auf dem Konto? Ständig kämpfen wir um Anerkennung, ständig kämpfen wir um Liebe.

Dieser Krieg wirkt sich natürlich auch auf das Zusammenleben aus. Auf die Gesellschaften aller Nationen. In unserer Leistungsgesellschaft ist dieser Krieg ganz besonders zu spüren. Hier kann die Erkenntnis, dass uns Jesus ohne Wenn und Aber liebt, wie eine Erlösung wirken. Wir brauchen nicht länger krampfhaft um diese Liebe zu kämpfen. Und mit Waffen schon gar nicht. Er gibt uns seine Wertschätzung einfach so. Er liebt uns.

Jesus Christus war kein Pazifist. Er hat nie politische Reden über den Weltfrieden gehalten. Er hat auch nie dafür plädiert, alle Konflikte gewaltlos zu lösen. Er hat nie einen Soldaten aufgefordert, seine Waffen abzugeben oder gar einzuschmelzen. Wenn das Recht auf seiner Seite war, konnte er sehr aggressiv und laut werden.

Was ist dran an der Parole »Schwerter zu Pflugscharen«?

Oft wird im Zusammenhang mit der Verkündigung Jesu die biblische Parole »Schwerter zu Pflugscharen« zitiert. Sie stammt aus dem Buch Micha und aus einer Zeit, als von den letzten Tagen der Erde geschrieben wurde. Es handelt sich also um einen Hilfeschrei im Angesicht der Apokalypse: Die Weltmächte sollen weltweit abrüsten. Aus einem Schwert, einer Waffe, sollten sie einen Pflug machen, ein Werkzeug für die Erntearbeit. Diese Forderung ist seit den 80er-Jahren untrennbar mit der west- und ostdeutschen Friedensbewegung verbunden. Ihren Ursprung hatte sie in der damaligen DDR. Ein Pfarrer im uckermärkischen Gramzow ließ einen Gedenkstein zwischen den Gräbern der gefallenen Soldaten aufstellen. Dieser trug die Inschrift »Schwerter zu Pflugscharen«. Später wurde er zum Slogan der gesamtdeutschen Friedensbewegung. Zu Recht?

Interessant ist, dass in Joel 4,10 genau das Gegenteil gefordert wird. »Macht aus euren Pflugscharen Schwerter!« Joel ist ein Prophet in Israel. Er ist einer der wenigen, die es bis in das Neue Testament geschafft haben. Paulus zitiert ihn, und spätestens damit wird Joel berühmt. Joel forderte das Volk Israel auf, sich gegen die hochgerüsteten Angreifer zur Wehr zu setzen. »Formt aus euren Erntewerkzeugen Waffen!« Dieser Vers ist den Friedensaktivisten entweder nicht bekannt. Oder er wird verschwiegen, weil er nicht in ihr Weltbild passt.

Jesus war so gesehen kein Friedensaktivist. Auch wenn wir das gern so sehen würden. Er hat nie Stellung gegen Soldaten bezogen. Es ist auch nicht überliefert, dass er uns aufgefordert hätte, die Waffen unserer Armeen zu vernichten.

Jesus war auch nicht nur friedlich. Selbst wenn er davon sprach, dass er einen Frieden bringen würde, der größer ist als der, den uns diese Welt anbietet. Christus meinte damit einen Frieden des

Herzens. Einen inneren Frieden. Einen Frieden mit Gott. Und einen Frieden mit sich selbst. Dieses Versprechen für einen inneren Frieden hielt ihn nicht davon ab, auch einmal aggressiv zu werden. Er trat mit Gewalt und verbaler körperlicher Kraft die Tische der Händler im Tempel um. Er wurde laut und erweckte in diesem Moment auch einen gewalttätigen Eindruck. Wenn es um Gottes Sache ging, konnte er richtig wütend werden. Er war sich sogar nicht zu schade, aus Stricken eine Waffe zu bauen. Er schlug damit um sich. Wir dürfen Jesus nicht länger als den ersten Friedensaktivisten missbrauchen. Sein Anliegen war nicht der allgemeine Weltfrieden. Er wollte nicht alle Armeen abschaffen. Und er wollte auch nicht, dass wir unsere Waffen zu nützlichen Dingen umbauen. Sein Anliegen war ein Frieden, der in uns beginnt. Es ging ihm um den Frieden mit Gott. Und um den Frieden mit anderen Menschen. Und auch um den Frieden mit sich selbst.

Jesu Ziel war es, dass wir nicht länger um Anerkennung und Liebe kämpfen müssen. Dass wir uns von Gott angenommen fühlen. Wem das gelingt, der braucht keine Waffen mehr. Wenn die Gesellschaften der Welt von diesem Denken durchgedrungen wären, wäre eine weltweite Abrüstung die logische Konsequenz.

Aber davon sind wir noch weit entfernt. Leider. So können wir nur auf die eschatologische Prophezeiung hoffen. Dass die Menschheit irgendwann einmal so weit sein wird. Dass wir die Waffen nicht mehr einsetzen. Dass wir aus unseren Schwertern tatsächlich Pflugscharen formen. Dass wir das Metall der Panzer, den Stahl der Kriegsschiffe, das Eisen der Tornados einschmelzen. Um daraus etwas Sinnvolles zu machen. Pflugscharen oder Kunstobjekte. Oder sonst irgendetwas Schönes.

Vielleicht können die Christen auch lernen, dass ihre Sache nicht immer nur mit leisen Tönen vorgetragen werden muss. Wenn Jesus in der Halle laut wird und ruft: »Macht nicht meines

Vaters Haus zum Kaufhaus!«, so ist das ein Vorbild. Man kann es in unsere Zeit übersetzen. Man kann ihm folgen. Wir Christen dürfen, nein, wir sollten lauter werden. Lauter die Missstände in der Gesellschaft anprangern. Und wenn es sein muss, auch aggressiv. Sonst werden wir womöglich gar nicht gehört.

Viele Kirchen tun nicht mehr das, was sie eigentlich sollten. Sie sind keine Häuser zum Beten mehr, sie wurden zu Schlupflöchern. In diesen Löchern verstecken sich die Christen vor der Welt. Sie treffen sich in ihren inneren Kreisen. Die schönen alten Kirchen dienen nur noch als bessere Museen. Touristen gehen ein und aus. Sie bestaunen die goldenen Verzierungen. Die teuren Öl-Gemälde. Und die großen und überaus wertvollen Orgeln. Sie bewundern die schrecklich schöne Figur dort am Kreuz. Kunstvoll geschnitzt. Hier und da vergoldet. Mit Blut und Dornenkrone versehen. Leidend. Kaputt.

Wenn Jesus heute durch die größten Kirchen der Welt gehen würde, käme ihm wohl das Würgen. Er würde womöglich die heiligen, alten Holzfiguren vom Altar stoßen. Vielleicht würde er mit einem Presslufthammer zu Werke gehen, um die Gotteshäuser von ihren Verzierungen und Verschnörkelungen zu befreien. Er würde die Kollektenboxen umkippen, die Milliarden-Konten der Kirche auflösen und das Geld an die Armen verschenken.

Jesus war also kein einfacher Pazifist. Er war nicht zimperlich, wenn es um die Gegner seines Evangeliums ging. Er nahm selbst die Waffe in die Hand, auch wenn sie nur auf Gegenstände ausgerichtet war und nicht auf Menschen. Er konnte heftige Gefühle wie Wut zeigen. Und er ist auch manchmal richtig ausgerastet.

Dennoch: Christus hat durch sein Leben und Sterben erst einen inneren Frieden möglich gemacht. Den Frieden in unserem Herzen. Den Frieden im Innersten eines Menschen. Im Herzen eines jesusgläubigen Menschen.

5.
War Jesus ein Poser?

Die Speisung der Fünftausend nach Johannes:

»Danach fuhr Jesus weg über das Meer an der Stadt Tiberias in Galiläa. Und es zog ihm viel Volk nach, darum daß sie die Zeichen sahen, die er an den Kranken tat. Jesus aber ging hinauf auf einen Berg und setzte sich daselbst mit seinen Jüngern. Es war aber nahe Ostern, der Juden Fest. Da hob Jesus seine Augen auf und sieht, daß viel Volks zu ihm kommt, und spricht zu Philippus: Wo kaufen wir Brot, daß diese essen? (Das sagte er aber, ihn zu versuchen; denn er wußte wohl, was er tun wollte.) Philippus antwortete ihm: Für zweihundert Groschen Brot ist nicht genug unter sie, daß ein jeglicher unter ihnen ein wenig nehme. Spricht zu ihm einer seiner Jünger, Andreas, der Bruder des Simon Petrus: Es ist ein Knabe hier, der hat fünf Gerstenbrote und zwei Fische; aber was ist das unter so viele? Jesus aber sprach: Schaffet, daß sich das Volk lagert. Es war aber viel Gras an dem Ort. Da lagerten sich bei fünftausend Mann. Jesus aber nahm die Brote, dankte und gab sie den Jüngern, die Jünger aber denen, die sich gelagert hatten; desgleichen auch von den Fischen, wieviel sie wollten. Da sie aber satt waren, sprach er zu seinen Jüngern: Sammelt die übrigen Brocken, daß nichts umkommt. Da sammelten sie und füllten zwölf Körbe mit Brocken von den fünf Gerstenbroten, die übrig blieben denen, die gespeist worden. Da nun die Menschen das Zeichen sahen, das Jesus tat, sprachen sie: Das ist wahrlich der Prophet, der in

die Welt kommen soll. Da Jesus nun merkte, daß sie kommen
würden und ihn haschen, daß sie ihn zum König machten,
entwich er abermals auf den Berg, er selbst allein.«
(Johannes 6,5-7)

Ich weiß, die Story kennt jeder. Wir sehen sie vor unserem inneren Auge. Aber wurde schon einmal ernsthaft die Frage nach dem Warum gestellt? Warum dieses Wunder? Warum hat Christus das getan? Ich glaube, es gibt viele Gründe. Ein Grund kann sein: Hier wollte Jesus ein bisschen angeben. Einen auf dicke Hose machen. So ein bisschen posen. Denn dieses Wunder war eigentlich vollkommen unnötig.

Jesus macht auf dicke Hose

Die oben beschriebene Geschichte begegnet uns mehrfach im Neuen Testament. Sowohl Markus als auch Matthäus und sogar Johannes erzählen sie uns. Obwohl letzterer ja sonst textlich oft aus der Reihe tanzt. Die Geschichte wird uns, der mehr oder weniger staunenden Gemeinde Christi, einfach aufs Auge gedrückt. Dabei gibt es unterschiedliche Beschreibungen, mit verschiedenen Fakten und Zahlen. Markus erwähnt dieses Wunder gleich zweimal, einmal mit 5.000 Männern (Markus 6,30-44) und zwei Kapitel später die gleiche Geschichte mit 4.000 Männern (Markus 8,1-9). Lukas und Johannes beschränken sich nur auf einen Bericht. Bekannt wurde diese großartige Wundergeschichte aber als »Die Speisung der Fünftausend«.

Was ich nach einer eingehenden Recherche erstaunlich finde: Es gibt kein Jesus-Wunder in der Bibel, welches so oft, so detailliert und aus so unterschiedlichen Perspektiven ausgelegt wurde wie dieses!

Abertausende Predigten müssen darüber gehalten worden sein. Es gibt keine Geschichte über Jesus im Internet, die häufiger erwähnt wird. Keine wird so oft zitiert. Das Vermehrungswunder ist die unangefochtene Nummer eins. Allein bei Google bekommt sie 74.000 Treffer. Bäääm!

Es ist ein Klassiker in jedem Kindergottesdienst. Eine Geschichte, an der man wunderbar im Frag-doch-mal-die-Maus-Stil erklären kann, wie ein Wunder funktioniert. Zahlreiche Bücher wurden darüber verfasst. Lieder wurden geschrieben. Gemälde gemalt. Gedichte gereimt. Doch warum fasziniert diese Geschichte Gläubige und Ungläubige gleichermaßen?

Wenn wir die Erzählung einmal von einem anderen Blickwinkel aus betrachten wollen, müssen wir versuchen, zwischen den Zeilen zu lesen. Viele Interpretationen prallen an unseren religiösen Schablonen ab. Wir haben ein Raster, in das die biblischen Geschichten hineinpassen müssen. Manchmal auch reingepresst werden müssen. Vermutlich haben wir schon zu viele Predigten über dieses Wunder gelesen und zu viele Interpretationen in unser Herz und Hirn gebrannt. Da passt nichts Neues und erst recht nichts Schräges mehr hinein.

Martin Luther zum Beispiel war der Meinung, diese Geschichte sei in erster Linie eine Lektion für Jesu Jünger gewesen, nichts weiter. »Sie können wohl rechnen, aber nicht glauben«, stellte er fest. Hatte Luther Recht?

Sicher war diese Lehrstunde für die Jünger wichtig. Ich glaube tatsächlich, dass sie die Adressaten der meisten seiner Predigten waren, und es liegt auch hier nahe, dass es Christus um seine Schüler ging. Die erteilte Lektion klingt so simpel. Die Aussage, die jedem Prediger förmlich über die Lippen rutscht: »Gib Gott das Wenige, was du hast. Aber gib es ihm auch. Dann wird er das Hundertfache daraus machen!« Diese Auslegung würde jede

Wahl gewinnen. Sie hat sich überall verbreitet. Sie gilt als weltweit akzeptiert. Aber ist sie die einzig richtige?

Vermutlich eignet sich diese Geschichte auch als Appetizer für jeden Aufruf zur Kollekte. »Halleluja! Spende das wenige Geld, das du hast, der Gemeinde! Gott wird dafür sorgen, dass auch hier eine Vermehrung stattfindet! Eine Geldvermehrung! Vertraue Gott das Wenige an, das du hast! Lerne, ihm zu vertrauen! Und du wirst dein Geld hundertfach zurückbekommen!« Diese Geschichte gibt so eine Auslegung vielleicht her. Aber war es wirklich das, was Jesus eigentlich damit sagen wollte?

Ich frage mich: War es wirklich nur eine Lehrstunde zum Thema »Glaube« für seine Jünger? Vielleicht sogar für alle Christen, zu allen Zeiten? Ging es Jesus darum, dass seine Leute lernen sollten, ihm in Sachen Versorgung zu vertrauen, vor allem bei Ernährungssorgen?

Es gibt eine berühmte Stelle im Alten Testament, wo der Prophet Elija hungert (1 Könige 17,7-24). Er fragt die Witwe, ob sie ihm Essen macht, obwohl diese kaum noch Öl und Teig übrig hat. Es entsteht auf wundersame Weise genug zu essen für ihn und die Frau. Der Topf wird nicht leer, das Öl geht nicht aus. Das war eine echte Glaubenslektion für diese Frau.

Oder eine andere Geschichte: Die vom Volk Israel sind auf dem Weg ins gelobte Land. Die Menschen kämpfen sich durch die Wüste. Sie haben Hunger. Gott fordert sie auf, ihm zu vertrauen. Und dann lässt er immer wieder rechtzeitig Nahrung vom Himmel regnen. Genau so viel, dass es für alle reicht. Auch das ist eine Lektion. Wer glaubt, so die Botschaft, muss nicht zählen. Ihn macht schon allein das Vertrauen in Gott satt.

Aber war dies auch das Thema Jesu? Ging es ihm tatsächlich nur darum, den Gläubigen zu zeigen, wie Gott wunderbar versorgen kann? Oder steckt nicht noch mehr hinter dieser Geschichte?

Zeigte sie nicht, dass es noch eine vergessene Seite an Jesus gab? Eine Seite, die wir bislang noch nicht so richtig an ihm wahrgenommen haben? Vielleicht auch nicht wahrnehmen wollten? Ich kann mir nicht vorstellen, dass es Jesus nur um eine Lektion in Sachen Glauben ging. Wie man Gott im Alltag vertrauen soll, hatte er an anderer Stelle bereits deutlich gelehrt. Da ging es um Heilungswunder, und Christus redete viel über den Glauben. Glauben im Zusammenhang mit Gebet. Dass es wichtig ist, Gott in allen Dingen zu vertrauen. Denn ohne einen solchen Glauben wäre eine Heilung schwer möglich. Die Glaubensfrage hatte er ausreichend erwähnt, bevor oder nachdem er ein Wunder tat.

Das aber kann es hier nicht gewesen sein. Denn bei der Brotvermehrung forderte er gar keinen Glauben. Weder von seinen Schülern noch von den Zuhörern. Der Satz »Dein Glaube hat dir geholfen« fällt hier nicht. Dieses Wunder unterscheidet sich elementar von allen anderen Wundern Jesu. Es war eine ganz andere Nummer.

Ein weiterer Beleg: Keiner der Evangelisten erwähnt, dass es für die Schüler eine Lektion war. Dass Jesus mit diesem Wunder ein Ziel verfolgt haben soll. Er tadelt auch keinen seiner Jünger, weil sie nicht glauben wollten, wie er es an anderer Stelle mehrfach getan hat. Faktisch bezweifeln seine Schüler, dass diese Brotvermehrung überhaupt möglich sei. Zitat: »Für zweihundert Groschen Brot ist nicht genug unter sie, daß ein jeglicher unter ihnen ein wenig nehme?«

Aber gehen wir noch einmal hinter die Erzählung zurück. Was ist dort genau passiert?

Jesus war mittlerweile ein richtiger Star geworden. Er war in Israel bekannt, auch über die Grenzen Israels hinaus. Die Menschen liebten ihn. Die Menschen redeten über ihn. Sie hatten mehrfach von seinen Wundern gehört. Von den schier unglaublichen Heilungen. Von Toten, die durch sein Gebet wieder lebendig wurden. Oder davon, dass Jesus sogar auf Wasser gehen konnte. Tausende waren von diesem Gottesmann fasziniert.

Überall erzählten sie von seinen Worten und Taten. Es wurde darüber gesprochen und diskutiert. Wo er auftauchte, scharte sich sofort eine riesige Menschenmenge um ihn herum. Die einen waren nur Schaulustige, die anderen aber echte Fans, so viel scheint sicher. Sie waren Jesus-Fans. Heute würde er zu diesem Zeitpunkt bereits Fußballstadien füllen. Die ganz großen Arenen. Wie U2, Nirvana, Rammstein, AC/DC oder Helene Fischer. Jesus, ein Popstar? Irgendwie ja!

In der Bibel werden uns zwei Zahlen genannt: 5.000 beziehungsweise 4.000 Männer waren auf dieser Wiese versammelt, die, wie wir annehmen, nahe der Stadt Bethsaida Julias lag.

Erstaunlich, wie Jesus auf den Rummel reagiert. Er bleibt völlig cool, tiefenentspannt. Johannes erzählt uns, dass sich Jesus erst umschaut und die Masse der Menschen bemerkt. Vielleicht hatte er gar nicht wahrgenommen, wie viele es waren. Tausende! Durchgezählt hat er sie wohl nicht.

Doch was macht er dann? Er fragt seinen Schüler Philippus: »Wo bekommen wir Brot für diese vielen Menschen her?« Es kostet nicht viel Fantasie, sich vorzustellen, wie verdutzt Philippus aus der Wäsche geschaut haben muss. Woher sollte er denn bitte wissen, wo man an diesem verlassenen Ort so viele Brote herbekommt? Philippus kam nicht aus dieser Gegend. Und selbst in größeren Städten wäre so ein Unterfangen völlig unmöglich gewesen. Vermutlich sogar in der Hauptstadt Jerusalem. Kein Bäcker hatte damals Brot für 5.000 Männer plus Anhang vorrätig. Industrielle Bäckereien und Ketten gab es damals noch nicht.

Eine Frage an den Leser darf an dieser Stelle erlaubt sein: Wann haben Sie das letzte Mal für 5.000 Männer oder geschätzte 15.000

Menschen Brot gekauft? Ich kann mich noch gut daran erinnern, wie ich auf einer Freizeit mit einer Jugendgruppe Lebensmittel einkaufen sollte. Und da ging es nur um ein Frühstück. Unsere Gruppe bestand aus zweihundert Menschen. Aber der Einkaufswagen war bis oben hin mit Broten gefüllt. Und der Supermarkt auf dem Dorf war anschließend wie leergekauft. Aber in Tiberias geht es nicht um 200, sondern um 15.000 Menschen.

Leider haben wir keine Videoaufnahme von der Szene. Kein Bild und auch keinen Audio-Mitschnitt. Aber es fällt nicht schwer, mir Jesus bildlich vorzustellen. Wie er dasteht und breit grinst. So gar nicht klassisch religiös.

Für ihn muss es ein Triumph gewesen sein. Er hatte ja alles schon geplant! So jedenfalls überliefert es uns Johannes »Wo kaufen wir Brot, daß diese essen? (Das sagte er aber, ihn zu versuchen; denn er wußte wohl, was er tun wollte.)« Heute würde man sagen, der Jünger sei ihm auf den Leim gegangen. Oder aber, er habe ihn »verarscht«.

Theologen erzählen uns, Jesus habe Philippus auf die Probe stellen wollen. Denn was hätte der auf seine Frage antworten können? »Jesus, ich vertrau Dir. Wenn wir nicht genug Brot finden, dann wirst Du es schon herbeizaubern.« Der Gottessohn hatte ein ähnliches Wunder ja noch nie zuvor vollbracht! Brotvermehrung war eine ganz neue Nummer. Er hatte vorher zwar schon Menschen geheilt, aber das waren eben nur einzelne Personen gewesen.

Dennoch können nicht alle seine Jünger überrascht gewesen sein. Johannes erzählt uns ja, dass sie zumindest geahnt haben müssen, dass Jesus zu diesem Zeitpunkt bereits genau wusste, was er tun wollte. Er hatte es so vorhergesehen, es war alles geplant.

Philippus scheint das jedoch ratlos hinterlassen zu haben. Er hatte es nicht kommen sehen. Es gab für ihn keinen Ausweg in dieser Situation. Andreas, der Bruder von Petrus, steht ihm sogar zur Seite. Es ist genau der Bruder, welchen Jesus später den »Fels« nennen wird. Und auf diesem Fels sollte dann die Kirche gebaut werden. Petrus, der erste Papst.

Andreas legt Jesus seine Rechnung vor. Ein kleiner Junge, der ist da. Und der hat Lebensmittel dabei, aber nur sehr wenig. Fünf Brote plus zwei Fische, geräuchert, soweit man weiß. Diese Menge geteilt durch 10.000 Menschen... Wieviel bleibt da für jeden Einzelnen übrig?

Andreas' Ergebnis fällt niederschmetternd aus: Ein durchschnittliches Brot wiegt ca. tausend Gramm. Das auf die Menschenmenge verteilt, würde 0,1 Gramm Brot pro Person bedeuten. Ein Krümel. Oder eher ein Krümelchen. Das ist wenig, sehr wenig. Das geht einfach nicht. Richtig, Andreas: Rechnen, eins!

Und dann legt Jesus los. Er will von seinen Schülern, dass sich die Zuschauer erst hinsetzen. Platzanweiser nach vorne! Johannes erzählt, dass es an diesem Ort sehr viel Gras gab. Eine große Wiese vielleicht. Jesus nimmt die Brote an sich und bedankt sich, schreibt Johannes.

Muss wohl bedeuten, dass Jesus Gott für das Essen gedankt hat. Er spricht ein kleines Tischgebet. So wie wir heute auch. »Komm Herr, sei unser Gast ...« Weiter nichts. Keine Zauberformel. Kein Schwingen mit dem Zauberhut. Kein Abrakadabra. Jesus reicht die Brote und die Fische an seine Schüler weiter. Sie sollen sie verteilen.

Ich frage mich: Wie müssen sich die Schüler wohl in dem Moment gefühlt haben? Was muss durch deren Köpfe gegangen sein? Vielleicht: »Jesus hat uns das ja ganz toll eingebrockt. Er macht einen auf dicke Hose, und wir müssen uns jetzt zum Affen machen!« – »Wir werden uns bis auf die Knochen blamieren! Und Jesus auch!« Oder: »Das kann doch nicht gut gehen! Der macht sich über uns lustig!« Sie hatten ja schon viel mit ihm erlebt, aber so etwas noch nicht. Die Jünger hatten ihm die Unmöglichkeit dieses Wunders ja sogar vorgerechnet. Sie glaubten ihm nicht.

Für uns, die wir den Ausgang der Geschichte kennen, ist das nicht so leicht nachvollziehbar. Weder Johannes noch die anderen Evangelisten hatten genug Vertrauen in Jesus, um zu glauben, dass diese paar Krümel reichen würden, um die Masse zu speisen. Keiner lief mit der so genannten Becker-Faust im Anschlag über die Wiese. »Tschacka! Jetzt zeigen wir euch mal, was unser Freund Jesus alles draufhat! Ihr werdet euch umgucken! Das wird eine Gaudi!«

Nein, sie hatten Angst. Sie waren sich unsicher. Sie konnten es sich nicht ausmalen.

Das Ende der Geschichte ist bekannt. Jede Frau, jeder Mann, jedes Kind, alle hatten genug zu essen. Jeder wurde satt. Und am Ende sind noch »Leftovers« da, sogar zu Hauf. Fünf Körbe mit Gerstenbrot. Die »Tafeln« hätten sich gefreut. Nur die Fische wurden wohl alle gegessen. Vielleicht schmeckten sie besser als das Brot. Davon wird uns aber nichts berichtet. Auch nicht, was es zu trinken gab. Vielleicht Wasser oder Wein, um den Bissen hinunterzuspülen.

Es kommt für die Schüler anders als erwartet. Eine La-Ola-Welle anstatt der großen Blamage. Applaus statt Buh-Rufe oder Pfiffe. Plötzlich sind alle überzeugt: Jesus ist wirklich ein Prophet!

Und zwar nicht irgendeiner, sondern der, der ihnen von den geistlichen Vätern schon vor hunderten Jahren vorhergesagt worden war. Jetzt will ihn auf einmal jeder anfassen. Jeder will neben ihm stehen und sein Freund sein. Ein Selfie mit ihm schießen und ihm anschließend die politische Macht übertragen. Er soll der neue König werden. »Jesus for Bundeskanzler!«, »Jesus for President!« Das rufen die Leute auf dem Berg.

Nach diesem Wunder scheint jeder bereit zu sein, sich seiner Macht unterzuordnen. Das gewaltige Wunder sorgt für einen Kniefall. Für ein göttliches Staunen. Und für Anbetung. »Das ist wahrlich der Prophet, der in die Welt kommen soll ...!« Was für ein Bekenntnis! Es muss Jesus doch eigentlich gutgetan haben, so etwas zu hören.

Doch Christus wollte für dieses Wunder gar nicht angebetet werden. Er wollte nicht, dass man ihn abfeiert. Der Titel des Propheten war ihm egal. Das war nicht Sinn und Zweck des Wunders der Brotvermehrung. Es war nicht sein Plan. Er »entwich der Menge«, er haute ab. Er verzog sich auf einen Berg.

Doch was war jetzt der Plan? Wie können wir diese Tat Jesu noch deuten? Warum hat er das gemacht? Warum ist es Gott so wichtig, dass sie so oft in der Bibel auftaucht?

Hier einige Kostproben von anderen Bibelauslegern:

Die ehemalige Präses der Synode der Evangelischen Kirche in Deutschland, Katrin Göring-Eckhardt, rätselt in einer Predigt ebenfalls über seine Motive. Ihre Auslegung ist meines Erachtens aber eher zu flach. Für sie nährt diese Geschichte die Hoffnung, »dass es auch in der Welt des Hungers Momente der Fülle gibt«. Nun ja.

Aber ist das wirklich der einzige Grund, warum es die Speisung der 5.000 in die Bibel geschafft hat? Ging es Jesus darum, in Zeiten von Hunger ein Zeichen der Hoffnung zu setzen? Ich glaube, das ist viel zu kurzgefasst.

George M. Lamsa, ein assyrischer Schriftsteller, glaubt gar nicht erst an das Wunder. Er meint, dass jeder der Besucher eine eigene Brotreserve mitgebracht habe. Das Wunder bestehe nur darin, dass die Menschen anderen von ihrem Brot abgegeben haben. Auch eine schöne Idee. Aber Herr Lamsa übersieht, was auch in dieser Geschichte steht. Nämlich, wie Jesus jammert. Es belastet ihn, dass die Menschen Hunger und nicht genug zu essen haben. Sonst hätte er seinen Schüler Philippus gar nicht erst losgeschickt. Mit seiner Erklärung macht Lamsa dieses Wunder zu einer Lüge. Das ist nicht richtig. Das geht daneben.

Beate Kowalski, eine deutsche evangelische Theologin, glaubt, dass der Fokus bei dieser Geschichte auf dem Kind liegt: auf dem Jungen, der Brote und Fische mitbringt. Sie legt dar, dass Jesus hier noch einmal betonen will, wie wertvoll Kinder für die Gesellschaft sind. Das reicht leider auch nicht als Erklärung, weil das Kind nur in einem Nebensatz erwähnt wird und danach nie wieder auftaucht.

Ich habe auch von einer katholischen Auslegung gehört, die den Text allegorisch versteht. Jesus will sagen: Das Brot ist die Tora, das Gesetz der Juden. Fünf Brote sind gleich die fünf Bücher Mose. Dort glaubt man, dass Jesus die Zuschauer ermutigen will, diese fünf Bücher Mose förmlich zu verschlingen. Nur, um dabei zu erleben, wie sich der Inhalt in ihrem Geist vermehrt. Diese Deutung ist in meinen Augen die absurdeste. An keiner Stelle des Neuen Testamentes hat Jesus ein Wunder getan, um damit eine Stelle aus den Büchern Mose auszulegen.

Ich möchte diese Geschichte aus einem völlig unreligiösen Blickwinkel betrachten und versuchen, die ganzen spirituellen Deutungsmuster zu umgehen. Sie zu übergehen. Und sie vielleicht sogar wegzusprengen, falls es nötig ist.

Wie schon gesagt: Dies Wunder war völlig unnötig! Eine Besonderheit, die leicht überlesen wird. Es ist das einzige Wunder, von dem man das sagen kann. Es bestand in dieser Situation nämlich praktisch keine wirkliche Not. Jesus hätte es nicht tun müssen.

Kein Mann und keine Frau wären verhungert, hätte er dies Wunder nicht vollbracht. Niemand hätte Magenschmerzen bekommen, keiner wäre krank geworden. Kein Mensch wäre gestorben. Es wäre auch niemand verdurstet. Das Wunder macht, so gesehen, einfach keinen Sinn. Und die Theologen rätseln.

Noch etwas ist besonders: Niemand hatte Christus in diesem Moment um ein Wunder gebeten. Ganz im Gegenteil. Seine Freunde machen konkrete Vorschläge, wie man das Problem viel einfacher lösen könnte. Alle nach Hause schicken! Woanders essen gehen und dann wiederkommen! Mittagspause! Warum dann dieses Wunder?

Wir können davon ausgehen, dass keiner der dort Anwesenden ärgerlich gewesen wäre, wenn er das nicht getan hätte. Seine Predigt hatte Jesus schließlich schon gehalten. Es wäre doch das Normalste der Welt gewesen, die Veranstaltung danach zu beenden. »Finito! Das war es!« Christus hatte alles gesagt. Vielleicht noch ein Abschlussgebet – und dann Adios!

Manche Wunder hatten ihre Wurzeln in Voraussagen auf den Messias. Sie stammten von den alten Propheten wie Jesaja und Daniel. Das wäre eine Erklärungsmöglichkeit, wie Theologen dieses Wunder Jesu einordnen könnten. Aber hier existiert kein prophetischer Hinweis. Niemand hatte vorhergesagt, dass der Messias Brot vermehren würde. Auch das ist eine Ausnahme. Micha sah beispielsweise prophetisch, dass Christus in Bethlehem geboren werden sollte (Micha 5,1). Jesaja wusste vorher, dass Jesu Mutter noch Jungfrau sein würde (Jesaja 7,14). Jesaja prophezeite, dass Jesus seinen Dienst in Galiläa und am Jordan verrichten wird (Jesaja 8,23-9,2). Der Prophet Sacharja ahnte, dass Jesus auf einem Esel nach Jerusalem einreitet (Sacharja 9,9). Der Psalmist hatte ein Wort von Gott, dass Jesus von einem Freund verraten würde (Psalm 41,10). Und Jesaja, dass sein Tod am Kreuz für alle Menschen Gültigkeit besitzt (Jesaja 53,12). Der gleiche Prophet wusste auch, dass jeder in Jesu Wunden geheilt sein würde (Jesaja 53,5).

Von seiner Geburt bis hin zu seinem Tod am Kreuz hatten die alten Propheten Jesu Leben und Sterben vorhergesehen. Aber es gibt keine Stelle bei Jesaja, Jeremia oder Sacharja, die von einer Brotvermehrung spricht. Wie kommt das?

Lassen wir einmal jeden religiösen Schleier weg. Nüchtern betrachtet: Dies Wunder ist eigentlich total verrückt. Es ist außergewöhnlich, aber auch etwas durchgeknallt. Es tanzt außer der Reihe. Es ist besonders.

Ich behaupte: Es war einfach eine verrückte Idee von Jesus, die spontan aus der Situation geboren wurde. Ich glaube, Jesus wollte zeigen, dass man auch Wunder neben dem Normalen erleben kann. Ich glaube, Jesus wollte die Verrücktheit des Glaubens beschreiben. Denn der ist mit wissenschaftlichen Mitteln nicht zu erfassen und auch nicht zu begreifen.

Jesus hat dieses Wunder wohl bewusst als etwas total Durchgeknalltes getan. Einfach so, weil er Lust dazu hatte. Er wollte den Menschen zeigen, was er draufhat. »Seht her, ich kann Euch Essen zaubern! Ich kann Euch alle versorgen. Ich kann das!«

Das klingt so, als sei er ein Angeber gewesen. Als hätte er auf »dicke Hose« gemacht. Nach typisch männlichem Verhalten. Ja, genau das meine ich auch. Jesus hat sich danach sicher totgelacht.

Für mich klingt diese Deutung mindestens genauso logisch wie die anderen auch. Jesus war ein Mann, und er war auch ein Poser. Er wollte seine Muskeln spielen lassen. Der Fokus lag auf seinen Schülern, nicht auf den zuhörenden Menschen. Und diesen Schülern wollte er einmal zeigen, wo der Hammer hängt. Er hat mit Absicht dieses etwas durchgeknallte Wunder getan.

Wenn Christen nicht mehr als durchgeknallt wahrgenommen werden, haben sie den Sinn für das Übernatürliche verloren. Keiner will gern verrückt sein. Wir bemühen uns um Akzeptanz. Um Respekt. Um Political Correctness. Wir wollen, dass man uns ernst nimmt. Aber mal ehrlich: An einen unsichtbaren Geist zu glauben, mit dem man auch noch redet, ist schon verrückt genug. Dass man mit diesem Wesen auch noch eine Beziehung pflegt, dass man von Führung Gottes spricht, grenzt schon ans Pathologische. Ärzte würden von Wahnvorstellungen sprechen oder von Schizophrenie.

Eigentlich ist jeder Jesusnachfolger auch ein bisschen schizo. Er oder sie haben einen religiösen Wahn. Die Psychiatrien in Deutschland sind voller Menschen mit so einer Erkrankung. Aber das bedeutet auch: Auf dem Kirchentag laufen Tausende Psychopathen herum. Jesusverrückte. Durchgeknallte Jesusfreaks. Genau so ist das!

Es muss nicht alles immer einen ganz tiefen Sinn haben, was der Gottessohn getan hat. Nicht jeder Satz und jede Tat von ihm müssen bis ins Unendliche ausgelegt und gedeutet werden. Nicht jeder Absatz der biblischen Geschichten von Jesus taugt unbedingt für eine gehaltvolle Predigt.

Ich kann mir daher gut vorstellen, dass Jesus bei der Speisung der Fünftausend etwas angeben wollte. Er wollte seinen Jüngern zeigen, was er alles kann. Er wollte den Menschen ein Wunder präsentieren, das sie so schnell nicht wieder vergessen würden. Etwas, wovon man noch Tausende Jahre später sprechen (und schreiben) wird. Ein Wunder, das auf »Teufel komm raus« in unendlich vielen Facetten auslegt wird.

Jesus macht in einer Situation, in der 5.000 Männer plus Frauen und Kinder zusammensitzen, aus wenigen Nahrungsmitteln viele Nahrungsmittel. So viele, dass jeder satt wird. Er zeigt damit, was er kann. Er bringt die Massen zum Staunen. Seine Schüler auch. Und er selbst lacht sich dabei ins Fäustchen. Er hat es uns allen mal wieder gezeigt. Wer mit Jesus lebt, kann Überraschungen erleben.

6.
Jesus sagt: »Leute, scheißt aufs Geld!«

»Da sie nun gen Kapernaum kamen, gingen zu Petrus, die den Zinsgroschen einnahmen, und sprachen: Pflegt euer Meister nicht den Zinsgroschen zu geben? Er sprach: Ja. Und als er heimkam, kam ihm Jesus zuvor und sprach: Was dünkt dich, Simon? Von wem nehmen die Könige auf Erden den Zoll oder Zins? Von Ihren Kindern oder von den Fremden? Da sprach zu ihm Petrus: Von den Fremden. Jesus sprach zu ihm: So sind die Kinder frei. Auf daß aber wir sie nicht ärgern, so gehe hin an das Meer und wirf die Angel, und den ersten Fisch, der herauffährt, den nimm; und wenn du seinen Mund auftust, wirst du einen Stater (einen Tageslohn umgerechnet: ca. 15,54 pro Stunde, 124 Euro pro Tag.) finden; den nimm und gib ihnen für mich und dich ...«
(Matthäus 17,24-27)

»Und weiter sage ich euch: Es ist leichter, daß ein Kamel durch ein Nadelöhr gehe, denn daß ein Reicher ins Reich Gottes komme.«
(Matthäus 19,24)

»Ihr sollt euch nicht Schätze sammeln auf Erden, da sie die Motten und der Rost fressen und da die Diebe nachgraben und stehlen. Sammelt euch aber Schätze im Himmel, da sie weder Motten noch Rost fressen und da die Diebe nicht nachgraben noch stehlen. Denn wo euer Schatz ist, da ist auch euer

Herz. Das Auge ist des Leibes Licht. Wenn dein Auge einfältig ist, so wird dein ganzer Leib licht sein; ist aber dein Auge ein Schalk, so wird dein ganzer Leib finster sein. Wenn nun das Licht, das in dir ist, Finsternis ist, wie groß wird dann die Finsternis sein! Niemand kann zwei Herren dienen: entweder er wird den einen hassen und den andern lieben, oder er wird dem einen anhangen und den andern verachten. Ihr könnt nicht Gott dienen und dem Mammon.«

(Matthäus 6,19-24)

Wann haben Sie das letzte Mal eine Predigt über das Thema Geld gehört? Über Reichtum und Besitz? Eine Predigt über Steuern und Vermögen? Ich vermute, dass dieses Thema in den großen Glaubensgemeinschaften kaum noch angesprochen wird. Sowohl bei den Katholiken als auch bei den Protestanten hört man wenig bis gar nichts davon. Es wird ausgeschwiegen. Es gehört sich nicht. Es ist peinlich, über Geld zu reden. Ist es sogar unchristlich?

Über die Kirchensteuer ist das Grundeinkommen der kirchlichen Organisationen in unserem Land zur Zeit ganz gut gesichert. Acht bis neun Prozent der jeweiligen Einkommenssteuer werden monatlich fällig. Und diese Steuer steigt – trotz der wachsenden Zahl der Kirchenaustritte. Das liegt an der guten Konjunktur! Deutschlands Wirtschaft wächst, sie legt sogar zu. Darüber können sich die großen Kirchen freuen. Denn es bedeutet auch mehr Geld für sie.

Schräge Kollekte

Ist das bei den Freikirchen anders? Natürlich! Dort wird ständig über das Geld gepredigt. Über den Zehnten, eine ungefähre

Schätzung dessen, was ihre Mitglieder abgeben sollen. Zehn Prozent des Einkommens, denn die Menschen mit mehr Glauben geben natürlich vom Brutto. Die Predigt über das Geld kommt meist vor der Kollekte. Und da gehört sie auch hin. Ich war erst vor einiger Zeit bei einer so genannten »Wunder- und Heilungsveranstaltung«. Der Prediger versprach Heilungen aller Art. Lahme sollen gehen. Blinde sollen sehen. Taube werden hören. Rollstühle sollen verrosten. Doch vorher und nachher mussten noch die großen Kollektenboxen gefüllt werden. Oder besser gesagt: die Kollekteneimer. Je größer, desto besser. Saalordner gingen durch die Reihen, wieder und wieder. In fast allen freikirchlichen Veranstaltungen ist dies übrigens eine gängige Praxis. Über die Summen, die dort gesammelt werden, schweigt man. Selbst vor dem Finanzamt. Die Idee für diese Art der Kollekte kommt vermutlich aus Amerika. Denn dort kennt man keine Kirchensteuer. Jede Gemeinde muss sich aus den freiwilligen Spenden der Mitglieder selbst finanzieren. Darum wird stetig auf die Spendentube gedrückt, das ist schon fester Bestandteil der Liturgie.

Die Botschaft dieser Spendenaufrufe steht zwischen den Zeilen, sie schwingt aber unausgesprochen mit: Wer ein großes Wunder braucht, sollte auch große Scheine in den Beutel werfen. Wer kleines Geld hinein wirft, muss damit rechnen, dass Gott auch nur ein kleines Wunder vollbringt. Den Aufruf zur Spende bettet der Pastor in ein paar Bibelstellen ein. Passend und genau. Menschen mit großem Glauben, suggerieren sie, geben auch viel. Menschen mit kleinem Glauben geben weniger. Und wer will sich sagen lassen, sein Glaube sei nicht groß genug?

Diese Praxis erinnert ein wenig an den Ablasshandel zu Zeiten Luthers. »Wenn das Geld im Kasten klingt, die Seele in den Himmel springt.« Mit diesem Slogan gingen die Geldeintreiber der

Kirche am Ende des 15. Jahrhunderts hausieren. Diesen Spruch von Johannes Tetzel habe ich schon zuvor zitiert. Im Umkehrschluss bedeutete seine Aussage:»Je mehr Geld im Kasten klingt, um so sicherer ist es, dass die Seele in den Himmel springt.« Also: Je größer die Sünde, desto größer der Schein. Bei den heutigen Charismatikern müsste es wohl anders heißen:»Wenn's anständig in der Spendenbox knistert, Gottes Heilung vom Himmel wispert.« Oder so ähnlich. Je größer der Schein, desto größer der Glaube, desto wahrscheinlicher das Wunder. Man lernt: Nicht nur Tetzel, auch die Spendenpraxis in charismatischen Kreisen zeigt heute, wie wichtig das Geld für die Kirche ist. Und wie wichtig es schon immer war.

Immer wieder wird gern der Vers neun aus dem zweiten Korintherbrief zitiert:»Den fröhlichen Geber hat Gott lieb.« Heißt: »Gib unserer Kirche dein Geld nicht zähneknirschend. Mach es fröhlich, freiwillig, mit einem Lächeln!« Oder:»Gib es uns nicht berechnend und mit Skepsis, gib es mit Freude!« Oder:»Nur wenn du fröhlich uns dein Geld gibst, dann hat Gott dich auch lieb.« Gläubige Christen werden damit indirekt unter Druck gesetzt. Was für eine schräge Praxis. Wie berechnend und gemein.

Was wäre ein gesünderer Umgang mit der Spendenpraxis? Mit dem Geld und den Spenden in den Freikirchen? Gesund würde eher so klingen:»Ihr bekommt in dieser Kirche am Sonntag eine 1A-Predigt, top-aktuell und geschliffen formuliert. Das Gesamtpaket enthält aber auch christliche Rituale, soziale Kontakte, Musik. All inclusive. Das hat aber seinen Preis! Überlege doch, ob dir das hundert Euro in der Kollekte wert ist. Oder eben nur zehn. Oder nur fünf.« Wie, finden Sie, klingt das? Auch ganz schön berechnend, würde ich sagen. Aber ehrlicher.

Geld regiert die Welt

Man muss nicht in die Kirche gehen, um festzustellen, welche Macht das Geld in unserer Gesellschaft hat. Wo man hinschaut: Überall geht es nur um den Zaster. Christen bekennen: Gott regiert die Welt. Aber die Realität sagt:»Träumt weiter. Geld regiert die Welt!« Und dieser Regent ist ein ruheloser Geist. Verlassen kann man sich nicht auf ihn. Aber genau das tun die meisten Menschen in den westlichen Gesellschaften. Die Welt des Geldes ist eine Welt für sich. Investmentfonds, Banken, Versicherungen. Kaum einer auf diesem Planeten kennt sich damit aus. Die Mehrheit der Sparer, Anleger und Versicherten vertraut einfach darauf, dass ihr Geld in sicheren Händen ist.

Ein kapitales Missverständnis. Die von 2007 bis 2009 wütende Finanzkrise verbrannte in kurzer Zeit vier Billionen US-Dollar! Das sind kaum vorstellbare Zahlen. Der Wohlstand der ganzen westlichen Welt, er schien plötzlich an einem seidenen Faden zu hängen. Die Weltwirtschaft stand kurz vor dem Kollaps. Aber der Schock hat nicht lange angehalten. Der nächste Börsencrash scheint so weit nicht weg zu sein. Und immer noch wiegen sich viele in der Illusion, dass es irgendwie gutgehen wird.

Geld erzeugt auch Neid. Niemals sollte man sein monatliches Einkommen in der Öffentlichkeit preisgeben. Denn in den Köpfen der Zuhörer geht sofort das Vergleichen los. Wer mehr verdient, kann sich entspannt zurücklehnen. Wer weniger verdient, ist neidisch. Neid aber ist ein ätzendes Gift. Es zerstört engste Freundschaften und unser Miteinander. Es zerstört die Gesellschaft.

Wer Geld hat, hat Macht. Nicht nur in der Politik, sondern auch im Alltag. Mit dem nötigen Kleingeld auf dem eigenen Konto kann man sich so manches leisten. Das bessere Auto. Das größere Grundstück. Das schönere Haus. Und auch die schickeren Klamotten. In Verhandlungen sticht am Ende der größere Schein. Oder die Anzahl der Nullen auf dem Überweisungsträger. Oder die höhere Summe auf dem Barscheck.

In den aktuellen Nachrichten hören wir, wie mit Geld nicht nur politische, sondern auch sportliche Entscheidungen gekauft werden. Ob es die Vergabe der Fußballweltmeisterschaft ist oder ein Schiedsrichter, der ein Tor einfach nicht anerkennt. Geld regiert nicht nur die Welt, sondern auch den Sport.

Geld verführt zu Dingen, die man sonst niemals tun würde. Es motiviert den Konsumenten und den, der am Konsum verdient. Freie Marktwirtschaft oder auch Kapitalismus. Alles in unserer Gesellschaft dreht sich am Ende nur ums Geld. Wirtschaftswachstum, Euro-Krise, Börse, Aktienkurse, soziale Leistungen, die Kosten für Flüchtlinge aus Syrien und den Krisengebieten auf der Erde, das sind die beherrschenden Themen in den Nachrichten. Und der Motor all dieser Geschichte ist das Geld. Und dieses Geld ist auch unser Geld.

Tatort: Börse. Wie dort getrickst und gemauschelt wird, lernte man in den 80er-Jahren noch im Kino. Michael Douglas führte es in der Rolle als schmieriger Börsenhai Gordon Gekko in dem Film »Wall Street« vor. Der Film eröffnete einen Einblick in ein völlig neues Universum. Denn ob es mit der Volkswagen-Aktie bergauf- oder bergab ging, das interessierte damals außer Insidern und Volkswagenfahrern nur einen kleinen Teil der Bevölkerung.

Wer wollte, erfuhr es im Wirtschaftsteil der großen Tageszeitungen. In örtlichen Blättern stand die Tabelle gleich oben links, auf der letzten Seite, neben den Lottozahlen. Heute haben alle großen Nachrichtensender eigene Börsensendungen. Meist laufen diese vor den Hauptnachrichten, in einem eigenen Block. Auf einigen Nachrichtensendern laufen sie sogar 24 Stunden über ein Banner am unteren Bildrand. Wir werden jede Minute versorgt mit aktuellen Aktienkursen. Das ist doch eigentlich total verrückt. Oder?

Man wird das Gefühl nicht los, als würde die ganze Welt von einer starken Macht beherrscht. Einem mächtigen Dämon. Wem? Dem Gelddämon! Oder: dem Bankendämon. Oder: dem Kapitalismusdämon.

Was diese These bestätigt: In den Nachrichten hören wir, wie die Regierungen aller Länder auf jede Not mit Geld reagieren wollen. Nur die Summen variieren. Da heißt es, für die Flut in Asien würden »20 Millionen Euro Hilfen bereitgestellt«. Oder: Für die Flüchtlingshilfe werden »sechs Milliarden Euro bereitgestellt.« Oder: »Für die Erdbebenopfer in Nepal werden drei Millionen bereitgestellt.« So, als könnte man jede Katastrophe dieser Welt mit einem Scheck vom Tisch fegen. Wisch & Weg.

Je größer das Leid, desto größer die Zahl auf dem Scheck. Je schlimmer die Not, desto mehr Nullen am Ende, vor dem Komma. Das klingt sehr arm. Und das ist es auch.

Die Evangelische Kirche in Deutschland kassiert jedes Jahr fünf Milliarden Euro an Kirchensteuern. Das Vermögen der katholischen Kirche weltweit wird auf 270 Milliarden Euro geschätzt. Das ist merkwürdig. Denn egal, wo man hinhört, überall stöhnen Pfarrer, Geld fehle an allen Ecken und Kanten. Der Kirchenanbau werde nicht fertig. Die Orgel verroste. Die Schlafstelle für Obdachlose platze aus den Nähten. Ja, ohne Spenden oder ehrenamtliche Helfer sei das alles gar nicht mehr zu schaffen. Ein befreundeter Pfarrer bedient mittlerweile drei Gemeinden in Nordfriesland, gleichzeitig. Das Geld für eine neue Stelle fehlt. Eigentlich ist das totaler Wahnsinn.

Nun denkt der fröhliche Christ: »Das ist nur ein Problem der beiden großen Volkskirchen. Bei den Freikirchen sei das ganz anders. Bei denen regiert Jesus und nicht das Geld.« Meine persönliche Erfahrung ist eine andere. In vielen Freikirchen ist ein vernünftiges finanzielles Management eher die Ausnahme als die Regel. Übrigens: Von den zehn reichsten Pastoren auf unserem Planeten kommen die ersten vier aus Afrika – ein Kontinent, der nicht gerade bekannt für Wohlstand und Reichtum ist. Und dort gibt es nur Freikirchen. Die Nummer eins ist ein Pastor aus Nigeria. Er heißt Bishop David Oyedepo und ist Leiter der »Living Faith World Outreach Ministry«. Sein Jahreseinkommen beträgt 150 Millionen Dollar! Das ist das Fünfzehnfache von dem, was der berühmte US-Prediger Billy, alias »Das Maschinengewehr Gottes« Graham, verdienen soll. Dessen Jahreseinkommen wird auf zehn Millionen Dollar geschätzt. Irre? Ja, das ist es! Und das sind alles Leiter von großen Freikirchen. Im Vergleich dazu: Unsere Bundeskanzlerin kommt nur auf rund 190.000 Euro im Jahr. Und sie trägt dabei sehr viel mehr Verantwortung.

Es ist relativ leicht nachzuweisen, dass sich kaum ein Christ, eine Kirche, eine christliche Religionsgemeinschaft wirklich an das halten, was Jesus in der Bibel zum »Mammon« gesagt hat. Seine Einstellung war derart radikal und verrückt, dass man sie einfach übergeht. Man blendet sie aus. Wir diskutieren über Arbeitsrecht, Dritte Welt, Waffen und Krieg. Wir schreiben Bücher über Frauengebete, Sterbebegleitung und Zweifel. Aber wir hören nicht, was Gottes Sohn zum größten Herrscher dieser Welt sagt: dem Mammon. Es ist uns vermutlich zu schräg. Es erscheint uns als weltfremd.

Schauen wir uns die oben zitierten Bibelstellen einmal genau an. Jesu Worte sind unmissverständlich. Ohne Wenn und Aber. Ohne Ausnahmeregelung. Und ziemlich radikal.

Die Szene aus Matthäus 17 beschreibt, wie Jesus mit seinen Schülern auf dem Weg zum Tempel ist. Ein Wichtigtuer fragt einen der Jünger, ob Jesus, der sich Messias nennt, auch bereit sei, die Tempelsteuer zu bezahlen. Eine Falle? Man weiß es nicht. Jesus antwortet mit einem Vergleich. Er stellt eine Gegenfrage: Müssen Menschen jedes Mal Eintritt bezahlen, wenn sie ihr eigenes Haus betreten? Natürlich ist das eine rhetorische Frage. Was auch sonst? Und sie impliziert einiges. Jesus sagt damit, dass der Tempel der Juden sein Zuhause sei. Seine Wohnung, seine Hütte! Und da zahlt Christus keinen Eintritt, wenn er nur nach Hause kommt. Allein diese Aussage ist schon Provokation genug.

Was dann passiert, ist so wirr, dass kaum einer darüber predigen kann. So abgehoben, so unlogisch klingt das. Welcher Jesusnachfolger hat das schon einmal erlebt? Jesus schickt Petrus zum Angeln! »Petri Heil! Nimm deine Angel, mein Freund. Fang einen Fisch! In seinem Mund wird das nötige Geld liegen!« Zwei Drachmen, was immerhin zwei Tagelöhne bedeutet. Also ungefähr 160 Euro! Was soll das für eine Lektion sein? Wo gibt es hierfür eine Prophezeiung bei Jesaja? Oder Daniel? Was für eine Herausforderung für den gelernten Fischer Petrus. Man möchte rufen: »Erde an Jesus. Erde an Jesus. Was soll das?«

Was mag Petrus wohl durch den Kopf gegangen sein, als er die Angel auswarf? »Ist der Jesus noch ganz dicht? Wir brauchen 160 Euro, und ich soll angeln gehen? Was für ein Fisch soll das sein, der so viel Geld mit sich bringt? Und wenn das mit den Münzen im Maul stimmt, wie sollen die dort hineingekommen sein?« Der kundige Angler fragt sich jetzt vielleicht noch, mit was für einem Köder Petrus wohl angeln ging. Wurm oder Brot? Made oder Mehlwurm? Oder doch vielleicht Küchenschabe? Und was hatte er für eine Schnur?

Aber es funktioniert tatsächlich, das Wunder passiert. Petrus kommt mit dem Geld zurück. Die Statermünze lag tatsächlich im Maul des von ihm geangelten Fisches. Das ist doch total ballaballa! Oder? Eine Statermünze bestand aus Gold und war ein gängiges Zahlungsmittel in der damaligen Zeit.

Welcher Sinn steckt hinter diesem Wunder? Was wollte Christus damit sagen? Warum wurde es uns in der Bibel so prominent überliefert?

Christen sollen mit ihrem Leben Nachfolger Christi sein. Wir sollen tun, was er uns sagt. Er ist das Vorbild, wir sind seine Nachahmer. Ihm sollen wir folgen. Aber würde er uns heute so etwas sagen, wir würden ihn für bekloppt erklären. Manisch, höchst psychotisch, weltfremd. Keiner würde es tun. Angeln in der Finanznot? Fischen in der Finanzkrise? Was sagt das aus über Jesu Verhältnis zum Geld? Was verrät uns das über Christus und die Kröten? Über den Heiland und die Hunnis?

Ich glaube: Geld war für Jesus nur ein notwendiges Übel. Weiter nichts. Etwas, das man sich beschaffen muss, um nicht anzuecken. Was »irgendwie« gebraucht wird. Um sich etwas zu essen zu kaufen oder um die Tempelsteuer zu bezahlen. Nicht mehr und nicht weniger. Jede weitergehende Interpretation wäre Kaffeesatzleserei. Mehr gibt diese Geschichte aus der Bibel nicht her.

Wobei man sich schon fragen muss: Warum Fisch? Warum hätte das Geld nicht einfach auf dem Boden liegen können? Oder vom Himmel regnen? Ich höre schon, wie die grauen Zellen der Theologen rotieren und absurde Thesen produzieren: »Es geht Jesus um eine Aufwertung des Fischereigewerbes.« Oder: »Er will den Fisch als christliches Symbol hypen.« Oder: »Gott versorgt uns, egal wie.«

Ich komme da nicht mit. Dass der Fisch später als christliches Symbol in Mode kommt, hatte vollkommen andere Gründe. Eine Erklärung war, dass das griechische Wort für Fisch ein Glaubensbekenntnis enthält. Aber Jesus war Jude und kein Grieche. Also alles Unsinn. Die Lehrer tappen im Dunkeln. Und die Theologen auch.

Für mich klingt diese Geschichte erst einmal sehr lustig. Eine fröhliche Anekdote. Jesus wirft seinen Jüngern einen Köder hin und macht sich einen Spaß daraus, sie an der Leine zappeln zu lassen.

Reichtum und Geld nicht zu wichtig nehmen!

Und doch kann man aus dieser Begegnung zumindest indirekt herauslesen, welche Rolle Geld für Jesus spielte: Es ist da, wenn man es braucht. Aber es sollte nicht unseren Alltag bestimmen. Zur Not fängt man es beim Angeln, es steckt im Maul eines Fisches. Das Geld muss uns dienen und nicht umgekehrt.

In anderen Passagen erscheint Christus als Gegner von Reichtum und Moneten. Ja, es ist sogar etwas, das man nach seiner Ansicht bekämpfen muss. Er formuliert es als ein Hindernis für ein freies Leben mit Gott. Das wird an folgenden Zitaten deutlich:

In Matthäus 19,24 sagt er einen berühmt gewordenen Satz. Jesus spricht hier zu seinen Schülern: »Es ist leichter, dass ein Kamel durch ein Nadelöhr gehe, denn dass ein Reicher ins Reich Gottes komme …« Ich habe schon viele Auslegungen dieses Zitats gehört. Die einen behaupten, dass mit Nadelöhr kein Nadelöhr im engeren Sinne gemeint sein könne. Nicht das kleine Loch in einer Nadel, durch das der Faden gezogen wird. Man glaubt, herausgefunden zu haben, dass es sich hierbei um einen Übersetzungsfehler aus dem Aramäischen handelt. Ja, sogar handeln muss. Ein kleines Stadttor wurde damals auch als Nadelöhr bezeichnet. Also noch nicht mal eine allegorische Auslegung. Das heißt: Wir haben hier ein klassisches Teekesselchen, ein Wort mit Doppelbedeutung. So wie: »Die oder der Schuppen.« Oder: »Die Dichtung.« Oder: »Das Koks.« Es ist eben kein kleines Nadelöhr, sondern ein kleines Tor in der Stadtmauer gemeint.

Und dann redet man sich heraus. Durch so ein kleines Stadttor passt eben doch sehr wohl ein Kamel. Vermutlich nur ein kleines, aber immerhin. Mit Schieben und Drücken.

Das ist gelinde gesagt großer Unsinn. Zu Zeiten Jesu gab es bereits Nadeln aus Holz. Stoffe wurden gewebt und zusammengenäht. Und es passt nicht zu ihm, dass er für einen Reichen eine so leichte Möglichkeit offenlässt. Nach dem Motto: »Er kommt schon hindurch, man muss nur richtig drücken!« Oder vielleicht quetschen, damit sein Geld an den Seiten herausfällt?

Was Jesus hier sagt, ist eindeutig. Für jemanden, der sehr viel Geld hat, ist es unmöglich, in Gottes Reich zu kommen. Ins Paradies, in Gottes Nähe. Die Chancen für Reiche auf einem Platz auf Wolke 7 gehen gegen Null. »Wir müssen draußen bleiben«, steht auf einem Schild an der Himmelstür, das einen Golfspieler mit hochgeklapptem Lacoste-Polokragen und hängendem Kopf zeigt. »Bonzen raus!«

Warum? Weil diesen Menschen das Geld wichtiger ist als Gott, so die Unterstellung. Weil der Geld-Gott ihre Leben bestimmt und nicht der Geist-Gott. Weil ihre Gedanken beim Geld sind und nicht im Himmel. Weil sie das Geld anbeten und nicht den Schöpfer.

Diese Rede steht in allen drei synoptischen Evangelien. Matthäus, Markus, Lukas, alle kennen sie. Sie steht also auf einer breiten biblischen Basis. Breiter geht es eigentlich nicht mehr.

Sie ist da, unerschütterlich. Eine Kampfansage des Religionsgründers ans Kapital. Bäääm! Und trotzdem scheint es vielen Christen egal zu sein. Und den Kirchen und ihren kirchlichen Organisationen auch. Wir streben alle nach mehr Geld und mehr Reichtum. Ein dickes Konto verschafft uns Möglichkeiten, Prestige und Sicherheit. Geld regiert die Welt. Geld regiert die Kirche, die Gemeinden. Und wir wehren uns kaum dagegen. Wir machen mit. Wir sind alle das Kamel. Und keiner von uns passt durch ein Nadelöhr. Egal, wie lange man drückt und schiebt.

Und es geht noch weiter: Jesus ruft die Menschen sogar ausdrücklich dazu auf, sich nicht auf das Geld zu verlassen. Wir sollen dem Geld nicht dienen, es soll uns nicht beherrschen. Das heißt: Nicht für das Geld leben! Entscheidungen nicht nur unter finanziellen Aspekten treffen. Sein Sicherheitsgefühl nicht vom Kontostand abhängig machen!

Aber mal ehrlich: Welcher Christ macht das? Wer würde sich nicht auf eine neue Stelle bewerben, weil der neue Arbeitgeber nicht nur mehr bezahlt, sondern auch noch mit zahlreichen Extras lockt, Dienstwagen und Massage am Arbeitsplatz, all inclusive? Wer kauft den neuen Flatscreen nicht lieber beim billigen Elektro-Großhändler als im Elektroladen um die Ecke? Welcher Christ kann heute wirklich von sich behaupten, er brauche kein Geld zum Leben, geschweige denn zum Glücklichsein? Und warum wird darüber eigentlich so wenig von den Kanzeln der Kirchen gepredigt? Warum wird darüber so wenig gesprochen und diskutiert? Warum hat uns diese Macht derart im Griff?

»Ihr sollt euch nicht Schätze sammeln auf Erden, da sie die Motten und der Rost fressen und da die Diebe nachgraben und stehlen. ... Denn wo euer Schatz ist, da ist auch euer Herz. ... Niemand kann zwei Herren dienen: entweder er wird den einen hassen und den andern lieben, oder er wird dem einen anhangen und den andern verachten. Ihr könnt nicht Gott dienen und dem Mammon ... .«

Matthäus 6,19-24

Diese Aussage Jesu ist ein Nein zu jedem Sparbuch. Ein Nein zu jedem Aktienfonds. Christus sagt: Die Schätze der Welt rosten!

Sie vergammeln, sie sind nicht das wert, was sie uns vorgeben zu sein. Wir können diese Schätze sammeln, Konten, Aktienpapiere oder Immobilien. Aber das bringt uns keine wirkliche Sicherheit. Außerdem bringt es uns Gott kein Stück näher. Es entfernt uns eher von ihm. Es verschafft uns ein falsches Sicherheitsgefühl. Wer nach den Regeln des Geldes lebt, verachtet Gott! Das ist es unterm Strich, was Jesus hier den Menschen sagt. Ich frage noch einmal: Welcher Christ beherzigt das? Wer befolgt das?

Ein dickes Sparbuch macht dich unabhängig. Unabhängig von anderen Menschen und auch unabhängig von Gott. Das ist die Sorge, die hinter Jesu Kritik am Kapitalismus steckt. Warum sonntags in der Kirche beten, wenn man in der Sauna-Therme chillen kann? Warum an eine höhere Macht glauben, wenn der Slogan einer Bausparkasse irdische Reichtümer verspricht? »Mein Haus, mein Pool, meine Pferdepflegerin.«

Das erklärt, warum Jesus seine Schüler dazu aufruft, kein Geld auf ihrer ersten Missionsreise einzustecken. Jesus sagt dort: Nichts! Keinen Cent, keine Münze. Wir erfahren von dieser Reise in Lukas 9,3-4. Christus gibt klare Anweisungen, was seine Schüler dabeihaben dürfen und was nicht. »Und sprach zu ihnen: Ihr sollt nichts mit euch nehmen auf den Weg, weder Stab noch Tasche noch Brot noch Geld; es soll auch einer nicht zwei Röcke haben. Und wo ihr in ein Haus geht, da bleibet, bis ihr von dannen zieht.«

Bedeutet also: Sie sollten kein Geld, keinen Cent dabeihaben. Und auch keine Nahrung. Sie sollten sich 24 Stunden lang abhängig machen von Gott. Und das geht nur, wenn man das Geld zu Hause lässt. Wenn man die EC-Karte nicht dabei oder den PIN-Code vergessen hat.

Jesus bezeichnet das Geld als »Mammon«. So übersetzt es Luther. Das klingt wie ein Dämon, ist aber nicht so gemeint.

Es leitet sich von dem aramäischen Wort »mamona« ab, was so viel wie »Besitz« oder »Vermögen« bedeutet. Luther fand damals keine bessere Übersetzung und beließ es einfach dabei. Im Volksglauben ist dadurch der Eindruck entstanden, Jesus verteufele das Geld wie einen Dämonen, »Mammon, der Dämon«. Passt ja irgendwie, stimmt nur faktisch nicht. Jesus stellt ganz einfach fest: Entweder Gott oder Geld! Entweder baut der Gläubige seine Sicherheiten auf der Materie oder dem Geist auf. Auf dem Glauben an Christus oder auf dem Glauben an die Bank!

»Denn wo euer Schatz ist, da ist auch euer Herz.«
(Matthäus 6,21)

Ich glaube, genau hier liegt der Hund begraben. Das ist die zentrale Aussage. Darum geht es Christus. Wenn unser Schatz im Geldvermögen liegt, im Konsum, bei der Größe unseres Bankkontos, dann sind wir eigentlich verloren. »Das Herz symbolisiert Zuneigung und Liebe, bis über den Tod hinaus«, belehrt uns das Lexikon. Gilt unsere Zuneigung dem Geld? Oder dem Gott? Wen lieben wir mehr? Wem gehört unser Herz? Wem schenken wir mehr Aufmerksamkeit? Wem opfern wir mehr Zeit? Wer verschafft uns mehr Sicherheit? »Denn da, wo dein Herz ist, da liegt dein Schatz.«

Für den Gottessohn geht es auch darum, wer im Gottesreich das Sagen hat. Wer die Macht hat. Wenn Geld die Welt regiert, so sieht er das, dann regiert es nicht die Gläubigen. Und auch nicht die Kirche. Aus seiner Sicht sind das zwei verschiedene Welten mit verschiedenen Herrschern.

Jesus spricht hier radikale Worte aus. Er vergleicht unser Verhältnis zu Geld mit der Funktion unserer Augen (Matthäus 6,19). Und er kennt dort keine Ausnahme. Erst, wenn dein Auge den Euros keine Aufmerksamkeit mehr schenkt, dann ist es hell in dir. Wenn dir das Geld nicht mehr andauernd durch den Kopf schwirrt.

Erst, wenn dir dein Kontoauszug vollkommen unwichtig wird, ist es hell in dir. Wenn dein Einkommen nicht mehr zählt. Dann wird sogar dein ganzes Leben »Licht« sein. Strahlend. Freundlich. Im Gotteslicht. Ein schönes Versprechen eigentlich.

Aber wer kann das schon von sich behaupten? Und was sagt Jesus zu denen, die einräumen müssen, dass Geld eben doch wichtiger ist, als ihnen selbst lieb ist? Er sagt: »Dann ist dein Auge wie ein Schalk.« Schalk? Jemand, der sich über dich lustig macht! Der dich »verarscht«, wie es so schön heißt. Und dann wird es finster. Sehr finster sogar. Jesus nennt es »große Finsternis«.

Viele Leser rollen jetzt mit den Augen. Dunkelheit ohne Licht. Aber das sind die Worte von Christus, nicht meine. Jesus behauptet anschließend: »Niemand kann zwei Herren dienen.« Und wenn er von »niemandem« spricht, dann ist das eine absolute Aussage. Absoluter geht es nicht. Er kennt keine andere Möglichkeit. Es ist nicht möglich, Gott zu dienen und gleichzeitig dem Geld. Niemand kann das. Entweder man hasst das eine, und dann liebt man das andere. Oder eben umgekehrt. Krass? Ja, voll krass!

Auch hier bewegen wir uns auf dem sicheren Boden der Bibel. Dieses Jesus-Zitat können wir in den zwei längsten Evangelien finden. Es steht in Matthäus 6,22 und in Lukas 11,34. Deutlicher kann man es nicht sagen. Klarer könnte es uns nicht übermittelt werden.

Und trotzdem muss noch einmal die Frage erlaubt sein: Welcher Christ hält sich heute wirklich daran? Welche Gemeinde? In welcher Kirche wird dieser Teil des Evangeliums hochgehalten und praktiziert? Nein, wir machen alle mit. Wir dienen alle dem Mammon. Wir lieben das Geld. Wir lieben den Besitz. Die einen mehr, die anderen weniger. Aber dienen tut ihm jeder.

Luther formulierte einen Gedanken, der diesen Widerspruch überging. Später entstand daraus eine Lehre, die man die Zwei-Reiche-Lehre nennt. Verkürzt gesagt, lebt danach jeder Mensch in zwei Reichen: im Reich der Welt mit ihren Gesetzen (zum Beispiel mit ihrem Steuersystem) und im Reich Gottes mit seinen eigenen Werten. Übertragen auf die Gegenwart bedeutet das: Ein Christ muss sich auch an das Finanzsystem der Welt anpassen. Denn dieses System gehört zum Reich der Welt, in dem jeder Mensch lebt.

Das Problem ist nur: Jesus kannte diese Lehre nicht. Sie war nie Grundlage seines Denkens. Für ihn galt nur eins: Jeder gottgläubige Mensch, jeder, der ihm, Jesus, folgt, ist Teil des Gottesreiches. Und in diesem Reich sollte man nur einem dienen. Nämlich Gott und nicht dem Geld.

Christen von heute sollten es ihm gleichmachen. Wir sollten nicht am Geld hängen. Wir sollten es allenfalls nutzen wie ein notwendiges Übel. Wie ein Werkzeug. Weiter nichts.

Jesus und das liebe Geld. Es gibt noch eine weitere Falschinterpretation eines Jesuszitats mit indirektem Bezug zum Thema Geld. Diese stammt aus dem vielleicht berühmtesten Text im Neuen Testament, dem »Vaterunser«. Es ist erstaunlich, dass ausgerechnet dieses Gebet einen Vergleich mit dem Geld bemüht. Und es ist noch erstaunlicher, dass dieser Vergleich über Jahrtausende vergessen und fehlinterpretiert worden ist. Bei Luther steht im Lukas-Evangelium: »Und vergib uns unsere Sünden, denn auch wir vergeben jedem, der uns etwas schuldig ist.«

In der aus dem Gottesdienst bekannten Textversion wird diese Botschaft in kürzerer Form noch pointiert: »Und vergib uns unsere Schuld, wie auch wir vergeben unseren Schuldigern.«

Dabei wurde immer wieder Folgendes gelehrt: Jesus macht die Vergebung von Sünden von bestimmten Bedingungen abhängig.

Er legt den Gläubigen diese Bedingung förmlich in den Mund. Und die lautet: Wenn du Vergebung brauchst, dann musst du auch selbst vergeben! Das ist der Deal. Wenn du jemanden verletzt hast und dafür Vergebung empfangen willst, dann musst du auch denen vergeben, die dich verletzt haben. Nur so funktioniert die Sache mit der Vergebung.

Fakt ist: Diese Auslegung entspricht nicht der Wahrheit. Sie widerspricht sogar dem ganzen Evangelium! So kann es der Gottessohn nicht gemeint haben. Denn seine Vergebung gilt immer, ohne jede Vorbedingung.

Trotzdem wird diese Theologie noch immer in vielen Kirchen so gelehrt. In Gottesdiensten wird zu diesem Zeitpunkt beim Beten des »Vaterunsers« eine Schweigeminute eingelegt. Es ist ein bedrückendes Schweigen. Es kommt einem Schuldbekenntnis gleich. Der Pfarrer oder der Pastor leitet dazu an. Mit leicht gepresster Stimme sagt er: »Wir sollten in uns gehen! Wir sollen uns fragen: Gibt es jemanden, dem ich noch nicht vergeben habe?« Lautet die stille Antwort ja, hat der Gläubige ein Problem. Er muss seinen Schmerz vergessen. Er muss diesem Menschen vergeben. Denn nur dann kann auch ihm vergeben werden. Egal, ob es schlimmer Missbrauch war, Vergewaltigung oder Schläge. Biblisch gesehen ist das aber Unsinn! Es widerspricht der Lehre Jesu. Seine Vergebung ist nur an eine Bedingung geknüpft: an die Reue, oder besser gesagt: an das Bekenntnis der Reue desjenigen, der Vergebung sucht. »Es tut mir leid, ich will es anders machen.« Mehr verlangt Jesus nicht.

Worum aber geht es dem Gottessohn hier wirklich? Jesus plädiert für einen finanziellen Schuldenerlass. Er sagt: »So, wie wir jemandem komplett seine finanziellen Schulden erlassen, so bitten wir Gott auch darum, uns unsere Schuld zu vergeben.«

Im Judentum gibt es alle 49 Jahre das so genannte »Erlassjahr«, auch »Jubeljahr« genannt. Das geht auf ein Gebot der Thora zurück. Wir finden es im zweiten Buch Mose, Kapitel 25, Verse 8-55. Dort wird gefordert, dass nach jedem siebten von sieben Sabbatjahren die Israeliten einen vollständigen Schuldenerlass gewähren sollen. Dabei ist nicht wichtig, wem sie das Geld geliehen haben, nicht wichtig, wieviel es war, nicht wichtig, zu welchem Zweck das Geld geliehen worden war.

Die Worte, die Jesus hier benutzt, sprechen eine eindeutige Sprache. Im griechischen Original heißt es: »Vergib uns unsere Schuld (hamartia), wie auch wir vergeben unseren Schuldigern (opheilo)«. Lukas benutzt das Wort »opheilo« an anderer Stelle eindeutig nur für finanzielle bzw. materielle Schulden. Zum Beispiel in Lukas 7,41ff., wo er von dem »Wucherer« schreibt, der bei zwei Schuldnern mit unterschiedlich hoher Summe gleich vorgeht. Er erlässt den Schuldigern ihre finanzielle Schuld. Und dann fragt Christus, wer am Ende den Wucherer mehr lieben wird, wer dankbarer sein wird, wer sich mehr freuen wird. Natürlich der, dem am meisten Schulden erlassen wurden. Hier wird deutlich: Jesus formuliert keine Bedingung, kein »... wie auch wir vergeben unseren Schuldigern«. Es ist ein Bild, ein Vergleich.

Indirekt spricht sich Christus hier auch für die jüdische Praxis des Erlassjahres aus. Für ihn war es eine gute Idee. Er kennt es aus seinem eigenen religiösen Alltag. Und vielleicht wäre das auch eine Lösung für die hochverschuldeten Länder der Dritten Welt. Doch das auszuführen, ginge zu weit.

Im gleichen Evangelium spricht Christus beispielhaft von einem weiteren Beispiel für den Umgang des Gläubigen mit Geld. Ich meine die Stelle bei Lukas 16,1-9. Hier empfiehlt der Gottessohn, sich mit dem Erlassen von finanziellen Schulden Freunde zu machen. Das ist sein Tipp!

Er lobt einen ungerechten Haushalter, welcher finanzielle Schulden in unterschiedlicher Höhe erlässt. Jesus sagt sogar, dass gottlose Menschen in puncto Geld schlauer handeln als Menschen, die mit Gott leben. Ich finde, er hat recht.

»Und der HERR lobte den ungerechten Haushalter, daß er klüglich gehandelt hatte; denn die Kinder dieser Welt sind klüger als die Kinder des Lichtes in ihrem Geschlecht. Und ich sage euch auch: Machet euch Freunde mit dem ungerechten Mammon …«

Seine fast schon unverschämte Aufforderung an die Christen wird kaum gehört: »Macht euch Freunde mit dem ungerechten Mammon!« Das klingt beinahe wie ein Rat zum Seelenkauf. Wie eine göttliche Anweisung, sich mit einer Überweisung bei Menschen einzuschleimen. Das meinte Jesus natürlich nicht. Aber er sagt hier ganz ausdrücklich: »Nutzt Euer Geld, um zu helfen. Das Geld soll Euch dienen, nicht Ihr dem Geld. Es soll Eure Zwecke erfüllen. Nicht Ihr gehorcht der Macht des Geldes, sondern Ihr habt Macht über das Geld! Ihr sollt es zum Guten einsetzen.« Und sei es, indem man sich dadurch Freunde macht.

Wer sich Christ nennt, sollte sich über eines im Klaren sein: Für Christus war das Geld immer unwichtig. Er hat dem Geld nie gedient und ruft auch seine Jünger nicht dazu auf. Geld hat zu viel Macht in unserer Welt bekommen. Es verstellt den Blick dafür, worauf es wirklich im Leben ankommt. Deshalb plädiert Jesus dafür, sich davon freizumachen. Es ist eine weltfremde Forderung. Eine, die heute vermeintlich keiner befolgen kann. Aber das war sein Wille. Das ist sein Plan, wie wir mit Geld umgehen sollen.

7.
Jesus und sein Gegenkonzept zur »gegenseitigen militärischen Abschreckung«

»Ihr habt gehört, daß da gesagt ist: ›*Auge um Auge, Zahn um Zahn.*‹ *Ich aber sage euch, daß ihr nicht widerstreben sollt dem Übel; sondern, so dir jemand einen Streich gibt auf deinen rechten Backen, dem biete den andern auch dar. Ich aber sage euch: Liebet eure Feinde; segnet, die euch fluchen; tut wohl denen, die euch hassen; bittet für die, so euch beleidigen und verfolgen …«*

(Matthäus 5,38.39.44)

Im vergangenen Jahr konnte man es wieder überall hören. Das Kriegsgeschrei. Das Säbelrasseln der Weltmächte. Früher nannte man es Krieg. Heute reden wir von »Anti-Terror-Einsätzen«. Oder von einem »Anti-Terror-Feldzug«. So, als würde der Zusatz »Anti-Terror« den Krieg rechtfertigen. Ein »Feldzug« wird durch die Hinzunahme zweier Wörter plötzlich legitimiert. Das ist schon bedenkenswert.

Nach den Anschlägen auf das World Trade Center am 11. September 2001 stürzte sich die Politik in der Bundesrepublik beinahe panisch in die Arbeit an einem neuen »Anti-Terror-Gesetz«. Ähnliche Tendenzen konnte man auch im Rest der Welt feststellen. Frankreich, England, Holland. Zum Teil mit komischen Blüten. So kann es passieren, dass man heute schon allein dafür bestraft wird, wenn man nach Syrien oder in den Irak reist. Weil dort zum Beispiel Terroristen ausgebildet werden.

Im Terrorismusbekämpfungsgesetz wurden die Befugnisse der Geheimdienste stark erweitert. Auch das Post- und Fernmeldegeheimnis wurde eingeschränkt. Und die Vorschriften des Ausländerrechts mussten ebenfalls verschärft werden. Schließlich beschloss die Regierung, einen neuen Ausweis einzuführen. Natürlich biometrisch und fälschungssicher. Ganz toll.

Auch für die kriegerischen »Anti-Terror-Einsätze« im Ausland mussten in Deutschland neue Gesetze geschrieben werden. Das ist ja bei uns immer sehr wichtig, um so ein Vorgehen auch in sichere Tücher zu packen. Oder in Stein zu meißeln. Nur auf einer solchen gesetzlichen Grundlage ist es möglich, militärisch in Terrorgebieten aktiv zu werden.

Man war auf eine Katastrophe wie den Anschlag auf das World-Trade-Center nicht wirklich vorbereitet. Nicht in der Politik, nicht in der Weltgemeinschaft und nicht in den Herzen der Menschen.

Von diesem Tag an gab es immer wieder neue terroristische Anschläge, auch in Europa. CNN und n-tv zeigen sie uns in ständiger Wiederholung. Von links, von rechts, von unten, von oben. Alles wird sofort in Bildern übertragen. Ob durch das Fernsehen, über das Internet oder auf der Newsapp am Smartphone. Jeder Zuschauer, der zufällig in der Gegend war, wird interviewt. Am besten live. »Was haben Sie gesehen?« – »Was waren das für Bilder?« – »Was für Gedanken gingen Ihnen durch den Kopf?« – »Wie haben Sie sich gefühlt?«

Besonders die Gefühle wollen eingefangen und gezeigt werden. Das bringt das meiste Werbegeld im Fernsehen. Denn erst wenn Gefühle gezeigt werden, bleiben die Zuschauer am Bildschirm. Besser eine Familie zeigen, die leidet, als eine langweilige Diskussion mit Politikern. Das medial aufbereitete Leid lässt die Werbeinnahmen sprudeln. Am Ende geht es auch hier nur um das liebe Geld.

Die Terroranschläge am 11. September und das damit verbundene mediale Spektakel veränderten unseren Planeten. Sie veränderten die Sicherheitspolitik in allen Ländern. Und sie veränderten die Lebensqualität eines jeden Menschen.

Plötzlich kam das Gefühl auf, als wäre man nirgendwo mehr sicher. Ob im Badeurlaub am Roten Meer oder beim Städte-Round-Trip in Paris. Man sagte uns, die »innere Sicherheit« wäre gefährdet. Ein Selbstmordattentat in der nächsten U-Bahn-Haltestelle, an deiner Bushaltestelle oder bei deinem Friseur. Nichts ist mehr ausgeschlossen. Der Krieg ist nah. Sehr nahe sogar.

Seitdem finden überall auf der Welt immer wieder Selbstmordattentate statt. In Paris, Brüssel, Istanbul, oder in der pakistanischen Millionenstadt Lahore.

Das Wettrüsten begann schon kurz nach Ende des Zweiten Weltkriegs. Kaum hatte der Abwurf der Atombomben von Hiroshima und Nagasaki die Vernichtungskraft von Atomwaffen demonstriert, begann man, eine neue Militärdoktrin zu predigen. Nicht nur in den USA, auch anderswo. Die Bilder der Atombombenopfer spielten dabei eine wichtige Rolle. Sie zeigten Menschen, die bei lebendigem Leib verbrannten, als eine 3.000 Grad heiße Feuerwalze durch Japan rollte. 92.000 Menschen starben sofort, weitere 130.000 in den nächsten Jahren.

Wer diese Fotos sah, dem war wohl klar, dass er so etwas nicht selbst erleben möchte. Nicht in seinem eigenen Land. Und auch nicht in seiner Nähe.

Trotzdem konnten die USA diese Atomschläge für sich als Erfolg verbuchen. Japan erklärte die Kapitulation, der Krieg war gewonnen. Der Gegner war geschlagen. Auch wenn der Schrecken groß war – und es bis heute ist.

Und jetzt kommt Jesus und sagt: »Liebet Eure Feinde.«

Bis heute rüsten alle Großmächte immer weiter auf. Die Theorie der gegenseitigen Abschreckung besagt übersetzt: »Wenn ich genauso viele tödliche Atomwaffen besitze wie mein Feind, dann wird er davor zurückschrecken, mich anzugreifen.« Militärstrategen ticken so. Sie denken, dass ein Atomschlag immer mit einem atomaren Gegenschlag beantwortet wird. Es muss nur einer rechtzeitig am roten Knopf sitzen. Die Früherkennung mit Radar und Satellitenbildern reicht für diese »Rechtzeitigkeit« aus. Wir sind für den Gegenschlag gewappnet. Und so einen atomaren Gegenschlag will natürlich keiner, also lässt man es lieber sein. So empfiehlt es uns die Theorie der gegenseitigen Abschreckung. Sie gibt uns ein Gefühl von Sicherheit. Aber wie sicher kann man sich wirklich fühlen?

Diese Theorie funktioniert doch nur, solange jede Seite davon ausgehen kann, dass die Ortungssysteme absolut zuverlässig funktionieren. Eine Falschmeldung über einen Raketenstart wird kategorisch ausgeschlossen. So kann man es überall nachlesen. Dass es aber mit großer Wahrscheinlichkeit unendlich viele Möglichkeiten gibt, so einen Raketenstart zu vertuschen, gilt als sicher. Und das nicht erst, seit der amerikanische Whistleblower Edward Snowden enthüllte, wie systematisch die amerikanische Überwachungsbehörde NSA Politiker auf der ganzen Welt ausspionierte. In die computergesteuerten Ortungssysteme anderer Staaten einzudringen, dürfte für die NSA genauso leicht sein.

Um im Fall eines Angriffs schnell reagieren zu können, führten die USA und die Sowjetunion 1967 das so genannte »Rote Telefon« ein. Es war eine Art Alarmanlage für die Regierungschefs. Ein Griff zum Telefonhörer, und bei einem Erstschlag sollten beide Seiten die Möglichkeit haben, direkt miteinander zu kommunizieren, um sich zu vergewissern, dass es sich wirklich um einen Atomschlag handelte und nicht um eine Täuschung.

Zwischenzeitlich schien diese Telefonleitung nicht mehr nötig zu sein. Sie wurde abgeschafft. Aber 20 Jahre nach Ende des Kalten Krieges hat man den Heißen Draht im Jahr 2005 wieder reaktiviert, diesmal zwischen Russland und der NATO. Zwischen China und den USA gibt es übrigens eine ähnliche Verbindung. Was schon bedenkenswert ist: Am Ende soll tatsächlich nur ein Telefongespräch zwischen zwei Atommächten über Leben und Tod von Millionen von Menschen entscheiden. Eine seltsame Vorstellung.

Trotzdem wird bis heute weiter hochgerüstet. Das schwedische Friedensforschungsinstitut Sipri fand im Jahr 2014 heraus, dass auf unserem Planeten insgesamt 16.300 atomare Sprengköpfe installiert sind. Rekordhalter ist Russland mit 8.000, dicht gefolgt von den USA, die über 7.300 Sprengköpfe verfügen. Die USA haben angekündigt, sie wollten ihr Atomwaffenarsenal innerhalb der nächsten zehn Jahre weiter modernisieren. Veranschlagte Kosten: 350 Milliarden Dollar! Ein teurer Spaß, diese Theorie der gegenseitigen Abschreckung.

Und Jesus sagt uns auch heute noch: »Segnet, die Euch fluchen.«

Die Vernichtungskraft eines jeden einzelnen Sprengkopfes ist gewaltig. Drei Prozent eines einzigen, russischen Waffensystems reichen aus, ein Land von der Größe Deutschlands auf Jahrzehnte komplett zu zerstören.

Dass es bis zum heutigen Tag zu keinem weiteren Atomkrieg gekommen ist, grenzt fast an ein Wunder. Vielleicht beweist das aber auch, dass die Theorie der militärischen Abschreckung tatsächlich funktioniert. Oder gibt es vielleicht noch andere Gründe?

Was im Großen funktioniert, funktioniert auch im Kleinen, in der Beziehung zwischen Menschen. Rache und Vergeltung, das ist ein beliebtes Thema im Kino. Es zieht sich wie ein roter Faden durch Actionfilme wie »Rambo«, »Stirb langsam« oder »Mad Max«. Die Helden sind Einzelkämpfer, die einen Feind besiegen müssen.

Das Gesetz der Rache gilt aber auch auf dem Schulhof. Ich wurde in den vergangenen Jahren mehrfach in Schulen eingeladen, um dort mit Schülern über Gewalt zu sprechen. In den allermeisten Schulen ist Gewalt ein Thema, nicht nur in denen in Neukölln, auch in Charlottenburg. Es betrifft alle Bildungsschichten. Natürlich kamen wir in der Diskussion auch auf die Frage, was Jesus über Gewalt sagt. Ich las den folgenden Vers aus der Volxbibel vor: »Und wenn dir jemand auf die Fresse haut, dann sag ihm, dass er auch noch in den Bauch schlagen soll!«

Die Schüler waren von der Aussage zunächst schockiert, dann belustigt und dann beleidigt. Was Jesus sage, sei »völlig ballaballa«, kritisierten sie. So etwas funktioniere heute nicht mehr. Es sei völlig weltfremd. Wie könne man so etwas nur fordern?

In ihrem Alltag gelte ein anderes Gesetz. Das heißt: »Wenn dir jemand auf die Fresse haut, dann schlage so stark zurück, dass er es sich kein zweites Mal traut.« So viel zu den Worten Jesu.

Wie geht »Feindesliebe« heute?

Immer wieder begegnen uns im Alltag Feinde. Menschen, die es nicht gut mit uns meinen. Die uns den Parkplatz wegnehmen. Die sich an der Kasse vordrängeln. Die uns bestehlen. Die uns betrügen. Die uns bedrohen. Neulich wurde ich auf der Autobahn mit Blicken getötet. Begleitet von Lichthupen, Mittelfingern und wilden Gesten. Der Grund: Ich blockierte mit unserer Familienkutsche die linke Spur. Ein Mercedes der E-Klasse fühlte sich in seinem Recht auf Geschwindigkeitsfreiheit verletzt. Gut, ich gebe es zu. Um ein Haar hätte ich ihn wirklich ausgebremst. Ich sah ihn schon, wie er mir auf dem Standstreifen bedrohlich näherkam, der Kopf hochrot vor Wut, die Fäuste geballt. In solchen Situationen vergesse ich meinen Christusglauben. Und auch die Worte von Jesus: »Segnet, die Euch fluchen.«

Ich hatte dieses Jesuszitat schon einige Kapitel vorher erwähnt. Da ging es um die Frage, ob Jesus ein Pazifist war. Die Antwort auf die Frage lautete eindeutig: »Nein, das war er gewiss nicht!« Aber Christus geht im nächsten Satz noch viel weiter. Er bietet den Menschen ein Konzept an, das verhindern soll, dass überhaupt erst Fäuste fliegen. Deeskalation, so nennt man das heute. Doch wie weit geht das praktisch?

Und was bedeutet das übertragen auf einen Atomkrieg? Kann es heute tatsächlich Kriege verhindern, wenn man dem Gegner im sprichwörtlichen Sinne die rechte Backe hinhält? Oder meinte der Gottessohn das gar nicht so? War das womöglich nur ein Gleichnis? Weiter nichts?

Nein, ich glaube, es war sein voller Ernst. Was Jesus hier fordert, klingt für uns heute total verrückt und neben der Spur. Und es passt so gar nicht in unsere Zeit.

Aber hatte er sich nicht ohnehin nur auf die damalige Zeit bezogen? Auf die Situation vor 2.000 Jahren? Schwer zu glauben! Er hat diese Worte in die Welt hineingesprochen. Es ist eine Weisung, so universell wie der Rahmen, in dem sie Gültigkeit beanspruchen kann. In diesem Punkt sind sich die meisten Theologen ausnahmsweise einig.

Ich behaupte: Kaum ein Christ hält sich heute daran. Keine Kirche, keine christliche Gemeinschaft, keine christliche Nation. Auch nicht die in »Gods own Country«, im Mittleren Westen der USA. Wir übergehen die Worte Jesu einfach. Wir tun so, als wären sie nicht da. Es scheint uns nicht machbar zu sein. Wir schließen die Augen. Oder wir diskutieren seine Worte weg. Aber warum nur?

Vermutlich nehmen wir Jesus nicht ganz ernst. Was Christus der Menschheit zum Thema Feindesliebe sagt, ist uns zu abgehoben. Es ist eine Forderung, die wir nicht bewältigen können. Mal wieder? Wie so vieles von dem, was er sagt? »Segnet, die Euch fluchen.« – »Liebet Eure Feinde.« – »Tut wohl denen, die Euch hassen.« – »Betet für die, die Euch beleidigen und verfolgen.« Das erscheint uns als zu crazy. Total durchgeknallt. Irre. Die Schüler der Klasse, die ich besucht habe, haben das auf einen Blick erkannt: Es passt nicht in unsere Zeit.

Ich stelle mir manchmal vor, wie es wäre, wenn wir Jesus Christus zuriefen: »Das ist ja alles schön und gut, was du da sagst! Aber das funktioniert heute nicht mehr. Jeder kämpft für sich. Hast du nicht den Film ›Karate Kid‹ gesehen? Da wird ein 15-Jähriger von den Jungs in seiner neuen Klasse gemobbt, geschlagen und misshandelt. Gewalt regiert den Schulhof, und man hat nur zwei Möglichkeiten: Entweder, man wehrt sich. Oder, man geht unter. Unser Held entscheidet sich für den ersten Weg. Er lernt Karate, um sich selber zu verteidigen.«

Ich stelle mir vor, wie Jesus dann antwortet: »Denkst du wirklich, dass sich der Mensch innerhalb von 2.000 Jahren verändert hat? War das nicht immer schon so, auch zu meiner Zeit? »

Feindesliebe, das ist das Stichwort. Aber wäre diese im 20. Jahrhundert überhaupt vorstellbar? Und wenn ja, wie würde sie aussehen?

Ich habe vor Jahren einmal Religionsunterricht in einer Gesamtschule gegeben. Vor mir saßen 25 Jugendliche, die zum ersten Mal in der Volxbibel lasen. Anschließend sollten sich die

Schüler in Gruppen zusammensetzen. Die Aufgabe bestand darin, Texte aus der Lutherbibel in ihre eigene Sprache umzuformulieren. Als Muster hatte ich ihnen Verse aus der Bergpredigt gegeben. Ihre Arbeiten waren mehr als erstaunlich.

Am meisten gespannt war ich auf die Gruppe, welche sich den obigen Vers vorgenommen hatte. »Segnet, die Euch fluchen! … Und wenn dir jemand auf die rechte Wange schlägt, dann halte ihm die linke auch noch hin!« Stolz präsentierten die Jugendlichen ihre Ergebnisse. Sie stellten sich vor die Klasse und lasen ihre Version laut vor. Und sie erklärten auch, wie sie zu diesem Ergebnis gekommen waren.

Am besten gefiel mir der Satz: »Und wenn dir jemand dein iPod klaut, dann schenke ihm auch noch dein iPhone dazu!« Genau das meinte Jesus! Ich glaube, die Schüler hatten den Kern des Zitates erfasst. Ich wünschte, die Politiker würden es auch so verstehen, wie es die Schüler getan haben.

Wie könnte ein »Segnet, die Euch fluchen« denn heute in der Politik umgesetzt werden? Kann man dieses Jesuswort auf die militärische Abschreckung anwenden, und wenn ja, wie? Gibt es eine logische Übersetzung? Eine machbare Umsetzung? Sollen wir alle Waffen abschaffen? Sollen jetzt alle Christen die Linke wählen?

Es geht natürlich nicht um die Wahl der richtigen Partei. Aber um die Wahl der richtigen Antwort auf Aggression. Wenn wir Jesus hier folgen wollen, müssen wir anders mit den Aggressoren umgehen. Zum Beispiel mit Russland oder mit den Kämpfern des Islamischen Staates (IS). Männern, die nicht davor zurückschrecken, ihre Feinde vor laufender Kamera zu enthaupten, den Kopf wie ein Trophäe ins Bild zu halten und das Video auf YouTube hochzuladen.

Könnte man Putin jesuslike überzeugen?

Nehmen wir zum Beispiel Russland. Im März 2014 annektierte Russland die Krim. Die Krim ist eine Halbinsel, die schon seit 1780 zu Russland bzw. zum russischen Zarenreich gehörte. Nach dem Zweiten Weltkrieg – Russland und die Ukraine gehörten beide längst der Sowjetunion an – ging die Krim rechtmäßig in ukrainischen Besitz über: Chruschtschow gliederte die Krim in die Ukraine ein – eine Maßnahme mit zunächst wenig Bedeutung, weil die Krim davor und danach auf sowjetischem Boden war, der vom Kreml aus beherrscht wurde. Problematisch wurde die Zugehörigkeit der Krim lange nach dem Ende der Sowjetunion. Die unabhängige Ukraine betrachtet die Krim heute zu Recht als ukrainisches Staatsgebiet. Nachdem die westlich orientierte Freiheitsbewegung »Euromaidan« in der Ukraine den prorussischen Präsidenten Viktor Janukowitsch 2014 abgesetzt hatte, gab es auf dieser Insel eine große Gruppe von Menschen, die sich weiter in Richtung Russland orientieren wollten. Es gab auch eine Gruppe von Menschen, die ukrainisch bleiben wollten: Die meisten von ihnen, Ukrainer und Tataren, sind entweder geflohen oder auf der Insel geblieben. Jedenfalls wurde die Krim annektiert, indem ausländische Truppen ins Land kamen, ohne ihre Nationalität auszuweisen. Die Truppen sprachen Russisch, doch Putin meinte dazu, dass das keine russischen Truppen seien. Solche Uniformen seien in jedem Militär-Laden erhältlich. Nun aber wehen russische Fahnen auf der Krim.

Putins Regierung verhängte einen Einfuhrstopp für Lebensmittel und Waren aus dem Westen. Die deutsch-russischen Beziehungen hat das nachhaltig getrübt. Wenn wir unsere Bundeskanzlerin im Fernsehen sehen, wie sie dem russischen Präsidenten gegenübersitzt, erinnert man sich plötzlich an ähnliche Bilder aus dem Kalten Krieg: Sie schaut grimmig, er schaut grimmig.

Was wäre, wenn Merkel anders reagieren würde? Anstatt Putin zu bedrohen, könnte sie auch andere Worte wählen. Wie könnte ein »Segnet, die Euch fluchen« heute aussehen? Sie könnte Putin loben. Sie könnte ihm verbal den Roten Teppich auslegen, indem sie ihn dazu beglückwünscht, wie leidenschaftlich er sich für sein Land einsetzt.

Sie könnte den russischen Präsidenten auch zu einem großen Staatsdinner in das Schloss Bellevue einladen. Zu einem Event, bei dem Putin wirklich standesgemäß empfangen und für seine Dienste geehrt wird. Wo man ihm sagt, was für ein toller Typ er ist und was er alles für sein Land getan hat. Ist es vorstellbar, dass sich so die Fronten plötzlich auflösen würden? Ich glaube, es wäre eine Chance.

Man muss sich klarmachen: Putin wurde noch 2007 vom US-amerikanischen Times Magazin zur »Person of the year« gekürt. Und acht Jahre später gilt er plötzlich als Persona non Grata, als Feind des Jahres?

»Segnet, die Euch fluchen« – Segnet den IS?

Und der IS? Was ist mit dem IS? Der Islamistische Staat verfolgt mit seinen Terroranschlägen nur ein Ziel: Er will Horror verbreiten. Horror in Europa, Horror in Amerika, Horror in der Welt. Der IS hat einen gesellschaftlichen Gegenentwurf geschaffen. Seine Gründerväter wollen einen theokratischen Staat, der von Geistlichen regiert wird. Ein Gesetz gibt es nicht, jedenfalls keines nach demokratischen Vorstellungen.

Stattdessen gilt die Scharia, das religiöse Gesetz des Islam. Und das bedeutet: Frauen müssen zurück an den Herd. Sie dürfen ihre Häuser gar nicht mehr verlassen. Drogen, Alkohol und Zigaretten sind verboten. Homosexuelle werden gesteinigt. Und jede Verletzung des Gesetzes wird drakonisch bestraft. Es ist ein Albtraum.

Wie würde es aussehen, wenn man »Segnet, die Euch fluchen« auf die Kämpfer des IS übertragen würde? Trotz ihrer Greultaten, ihrer Hinrichtungen und Kriege. Eine schwere Frage. Eilt diesen Männern doch der Ruf voraus, dass sie mit ihren Gegnern kurzen Prozess machen.

Sie mögen mich für naiv halten. Aber ich würde diesen Kämpfern zumindest die Chance zu einem Gespräch geben. Ich würde ihnen zuhören und sie fragen, was sie bewegt. Woher der Hass und die Wut kommen. Denn das Sichbekämpfen ist sinnlos, das sehen wir fast täglich in den Nachrichten. Das Prinzip »Auge um Auge, Zahn um Zahn« funktioniert hier nicht. Es wird niemals zu einem Frieden führen. Es sorgt nur noch für noch mehr Hass und noch mehr Gewalt.

Und es treibt dem IS täglich Kämpfer aus ganz Europa in die Arme. Darunter sind schon 16-jährige, Jungen und Mädchen, Mittelschichtkinder aus Deutschland, viele aus christlichem Elternhaus. Was fasziniert diese an einem Staat, der das Rad der Geschichte um Jahrhunderte zurückdreht und Andersdenkende vor der Kamera exekutiert?

Ich möchte gerne wissen, wie man diese schlimmen Verbrecher segnen könnte. Wie man ihnen, ganz unerwartet, etwas Gutes tun könnte. Wie ein »Die-rechte-Wange-Hinhalten« bei solchen Gotteskriegern aussehen müsste. Und ob das vielleicht die Hassspirale durchbricht. Ob das zu einer Beendigung des gegenseitigen Bekriegens und der wahnsinnigen Selbstmordattentate von Kindern, Frauen und Männern führen würde. Oder geht das einfach nicht? Ist der Hass zu groß? Ist die Angst zu gewaltig? Müssen wir uns damit abfinden, dass es Situationen gibt, in denen Jesus als Mediator einfach nicht geeignet ist?

Wie die Jesus-Freaks unterwandert wurden

Ich hatte vor Jahren ein einschneidendes Erlebnis. Eine spirituelle Sekte zog durch die Hintertür bei den Jesusfreaks ein: in meine religiöse Homebase. Diese Sekte nannte sich »Wort und Geist«. Sogar das ZDF Magazin »Monitor« beschäftigte sich mit ihr. Diese Gruppierung hatte sehr freie Lehren und doch ein in sich vollkommen geschlossenes Weltbild. Die Jesusfreaks sind eine immer noch junge Gemeindebewegung mit über 50 Ablegern im deutschsprachigen Raum. Ich gründete sie Anfang der 90er-Jahre in meinem Wohnzimmer in Hamburg. Ich war und bin der Vater der Bewegung. Sie ist mein Baby. Jahre später, nachdem ich alle Leitungsaufgaben schon abgegeben hatte, gewann diese Sekte immer größeren Einfluss. Durch Literatur und hunderte MP3-Aufzeichnungen ihrer Prediger verbreitete sich diese kranke Lehre in den Köpfen der Gläubigen. Es war wie eine ansteckende Viruskrankheit auf den Glauben. Die Lehre war voll auf den Gründer der Sekte ausgerichtet. Von ihm ging die Kraft aus, er war der Guru. Nur ihn zu berühren versprach Heilung. Schließlich kam es zu einer schmerzhaften Spaltung. Die eine Gruppe der Jesusfreaks wollte zu »Wort und Geist« wechseln. Die andere wollte bleiben. Der Riss ging durch Gemeinden, Kleingruppen, Freundschaften und sogar durch Ehen. So entstand eine tiefe Wunde.

Bei nahezu jedem Zusammentreffen machten die Jesusfreaks ihrem Ärger Luft. Es wurde gelästert, geweint und immer wieder nachgefragt. Keiner konnte verstehen, wie es zu dieser Spaltung kommen konnte. Die Wut entlud sich auch in Hass-Videos auf YouTube und in Hass-Kommentaren in den sozialen Netzwerken. Das Thema kochte so hoch, dass man über gar nichts anderes mehr reden konnte. Es war krank. Die Jesusfreaks waren krank. Leider.

Bei der größten deutschlandweiten Versammlung der Bewegung gab man mir die Gelegenheit, eine Predigt zu halten.

Im Rahmen eines Hauptseminares sollte ich etwas Heilendes auf diese Wunde sprechen. Mir war klar, dass es nur einen Weg gab, diesen Kreislauf von Hass und Wut zu durchbrechen. Jesus musste es herausreißen! Seine Worte »Segnet, die Euch fluchen!« und »Bittet für die, welche euch beleidigen und verfolgen!«.

Ich glaubte, diese Worte hätten bis heute nichts von ihrer Kraft verloren. Also sprach ich nach meiner Predigt ein Segensgebet für den Feind. Natürlich hatte ich vorher ausführlich erklärt, warum ich das tat. Ich betete für die, welche uns beleidigt, verfolgt und gedemütigt hatten.

Ich ging einen Schritt auf genau die Leute zu, die ich eigentlich hassen müsste. Ich fand das gar nicht heroisch. Es ist mir auch überhaupt nicht leichtgefallen. Doch für mich und viele andere brachte dieser Schritt tatsächlich eine Befreiung. Es klingt verrückt, aber es hat wirklich funktioniert, zumindest für mich. Ich war den Hass endlich los. Ich musste nicht mehr ständig darüber grübeln. Und vielen anderen Jesusfreaks ging es genauso. Aus und vorbei. Die Sekte löst sich in dieser Zeit übrigens allmählich auf. Immer mehr Gruppen sterben. Ob das mit meinem Segensspruch zu tun hat, wage ich zu bezweifeln. Aber es hat geholfen. »Segnet, die Euch fluchen«? Es funktioniert auch heute noch.

Jetzt werden Sie sich natürlich fragen: Taugen diese Worte auch als Beschwichtigungsformeln in der Politik? Oder ist schon die Vorstellung daran weltfremd? Muss sich Jesus damit abfinden, dass seine Rezepte von der Zeit überholt wurden? Ist er etwa schon abgemeldet?

Ich glaube das nicht. Es stimmt, dass Rache ein urmenschlicher Instinkt ist. Er ist Teil unserer DNA. Er ist in unserer Historie verankert. Wir haben ihn gewissermaßen im Blut. Doch er führt zu einer Spirale der Gewalt. Wer rächt, wird wieder gerächt werden. Wer schlägt, wird wieder geschlagen werden. Wer in den Krieg zieht, wird bekämpft. Dieser Kreislauf muss durchbrochen werden. Er muss zerstört werden. Aber nicht mit Gewalt, sondern mit Vergebung. Mit Liebe, mit Segnungen. Eben jesuslike.

Was ich dabei völlig verrückt finde: Im Alten Testament wird sogar noch ein Recht auf Rache postuliert. In den Geschichten über Saul und David, über Abschalom und Nathanael. Da lesen wir von Rache als Reaktion auf geschehenes Unrecht. Diese Rache wird toleriert. Und nicht nur diese. Das Alte Testament gilt bekanntlich auch für die zwei anderen großen Religionen, für das Judentum und den Islam. Besonders in radikalen Kreisen des Islam wird das Recht auf Rache immer noch hochgehalten.

Die heutigen Deeskalationsstrategien sind nicht jesuslike

Mit dem Neuen Testament begann auch eine neue Zeitrechnung. Die neuen Ideen vom Leben mit Gott hatte Jesus Christus propagiert. Er hat sie uns geschenkt, es sind seine Worte.

Die letzte Forderung Jesu in diesem Abschnitt übertrifft noch einmal alles. Es ist die Forderung, welche das »Segnet, die Euch fluchen« noch übersteigt. Es ist der Appell: »Liebet Eure Feinde!« Wir sollen lieben? Der russische Präsident soll den Präsidenten der USA lieben? Irgendwie reicht es jetzt mit den neuen Ideen des Christus! Das kann der doch nicht ernst meinen. Akzeptieren, okay. Respektieren, okay. Vergeben, na ja. Aber lieben? Wie soll das denn möglich sein?

Es gibt eigentlich nur zwei Möglichkeiten, wie man mit diesen Worten umgehen kann. Entweder wir sagen: Christus will den Gläubigen nur zeigen, dass es unmöglich ist, Gott zu gefallen. Vielleicht hat er seine Forderungen nur deshalb so hoch geschraubt, damit wir uns unserer eigenen Beschränktheit bewusst werden. Oder aber er meint etwas anderes mit dem Aufruf, »den Feind zu lieben«.

Ich habe vor einiger Zeit einen wissenschaftlichen Artikel über die Liebe gelesen. Dort stand als Versuch einer Definition: »Liebe ist nicht weniger als eine der stärksten Zuneigungen und Wertschätzungen, die ein Mensch einem anderen entgegenzubringen in der Lage ist.« Mich erinnerte das sofort an Jesus. Der konnte zwar nicht vorhersehen, wie man im Jahr 2015 Liebe definiert. Aber Wertschätzung würde er doppelt und dreifach unterstreichen. Es ging ihm immer um Zuneigung und nicht um Hass. Er forderte, dass man sich liebt. Egal, ob Feind oder Freund.

Am Ende möchte ich noch einmal zusammenfassen, was ich in diesem Kapitel ausdrücken wollte. Das Kriegsgeschrei in der Welt, die Terroranschläge in Paris, die Bombendrohungen und Selbstmordattentate haben uns alle in eine Art Schockstarre versetzt. Die Politik scheint nicht zu wissen, was sie dieser Bedrohung entgegensetzen soll. Sie ist ihr genauso hilflos ausgeliefert wie wir. Und in so einer Situation macht sie, was sie immer in solchen Situationen macht. Sie setzt auf militärische Abschreckung. Direkt nach den Attentaten von Paris gab der Bundestag grünes Licht für einen Syrien-Einsatz. Die Frage nach der Identität der Attentäter war noch gar nicht geklärt, da beschloss er schon, die internationale Anti-Terror-Miliz mit 1.200 Bundeswehrsoldaten zu unterstützen. Zurückschießen. Gewalt mit Gewalt begegnen. Bombe mit Bombe. Attentat mit Attentat. Blut mit Blut. Das Alte Testament lässt grüßen.

Natürlich macht es der Westen anders als der Feind. Wir nehmen keine TNT-Sprenggürtel oder Kalaschnikows in die Hand. Wir nutzen moderne Technologie. Radar, Flugkörper, Sensoren,

Geheimdienstinformationen. Die westliche Welt beruft sich dabei auf eine alte Militärdoktrin, die Doktrin der »gegenseitigen Abschreckung«. Wir glauben ihr, weil sie so lange funktioniert hat.

Sieht man sich die Krisenherde der Gegenwart an, kommen Zweifel auf. Klappt das mit der Abschreckung wirklich? Nehmen wir zum Beispiel den Islamischen Staat, das Kalifat der Islamisten. Dieser Staat tritt alles mit Füßen, was den Demokratien der westlichen Welt heilig ist: Menschenrechte, Werte, die christlichen Gebote. Er bildet Männer und Frauen zu Attentätern aus und schickt sie als lebende Bomben nach Europa. Lässt sich ein solcher Staat von unseren Bomben abschrecken? Ich glaube nein.

Die Lehre der »Vergeltung um jeden Preis« hat versagt. Und doch ist sie die Norm, immer noch. Wir werfen Bomben ab und glauben, dass sie den Feind zur Vernunft bringen. Dabei weiß doch jeder, dass Gewalt immer nur Gegengewalt provoziert.

Und deswegen bleibe ich dabei: Jesus hat recht. Wir sollten unsere Feinde lieben. Wie man das auch immer für sich übersetzen will. Wir sollten ihnen Gutes tun. Sie segnen. Dieser Gedanke könnte die Weltpolitik definitiv revolutionieren. Er könnte den Kreislauf von Hass, Rache und Vergeltung zerbrechen.

Könnte, sollte, müsste. Das sind Forderungen, die im Konjunktiv stehen. Mir ist bewusst, dass sie null Aussicht auf Verwirklichung haben. Christus und seine Ideen vom Leben spielen in unserer Gesellschaft nur noch eine untergeordnete Rolle, erst recht in der Politik.

Wenn Jesus sagt: »Liebet eure Feinde«, lächeln wir nur. »Was für ein Spinner«, denken wir. »Der hat sie doch nicht mehr alle!« Oder wir hören einfach gar nicht erst hin und gehen unseren eigenen Weg. Den Weg, die wir schon immer gegangen sind. Aber sollten wir Christus nicht lieber zuhören?

Liebe ist eine Politik der kleinen Schritte. Sich in die Situation des anderen hinein versetzen. Sich die Mühe machen, den Feind zu verstehen. Was geht in ihm vor? Warum bedroht er uns? Was ist in seiner Geschichte passiert? Woher kommt sein Hass? Woher die Aggression? Wir könnten entdecken, was dahintersteckt. Eine deutsche Freundin von mir wohnt in Israel. In Deutschland wundern sich viele über das Verhalten der Israelis. Warum betreiben sie diese aggressive Siedlungspolitik? Warum bauen sie Wohnungen genau an dem Ort, der eigentlich Palästinensern zugewiesen wurde? Betrachtet man die Politik aus ihrer Sicht, versteht man plötzlich vieles besser. Aus diesen Gebieten werden täglich Raketen abgeschossen, ohne jede Vorwarnung. Die Angst vor dem Tod ist allgegenwärtig. Wie würde man selber reagieren, wenn man sich ständig bedroht fühlen müsste? Aggressives Verhalten ist nachvollziehbar, weil es natürlich ist. Wir können für aggressives Verhalten natürlich Verständnis haben. Aber auf Dauer brauchen wir eine Strategie, die jesuslike ist.

Den Feind zu lieben, den Feind zu segnen, das ist nicht leicht. Es ist ein großer Schritt, eine Kraftanstrengung, ein Überwinden des eigenen Egos. Aber es könnte eine Lösung sein. Eine Erlösung, eine Befreiung.

Und was im privaten Rahmen hilft, kann auch für die große Politik nicht falsch sein. Es ist möglich, seine Feinde zu segnen. Es ist möglich, seine Feinde zu lieben. Es kostet nur ein wenig Überwindung. Oder richtig viel Überwindung. Aber für einen Versuch ist es nie zu spät.

Ist das nicht ein Wiederspruch in sich? Der aggressive Jesus im Tempel und der Christus, welcher uns gebietet, die Feinde zu segnen? Sie sogar zu lieben? Der Jesus, welcher eine Peitsche flechtet und damit auf die Händler los geht, und der andere Jesus, welcher zu Petrus sagt: »Stecke dein Schwert ein!« Wie passt das zusammen? Ja, das geht. Und nein, das geht nicht. Ja, weil es tatsächlich auf den ersten Blick nicht zusammen passt. Aggression und Feindesliebe. Fluchen und Segnen. Sich gegen Ungerechtigkeit wehren und die linke Wange hinhalten. Aber ist das nicht genau auch die Frage? Muss bei Jesus alles zusammen passen? Darf es nicht auch Widersprüche in seiner Verkündigung geben? Sind Widersprüche nicht allzu menschlich und nicht auch all zu göttlich? Wir finden in der Bibel einen Gott voller Widersprüche. Viele davon werden hoffentlich auch in diesem Buch deutlich. Wenn Jesus im Johannesevangelium sagt: »Ich und der Vater sind eins«, muss das nicht auch bedeuten, dass der Gott des Alten Testamentes auch in Jesus steckt? Und was hat dieser Gott nicht alles für brutale, unmenschliche, rachsüchtige Dinge zugelassen? Eine ganze Generation Menschen ertrinken lassen (Stichwort Arche Noah). Einen Todesengel geschickt, der die kleinen Babys von ägyptischen Müttern abschlachtet. Und der richtig sauer ist auf sein Volk, weil sie bei der militärischen Einnahme einiger Völker nicht radikal den Bann vollstrecken. Das bedeutet: Frauen und Kinder am Leben lassen. Es ist der gleiche Gott, der uns das Hohelied der Liebe schreibt. Der um sein Volk weint. Der seinen einzigen himmlischen Sohn in die Hände von brutalen Mördern gibt, damit eine ungerechte Menschheit gerettet wird. Wir müssen mit diesem Gegensatz leben. Und diesen widersprüchlichen Gott, der uns in Jesus begegnet, neu zu uns reden lassen.

8.

Von Lilien, Sorgen und einer völlig entrückten Forderung

»Darum sage ich euch: Sorget nicht für euer Leben, was ihr essen und trinken werdet, auch nicht für euren Leib, was ihr anziehen werdet. Ist nicht das Leben mehr denn Speise? Und der Leib mehr denn die Kleidung? Sehet die Vögel unter dem Himmel an: sie säen nicht, sie ernten nicht, sie sammeln nicht in die Scheunen; und euer himmlischer Vater nährt sie doch. Seid ihr denn nicht viel mehr denn sie? Wer ist aber unter euch, der seiner Länge eine Elle zusetzen möge, ob er gleich darum sorget? Und warum sorget ihr für die Kleidung? Schaut die Lilien auf dem Felde, wie sie wachsen: sie arbeiten nicht, auch spinnen sie nicht. Ich sage euch, daß auch Salomo in aller seiner Herrlichkeit nicht bekleidet gewesen ist wie derselben eins. So denn Gott das Gras auf dem Felde also kleidet, das doch heute steht und morgen in den Ofen geworfen wird: sollte er das nicht viel mehr euch tun, o ihr Kleingläubigen? Darum sollt ihr nicht sorgen und sagen: Was werden wir essen, was werden wir trinken, womit werden wir uns kleiden? Nach solchem allem trachten die Heiden. Denn euer himmlischer Vater weiß, daß ihr des alles bedürfet. Trachtet am ersten nach dem Reich Gottes und nach seiner Gerechtigkeit, so wird euch solches alles zufallen. Darum sorgt nicht für den andern Morgen; denn der morgende Tag wird für das Seine sorgen. Es ist genug, daß ein jeglicher Tag seine eigene Plage habe.«

(Matthäus 6,25-35)

Spätestens jetzt muss jedem klar sein: Dieser Jesus hat sie nicht mehr alle. Der ist völlig verrückt. In was für einer Welt lebt der denn? Wir sollen von den Lilien lernen? Eine Blume als Lehrer? Ein Gewächs soll unser Vorbild sein? Eine Pflanze kennt sich aus? Wie war das noch gleich mit »Der Mensch ist die Krone der Schöpfung«? Ich finde, das klingt so geflötet. Ein »Liliechen«, ein »Blümlein auf der Wiesen«. Das trifft doch nicht den Ernst der Lage. Wir sollen uns nicht sorgen? Weiß denn der gute Mann, was heute alles passieren kann? Konnte er ahnen, wie ein Leben im 21. Jahrhundert aussieht? Er sagt doch tatsächlich ganz radikal: Sich Sorgen zu machen, das geht nicht, jedenfalls nicht als gläubiger Christ!

Eine Sache vorweg: Es gibt Menschen, die finden Lilien toll. Ich finde, sie stinken. Mal davon abgesehen, dass sie unglaublich viel Arbeit machen. Wenn man einen Strauß Lilien zu lange stehen lässt, verliert er seine Blüten. Man findet sie plötzlich überall, auf dem Boden, auf der Fensterbank, auf der Heizung. Dann gibt es Flecken, die man nicht mehr wegbekommt. Und so sollen wir jetzt werden? Werdet wie die Lilien? Hat der Mann einen Knall?

Was Jesus hier fordert, widerspricht jeder Logik. Es tritt jeden Verstand und jede Erfahrung mit Füßen. Meine These ist: Kaum ein Christ nimmt diesen Christus und diese seine Forderung ernst.

Kein Papst, kein Pfingstler, kein Kirchenratsältester, kein Evangelikaler, kein katholischer und evangelischer Christ, kein christlicher Fundamentalist.

Wie sollen wir uns nicht sorgen? »Entspannt euch!«, sagt Jesus. Im Grunde spricht er sich hier auch gegen jede Tages- und Wochenplanung aus. Ja, sogar gegen einen Beruf, den man nur ausübt, um regelmäßig Geld zu verdienen. Wir brauchen doch das regelmäßige Einkommen, damit wir uns keine Sorgen machen müssen. Sorgen um das Essen, die Kleidung, die Wohnung, das Auto, die Handyrechnung. Mal ganz ehrlich: Diese Forderung Jesu ist doch genau genommen total verrückt.

Und dann der tolle Vergleich: Mensch mit Vogel. Vogel mit Mensch. Die Vögel säen nicht. Sie leisten keine Feldarbeit, um ihre Ernährung zu sichern. Vorratswirtschaft ist für sie ein Fremdwort. Sie müssen sich auch nicht um ihr Äußeres kümmern. Ihr Gefieder ist immer sauber, das Styling perfekt. Na, super! Und an denen sollen wir uns jetzt ein Vorbild nehmen? Der hat wohl eine Meise. Vögel müssen auch nicht jeden Monat ihre Miete bezahlen. Die brauchen kein Benzin für ihr Auto. Sie kaufen keine Schminke und keine Jeans. Sie brauchen keine Krankenversicherung und keine Altersvorsorge. Was meint er hier bloß, der Gottessohn?

Wobei: Moment, mal. Manche Vögel legen sich sehr wohl einen Vorrat an Nahrung an. Für jeden Winter tun sie das. Der Eichelhäher bringt es zum Beispiel auf bis zu 5.000 Nahrungsdepots im Jahr. Hätte Jesus vielleicht doch besser Biologie studieren sollen? Vögel machen sich auch Sorgen, sie sorgen vor!

Und dann behauptet Christus, wir sollten uns nicht um Morgen sorgen? Aber was ist denn, wenn wir plötzlich krank werden? Krebs, Schlaganfall, Herzinfarkt. Als junger Mensch macht man sich darüber noch keine Gedanken, aber die Einschläge im eigenen Umfeld werden dichter, je älter man wird.

Der Gedanke an Krebsvorsorge, er löst irgendwann keine Panik mehr aus, sondern er beruhigt. Die Zeitschrift »Eltern« veröffentlichte 2015 einen Artikel über die Krebsvorsorge von Frauen. Ihre Statistik belegt eindeutig: Sich zu sorgen und vorzusorgen, das lohnt sich! Seit Einführung der Krebsvorsorge im Jahre 1971 ist allein der Gebärmutterhalskrebs bei Frauen um 70 Prozent zurückgegangen. Was nun, Herr Jesus?

Aber vielleicht ist es doch nur ein Wunsch Christi. Vielleicht will er uns nur etwas Nettes sagen, um uns zu ermutigen. Getreu der Devise: »Liebe Leute, ich fände es toll, wenn ihr euch ab und zu auch mal etwas weniger Sorgen machen würdet. Sorgen sind nicht so gut! Sie schaden euch, machen euch unglücklich und machen die Dinge meist schlimmer, als sie in Wirklichkeit sind!«

Nein. Wir können dieses Gebot ganz locker in viele andere biblische Gebote einreihen. Auch in die moralischen, die immer gerne so hochgehalten werden. Es ist ausgeschlossen, dass es sich hier, bei diesem Wort Jesu, nur um eine freundliche Bitte handelt. Es ist mehr als ein gut gemeinter Rat. Sozusagen nur der »Tipp des Tages«, das Mantra der Stunde, der Kalenderspruch »Sorge dich nicht, lebe«.

Die Bibel lässt diesen Schluss nicht zu. Matthäus und Lukas berichten beide von diesem Gebot. »Sorge dich nicht« steht in derselben biblischen Reihe wie »Du sollst nicht töten«, »Du sollst nicht lügen«, »Du sollst nicht ehebrechen«. Es ist ein Jesuswort, das eine klar umrissene Forderung beinhaltet.

Jesus hielt diese Ansprache auf einem Hügel nahe des Sees von Genezareth. Davon gehen die Bibelforscher aus. Seine hier geschilderten Anweisungen sind ein Teil der berühmten Bergpredigt. Von einem Berg zu sprechen war nicht nur aus akustischen Gründen clever. Es hat auch symbolischen Charakter. Darin sind sich die meisten Theologen einig: Der Ort ist eine Anspielung auf den Berg, an dem Mose die Gesetzestafeln von Gott bekam: auf dem Berg Sinai.

Gesetzestafeln also. Sie hatten einen fundamentalen Wert für das jüdische Volk. Und das haben sie bis heute. Nicht nur die bekannten Zehn Gebote. Jeder Konfirmand kann sie herunterbeten. Zur Not auch ohne Verständnis. Auch im Kommunionunterricht gehören sie zum Pflichtprogramm. Ob man daran glaubt oder nicht. Ob man sich daran bindet oder nicht. Doch das ist der Rahmen, in dem diese Worte stehen. So eine hohe Bedeutung hat die Bergpredigt im biblischen Kontext. Es sind keine Wünsche, sondern Gebote. Und ein Gebot ist ein Gesetz.

Das stand übrigens auch für den Evangelisten Matthäus fest. Diese Predigt Jesu hatte auch für ihn eine große Bedeutung. Für Matthäus war klar: Nur durch diese Worte Jesu würde eine neue Zeit anbrechen. Eine Zeitenwende wie das Jahr Null. Seitdem Christus sie ausgesprochen hatte, wurde alles anders. Nichts war mehr, wie es vorher war. Das Universum, die Zeitgeschichte, alles hat sich dadurch verändert. Deshalb ist diese Predigt in ihrer Gewichtung nicht zu unterschätzen. Sie ist zentral. Es sind zentrale Gedanken und Wertvorstellungen Christi, die seine Bergpredigt propagiert. Ein Christ, der an der Bergpredigt vorbeilebt, ist kein Christ. Er darf sich eigentlich nicht so nennen. Das klingt krass und übertrieben. Aber ich denke, der Evangelist Matthäus würde diese Aussage unterschreiben.

Es gibt kaum eine Predigt Jesu, die sich so intensiv mit dem Alltag der Menschen beschäftigt. Kein Wort des Meisters kritisiert so klar den Umgang der Gläubigen mit dem alten Gesetz von Mose. Keine seiner Ansprachen hat die Moralvorstellungen der Menschheit so stark beeinflusst. Keine Predigt hatte so eine tiefe Wirkung auf die westlichen Gesellschaften wie diese. Und das gilt bis in die heutige Zeit.

Sogar in die Gesetzgebung einiger Staaten schafften es die Werte der Bergpredigt. Diese Worte Jesu sind einzigartig. Einzigartig in Kraft und Auswirkung. Und sie legen die Latte hoch. Sie provozieren und fordern uns heraus. Gerade, weil sie ein bisschen weltfremd und unrealistisch klingen.

Wir dürfen Sorgen haben, aber *sie* dürfen nicht *uns* haben

Sorgen gehören zum Alltag eines jeden Menschen dazu. Sie sind unser Motor. Aus Sorge gehen wir regelmäßig einkaufen. Der Kühlschrank darf nie leer sein. Wir horten Vorräte, um uns sicher zu fühlen. Sorgen sind unser Navigator durch den Alltag. Sie helfen uns zu überleben, sogar im Supermarkt. Wir kaufen nichts, was abgelaufen ist, verschimmelt ist oder faul riecht. Es könnte uns krank machen oder sogar umbringen. Aus Sorge studieren wir die Werbeprospekte von Aldi oder Lidl, die jede Woche im Briefkasten landen. Denn in einer Geiz-ist-Geil-Gesellschaft leben wir in ständiger Sorge, ein Schnäppchen zu verpassen.

Auch im Alltag bestimmen Sorgen unser Verhalten. Aus Sorge gehen wir auf dem richtigen Straßenstreifen. Wir wollen nicht auf frischer Tat dabei ertappt werden, wie wir die Straßenverkehrsordnung übertreten.

Die Sorge befiehlt uns, vor jeder roten Ampel zu halten. Oder am Gehweg den Zebrastreifen zu beachten. Oder auf der Autobahn nicht schneller zu fahren, als es das Tempo-Limit erlaubt.

Sorgen motivieren uns. Wir kaufen uns das sicherste Auto, weil uns die Sorge quält, dass wir einen Unfall in einer Reisschüssel von Suzuki nicht überleben.

Sind Sorgen danach nicht eigentlich etwas Gutes, Jesus?

Ich denke, dass Christus in der Bergpredigt in erster Linie von den Sorgen des Alltags spricht. Das alltägliche Chaos. Sorgen um Nahrung, Kleidung, Wohnung. Dinge, die wir im Alltag brauchen, um zu überleben. Einen noch größeren Flatscreen-Fernseher, ein Abo bei McFit oder den Logopäden für die lispelnde Tochter. Solche Sachen eben.

Darum geht es Jesus. Um Sorgen, die wir uns eigentlich nicht machen brauchen, zumindest nicht in der westlichen Welt. Doch in ihrer Ballung können uns solche Sorgen krank machen. Wir sind pausenlos damit beschäftigt, irgendwelche To-do-Listen abzuarbeiten. Wir sehen das Glück vor lauter Sorgen nicht.

Deutschland sucht den Super-Sorgenratgeber

Der Pädagoge Dale Carnegie wusste Einiges zum Thema Sorgen zu sagen. Man kann ihn den ungekrönten »Anti-Sorgen-Papst« nennen, auch wenn er mit der katholischen Kirche fremdelte.

Seine beiden bekanntesten Bücher heißen »Wie man Freunde gewinnt« und »Sorge dich nicht, lebe«. Weltweit verkaufte er von ihnen über 50 Millionen Exemplare. Sie wurden in 38 Sprachen übersetzt. Das flößt jedem Autor Respekt ein. Hat der Vater des Tschakka-Tschakka vielleicht den Nerv der Zeit getroffen? Sein Buch »Sorge dich nicht, lebe« wurde das Mantra einer ganzen Kalenderspruch-Industrie, mit Yoga, Delphin-Meditations-CDs und Dr. Kottas Schlaf- und Nerventee.

Der Dauerbestseller gilt als Bibel der Motivationstrainer. Es ist das buchgewordene »Yes, we can«. Allein in Deutschland wurde es über drei Millionen Mal verkauft. Das ist ein Indikator für die Bedürfnisse der Leser. Sie haben Sorgen, und sie wünschen sich Rat bei der Bewältigung dieser Sorgen. Mit Sorgen ist es wie mit Senioren. Sie brauchen viel Pflege, manchmal sogar rund um die Uhr. Sie wollen aber gar nicht, dass jemand sie ihren Besitzern abnimmt. Aufmerksamkeit reicht ihnen schon. Überall auf der Welt leiden Menschen unter Sorgen. Unabhängig davon, welchem Gott sie huldigen und ob sie überhaupt glauben. Dass Carnegies Bücher einen Ausweg aufzeigen, wage ich zu bezweifeln.

Ist der Sorgenlevel in unserer Gesellschaft gesunken, seit er den Markt mit seinen Erbauungsbüchern überschwemmt? Sorgen sich die Menschen jetzt weniger? Mein Eindruck ist: »Never, ever.«

Heute sorgen sich die Menschen sogar mehr denn je. Zumindest erlebe ich das so in meinem persönlichen Umfeld. In Gesprächen mit Freunden oder Nachbarn geht es oft nur um Dinge, die im Alltag nicht rundlaufen. Dinge, die manchmal sogar bedrohlich werden können. Eine Kündigung, ein Kind, das krank wird. Große Sorgen, kleine Sorgen.

Wie nähert sich Carnegie dem Thema? Er predigt ein positives Denken. Er wiegt die Leser in dem Glauben, dass sie nur an den Reglern in ihrem Kopf drehen müssten, und schwupps, geht die Tür mit der richtigen Lösung auf. Sesam, öffne dich!

Unser Kopf-Hoch-Therapeut geht dabei in drei Schritten vor. Als Erstes soll sich der Leser fragen, was schlimmstenfalls passieren könnte, wenn wirklich alles schieflaufen würde. Das Worst-Case-Szenario, er soll es sich ausmalen.

Das soll ihn gelassen machen. Denn das Allerschlimmste, das lehrt die Erfahrung, ist bei genauer Betrachtung dann doch nicht ganz so schlimm. Man könnte es bewältigen. Nüchtern betrachtet ist es keine echte Bedrohung. Und die Wahrscheinlichkeit, dass es passiert, ist sehr gering.

Im zweiten Schritt predigt Carnegie Gelassenheit. Man soll lernen, sich mit der Vorstellung anzufreunden, dass es bestimmte Dinge gibt, die man eben nicht ändern kann. Erst im dritten Schritt soll er dem Allerschlimmsten entgegentreten und versuchen, es zu verändern. Das soll in Ruhe passieren, ohne Angst, ohne Hektik. Das klingt natürlich verlockend. Das Rundherum-Sorglos-Paket, drei Schritte, und schwupps, sind alle Sorgen weg! Aufgelöst im Nichts. Die Frage ist nur: Funktioniert das auch? Und: Funktioniert das immer? Ist das eine reine Theorie oder gelebte Praxis? Hartnäckig hält sich das Gerüchte, dass Carnegie Zeit seines Lebens mit immer wiederkehrenden Selbstmordgedanken zu kämpfen gehabt hat.

Autosuggestion als Allheilmittel? Der Psychologe Rolf Merkel rät zu einem pragmatischeren Umgang mit Sorgen. Sorgen, das sind für ihn »Saboteure des Glücks«. In seinem Artikel »Mach dir Sorgen um das Morgen« behauptet er, dass Sorgen eine innere Unruhe hervorrufen und diese innere Unruhe Menschen gesundheitlich beeinträchtigen kann. Schlafprobleme, Kopf- und Magenschmerzen, Appetitlosigkeit. Das ist der Preis dafür. Das Rundherum-Sorgenvoll-Paket.

Als Gegenmittel empfiehlt Merkel ein Rezept, das so simpel klingt. Man fragt sich nur, warum wir nicht schon von allein darauf gekommen sind: Handeln! Statt auf den Zufall zu vertrauen, sollten wir unser Leben lieber selbst in die Hand nehmen. Das klingt doch viel vernünftiger!

Jesus Christus verspricht sich Lösungen aus einer ganz anderen Richtung: nicht aus der Horizontalen, sondern aus der Vertikalen. Nicht im Planen und Vorsorgen. Nicht im Abspulen irgendwelcher Alles-wird-gut-Mantras, sondern durch den Blick nach oben! Den Blick auf Gott.

Das hatte auch schon der gute alte David erkannt. Er war der größte König, den Israel jemals gehabt haben soll. In der Bibel gibt es 150 Psalmen, von denen sich die überwiegende Anzahl auf ihn als Autor berufen. Und in Psalm 121 macht er eine Empfehlung, wie man am besten mit Sorgen umgeht, nämlich mit einem Perspektivwechsel. Die Verse eins bis vier lauten: »Ich hebe meine Augen auf zu den Bergen, von welchen mir Hilfe kommt. Meine Hilfe kommt von dem HERRN, der Himmel und Erde gemacht hat. Er wird deinen Fuß nicht gleiten lassen; und der dich behütet, schläft nicht. Siehe, der Hüter Israels schläft noch schlummert nicht.«

David empfiehlt uns, uns nicht zu sehr auf den Gegenstand zu fokussieren, der uns Sorge bereitet. Auf den Berg, der uns im

Weg steht. Auf die Bedrohung. Wir sollten unseren Blick besser nach oben richten, zu Gott. Denn aus dieser Richtung kann Hilfe kommen. Gott kann uns helfen, weil er das Universum, den Himmel und die Erde gemacht hat.

Macht es Christus ähnlich wie David? Empfiehlt er das Gleiche? Christus spricht in seiner Predigt nur drei Quellen der Sorge an. Haben wir genug zu essen? Haben wir Schuhe und Klamotten? Sind wir überhaupt materiell versorgt? Und wie steht es mit unserem Körper? Jesus kennt solche Sorgen. Er wusste von Angst vor Krankheit, vor »Rücken« und Krebs. Aber wie ich Christus kenne, meint er auch die Angst vor dem Älterwerden, wenn er von der Angst vor dem Morgen spricht. Der Angst davor, dass die Haut schrumpelig wird und Augen und Ohren nicht mehr so wollen, wie er will. Er spricht von unserer »Elle« des Lebens, die sich täglich verkürzt. Jeden Tag. Man hört das Ticken der Uhr, die unaufhörlich abläuft. Tick tack, tick tack. Tot.

Sorgen trotz Überfluss

Nun leben wir zum Glück in einer Überflussgesellschaft. Der Kapitalismus ist ein einziger Selbstbedienungsladen. Supermärkte, die 24 Stunden am Tag geöffnet haben. Imbissbuden. Tankstellen. Kioske. Spätis. Es geht uns gut, vielleicht zu gut. Das lässt eine Studie der Umweltschutzorganisation WWF erahnen. Jedes Jahr werfen wir 18 Millionen Tonnen genießbare Nahrungsmittel in die Tonne. 18 Millionen! Das entspricht fast einem Drittel des deutschen Nahrungsverbrauchs. Riesige Berge von Brot, Fleisch, Obst, Gemüse – alle einfach ent-sorgt. Was für ein passendes Wort.

Nur wenige Menschen in der westlichen Welt müssen heute hungern. Die sozialen Systeme greifen ganz gut. Und für Notfälle haben wir ja noch die Tafeln. Ausgabestellen, an denen Bedürftige mit Lebensmitteln versorgt werden, die Supermärkte und Discounter sonst entsorgt hätten. Die Tafelbewegung wurde 1993 in Berlin ins Leben gerufen, heute gibt es 2.100 Ausgabestellen zwischen Freiburg und Flensburg. 60.000 ehrenamtliche Helfer versorgen bis zu 1,5 Millionen Menschen mit Essen. Jeden Tag. Zwar ist es nicht ruhmreich, dass es in Deutschland so viel Armut gibt, dass wir auf Tafeln angewiesen sind, aber wir können froh sein, dass kein Mensch an Hunger sterben muss. Hungertote gab es in Deutschland zuletzt vermutlich im Nachkriegswinter 1945/46.

Viele der Menschen, die vor dem Bürgerkrieg in ihrer Heimat hierhin geflüchtet sind, haben ganz andere Geschichten erlebt. In umkämpften Gebieten in Syrien und dem Irak, aber auch auf dem Balkan ist Hunger immer noch eine alltägliche Bedrohung. Wo der Krieg tobt, gibt es kaum noch Lebensmittel, kaum noch sauberes Trinkwasser.

Wenn sich jemand bei uns um die Ernährung sorgt, kommen die Bedenken aus einer ganz anderen Richtung. Es sind die Sorgen um eine schlanke Linie. Um den zu dicken Bauch. Oder den zu dicken Po. Es geht um den Cholesterinspiegel, um Vitamin A, B oder C. Und natürlich um Bio oder nicht Bio. Oder vielleicht doch um nur vegan? Wir sehen: In unserer Überflussgesellschaft verhallen Jesu Sorgen um eine ausreichende Ernährung ungehört. Sie sind kaum nachvollziehbar.

Mit den materiellen Sorgen ist das schon etwas anderes. Nach einer Umfrage von Zukunftsforschern unter 16.000 Bundesbürgern sorgt sich jeder vierte um sein Geld. Man hat Angst um seine »Knete«. Ein Viertel der Deutschen fühlt sich sogar »armutsgefährdet«. Das sind immerhin 20 Millionen.

Sorgen ums Geld plagen jedoch wohl jeden. Es ist »en vogue«, sich darüber zu sorgen, dass am Ende des Gehalts immer noch zu viel Monat übrig ist. Man muss sich nicht dafür schämen, wenn man darüber jammert. Und gejammert wird überall. Sogar in den Kreisen von Millionären.

Erst letztens las ich dazu eine interessante Meldung. Die Hilfsorganisation Oxfam hat die Verteilung des Reichtums auf der ganzen Welt untersucht. Ihre Zahlen veröffentlichte sie im »Wealth Report 2015«. Das Ergebnis war erschreckend: 70 Superreiche besitzen mehr Vermögen als der Rest der Weltbevölkerung zusammen. 70 von sieben Milliarden Menschen! Diese ungleiche Verteilung schafft nicht nur Neid, sie ist auch ein Grund für die Armut.

Auch Christus Sorge vor dem Morgen ist heute noch so aktuell wie vor 2.000 Jahren. Eine schlimme Krankheit, der Tod eines Freundes oder eines Bruders, der Verlust der Wohnung. Angst vor Scheidung. Angst vor Terroranschlägen. Angst vor Krebs. Angst vor dem Tod. Die Reihe könnte beliebig fortgesetzt werden.

Christus nennt einen Vergleich, der uns ermutigen soll. Er behauptet, dass Gott die Pflanzen gestylt hat. Dass Gott der Green-Designer der Botanik ist. Alle Farben und Formen waren seine Idee. Was so perfekt gelungen ist, wird uns nicht schlechter aussehen lassen. Es geht Jesus um unsere Sorgen um das Äußere. Der Gedanke dahinter: Wenn Gott schon Pflanzen so schön aussehen lassen kann, ohne Versage und Lacoste, dann wird es für ihn auch ein Leichtes sein, seine Leute einzukleiden. Wie das aber praktisch passiert, darüber schweigt Christus. Ist das vielleicht doch nur blanke Theorie? Oder realer Ernst? Meint er das wirklich so? Ist das nicht etwas übertrieben?

Und schließlich werden wir auch noch beschimpft. Wer sich Sorgen macht, ist »kleingläubig«. Er ist ein Wenig-Vertrauen-in-Gott-Haber. Ein »Christ light«. Hallo? Klingt das nicht doch ein bisschen zu herablassend? Als sich ständig sorgender Christ will man am liebsten zurückrufen: »Hey Jesus, wir brauchen Ermutigung, keine Kritik! Weißt Du eigentlich, wie es ist, im 21. Jahrhundert zu leben?«

Wer will sich da schon anhören müssen: »So denn Gott das Gras auf dem Felde also kleidet, das doch heute steht und morgen in den Ofen geworfen wird: sollte er das nicht viel mehr euch tun, o ihr Kleingläubigen?« Gras ist halt Gras. Es muss keine Prüfungen bestehen, in die Schule oder zur Uni gehen. Es muss auch nicht jeden Morgen zur Arbeit. Es muss keine Angst vor drohender Arbeitslosigkeit haben. Gras muss nicht in die Rentenkasse einzahlen. Und Lilien können sich auch nicht mit HIV anstecken.

Das Problem wird erst dann groß, wenn die Sorge zur Angst wird. Zur krankhaften Angst. Es gibt dafür sogar eine eigene Diagnose-Erkennung und Therapie. Die Weltgesundheitsorganisation WHO hat ihr sogar eine eigene ICD-10-Nummer verpasst. »F41-1« steht für »Generalisierte Angststörung«. Diese ICD-10-Nummern sollen helfen, Krankheiten international einheitlich zu klassifizieren: Jetzt ist die Sorgenkrankheit amtlich und international anerkannt.

Aber man wird das Gefühl nicht los, dass sie eine Kluft zwischen Helfern und Hilfesuchenden schafft. Eine Nummer klingt nüchterner als die Beschreibung eines Gefühlszustandes. Menschen, die unter einer Angststörung leiden, machen sich ständig über alles Mögliche Sorgen. Die Gefahr lauert hinter jeder Ecke. Jeden Moment könnte etwas Schlimmes passieren.

Wer so tickt, verliert früher oder später den Blick für die schönen Momente im Leben. Die Angst, sie ist so allgegenwärtig, dass man sich ein Leben ohne sie schon gar nicht mehr vorstellen kann. Viele Menschen bemerken nicht einmal mehr, dass sie krank sind.

Ich behaupte: Unsere Gesellschaft wird von Angst geprägt. Der Angstvirus hat uns alle befallen. Und das nicht erst seit den Terroranschlägen auf das World Trade Center in New York. Auch die Terroranschläge in Paris haben unser Vertrauen in die öffentliche Sicherheit nachhaltig erschüttert.

Mit unserer Angst machen Versicherungen Milliarden-Geschäfte. Angst ist das Kapital unserer Vollkasko-Gesellschaft. Der Vertreter kommt zu uns nach Hause und erzählt uns freundlich lächelnd, was alles Schlimmes passieren könnte. Wo der nächste Unfall auf uns lauert. Er malt uns unser persönliches Horrorszenario aus, passgenau zugeschnitten auf unsere Ängste.

Was, wenn es einen Kurzschluss gibt und die Wohnung abbrennt? Oder wenn das Auto gestohlen wird? Oder wenn die Wasserrohre beim ersten Frost platzen? Oder wenn der Stromkasten explodiert? Oder wenn der Hund ein Geschwür bekommt? Oder wenn wir vorher an einem Herzinfarkt sterben?

Versicherungsvertreter in unserem Land verdienten 2015 durchschnittlich bis zu 200.000 Euro im Jahr – nur an den Provisionen der verkauften Policen. Diese Zahl veröffentlichte das Handelsblatt. Im Schnitt besitzt jeder Deutsche sechs davon. Für jede Unmöglichkeit eine. Der Grund dafür ist: Angst. Unsere Angst.

Ist es denn unchristlich, sich zu sorgen? Ist es denn unser Ziel als Christen, dass wir uns nie mehr sorgen? Um nichts und niemanden?

Ich vermute: Die Frage, die uns Christus hier wirklich stellt, ist eine andere. Er will wissen: Worauf verlassen wir uns? Worauf bauen wir unser Leben? Auf unseren Kontostand oder auf Gott? Auf unsere Ausbildung oder auf unseren Glauben? Auf die Diagnose unseres Arztes oder auf das Heilsversprechen des Christus? Jesus will uns dazu bringen, Gott zu vertrauen. Denn das würde uns ruhig machen. Im Blick auf Gott werden unsere Sorgen kleiner. Sie schrumpfen auf ein adäquates Maß.

Interessant finde ich dazu Jesu letzten Satz: »Darum sorgt nicht für den andern Morgen; denn der morgende Tag wird für das Seine sorgen. Es ist genug, daß ein jeglicher Tag seine eigene Plage habe.« Was Jesus hier vor über 2.000 Jahren geraten hat, wandelte Papst Johannes XXIII. in einen so genannten »Dekalog der Gelassenheit« um. Das Motto seiner »Zehn Gebote der Gelassenheit«: Jeder Tag hat seine eigenen Sorgen! Darum lebe nur für heute.

Dieses »Nur für heute« ist für das weltweit größte Suchtbekämpfungsmittel zum Mantra geworden. Zum zentralen Gedanken der Therapie. Ich meine das 12-Schritte-Programm der Anonymen Alkoholiker. Bei jedem Treffen wird es aufgesagt. Dieses Mantra soll dem Kranken helfen, sich zu sammeln, sich auf den nächsten Schritt zu konzentrieren.

Nur für heute soll jeder Mensch sich vornehmen, den Tag zu durchleben, ohne alle Probleme auf einmal lösen zu wollen. Nur für heute soll er sich darauf konzentrieren, glücklich zu sein. Nur heute soll er seine Kraft dafür investieren, sich so anzuziehen und zu stylen, dass er mit einem guten Gefühl in den Spiegel schauen kann.

Nur für heute ist es gut, daran zu glauben, dass Gott sich um einen kümmern wird. Nur für heute sollte sich der Mensch vornehmen, keine Angst zu haben. Stattdessen soll er sich an allem freuen, was schön ist. Selbst wenn die Umstände noch so widrig sind.

Jesus fordert uns heraus, die nötigen Sorgen von den unnötigen Sorgen zu unterscheiden. Wir brauchen uns nicht ums Essen zu sorgen. Ganz besonders nicht in der westlichen Welt. Wir brauchen uns auch keine Gedanken darum zu machen, ob wir morgen etwas zum Anziehen haben. Es geht ihm um ein Grundvertrauen in Gott. Christus bietet uns ein Gegenmittel gegen das krankhafte Sich-Sorgen-Machen an. Ein Antiserum gegen die Angst.

Und was ist das?

Wir sollen vertrauen! Das klingt so einfach, aber das ist es auch! Wir sollen Gott vertrauen. Wir sollen ihm glauben und ihn machen lassen. Und in diesem Vertrauen weiterarbeiten, handeln und weiterleben. Als selbstständige Menschen, als freie Christen, die sich von Sorgen nicht beherrschen lassen, weil es jemanden gibt, der über uns herrscht. Der sich um unsere Belange kümmert, der sich um uns sorgt.

Christen haben noch einen weiteren Grund, sich weniger Sorgen zu machen. Sie können beten und hoffen. Sie können darauf vertrauen, dass Gott da ist, um ihnen zu helfen. Ihr Glaube ist wie ein Airbag, ein mächtiges Kissen, das sich bei einem Crash von allein aufpustet und sie sanft auffängt.

9.
War Jesus ein Wahnsinniger, ein Wahrsager oder ein Prophet?

»Und als er auf dem Ölberg saß, traten zu ihm seine Jünger besonders und sprachen: ›Sage uns, wann wird das alles geschehen? Welches wird das Zeichen sein deiner Zukunft und des Endes der Welt?‹ Jesus aber antwortete und sprach zu ihnen: ›Ihr werdet hören Kriege und Geschrei von Kriegen. Denn es wird sich empören ein Volk wider das andere und ein Königreich gegen das andere, und werden sein Pestilenz (ansteckende Infektionskrankheit) und teure Zeit (Inflation, Hunger) und Erdbeben hin und wieder ... Alsdann werden sie euch überantworten in Trübsal und werden euch töten. (Christen werden gehasst, wegen ihres Glaubens gefoltert und getötet). Und ihr müsst gehasst werden um meines Namens willen von allen Völkern. Dann werden sich viele untereinander hassen. Und es werden sich viele falsche Propheten erheben und werden viele verführen. Wenn ihr nun sehen werdet den Gräuel der Verwüstung, der heiligen Stätte (der Tempel der Juden), als dann fliehe auf die Berge, und wer auf dem Dach ist, der steige nicht hernieder. Und wer auf dem Felde ist, der kehre nicht um, seine Kleider zu holen. Weh aber den Schwangeren und Säugerinnen (Frauen die ihre Babys noch stillen) zu der Zeit! Denn es wird alsbald eine große Trübsal (besonders schreckliche Zeit) sein, wie nicht gewesen ist von

Anfang der Welt bisher. Es werden falsche Christi und falsche Propheten aufstehen und große Zeichen und Wunder tun. Siehe, ich habe es euch zuvor gesagt. Bald aber nach der Trübsal (besonders schrecklich Zeit) derselben Zeit werden Sonne und Mond den Schein verlieren, und Sterne werden vom Himmel fallen (Meteoriten), und die Kräfte der Himmel werden sich bewegen (Klimawandel). Und alsdann wird erscheinen das Zeichen des Menschensohnes am Himmel. Und alsdann werden heulen alle Geschlechter auf Erden und werden sehen kommen des Menschen Sohn in den Wolken des Himmels mit großer Kraft und Herrlichkeit. Also auch wenn ihr das alles sehet, so wisset, daß es nahe vor der Tür ist.‹«

(Auszüge aus: Matthäus 24,4;25,1-25)

Am 21. Dezember 2012 war es mal wieder soweit. Der Maya-Kalender hatte ihn uns schon vor langer Zeit prophezeit: den Weltuntergang. Auch wenn uns die Uhrzeit nicht bekannt war, das Datum schien zumindest sicher. Sicher für die Weltuntergangsgemeinde. Im Südosten von Mexiko strömten Tausende zu den alten Maya-Ruinen auf der Halbinsel Yucatán im Golf von Mexiko. Man bereitete sich auf die letzten Stunden vor. Denn dann sollte alles vorbei sein. Auch wenn nicht klar war, was genau passieren würde.

Allein die Zahlenkombinationen des Datums sprachen schon für sich. Ja, sogar die Christen hätten dieser Kombination etwas abgewinnen können. Es handelte sich immerhin um so genannte »Heilige Zahlen«. Am Anfang steht die 21, und dann kommt noch zweimal die 12. Die 12 gilt auch in christlichen Kreisen als »magische« Nummer. Man denke an die 12 Stämme Israels. Oder an die 12 kleinen Propheten aus dem Alten Testament. Oder die 12 Edelsteine auf der Brustplatte des jüdischen Hohepriesters.

Und auch im Neuen Testament taucht die 12 häufig auf. Es ist von 12 Aposteln die Rede. In der Offenbarung des Johannes spricht der auferstandene Christus von 12 Grundsteinen, auf denen das himmlische Jerusalem stehen wird. Diese endzeitliche Stadt konnte von Johannes prophetisch mit 12 Toren beschrieben werden. Und auf diesen Toren wiederum standen 12 Engel.

Bei der 21 wird es etwas komplizierter. Mystiker und Esoteriker, Bleistifte raus, rechnen Sie mir nach: 3 mal 7 ergibt 21! Ah, da haben wir es also! Auch hier geht die christliche Zahlensymbolik wieder auf. Die Zahl drei ist natürlich heilig. Wir sprechen von der Dreifaltigkeit: Vater, Sohn und Heiliger Geist. Es ist von den drei Heiligen Königen die Rede. Jesu Auferstehung geschah an Tag 3. Und so weiter. Aber auch in der griechischen, ägyptischen und sogar der hinduistischen Mythologie spielt die 3 eine große Rolle. Sie gilt in fast allen Religionen als »heilig«. Das ist schon sehr mystisch.

Um abschließend die heilige Bedeutung der Zahl 7 hinreichend zu erklären, bräuchten wir ein eigenes Kapitel. Denn diese Zahl geistert wie eine geheimnisvolle Unbekannte durch alle Bereiche, von der Mathematik bis zum Märchen. Ja, selbst in der Astronomie ist die 7 etwas ganz Besonderes. Es sind genau sieben große, nahe gelegene Himmelskörper, die wir von der Erde aus mit bloßen Augen erkennen können: Sonne, Mond, Merkur, Venus, Mars, Jupiter und Saturn. Ist das alles nur Zufall?

Auch Jesus verschließt sich der Zahlensymbolik nicht. Er kannte sie, die heiligen Nummern, die göttlichen Zahlen. Doch ob er auch an sie geglaubt hat? Er beruft immerhin zwölf Männer zu seinen Jüngern. Wir lesen von seinen sieben »Gleichnissen über das Himmelreich« im Neuen Testament. Sieben Bitten finden sich in dem Gebet, das er uns als das »Vater unser« überliefert hat. Und es sind sieben Ich-bin-Worte, die Christus im

Johannes-Evangelium über sich selber sagt. Also: Wer (an heilige Zahlen) glaubt, wird selig? Nein, gewiss nicht. Denn es sind am Ende doch nur Zahlen. Was diese Nummern genau bedeuten, kann jeder für sich selbst entscheiden. Nur in Mexiko waren sich die Angehörigen der Weltuntergangsgemeinde einig. Am 12.12.2012 versammelten sie sich im Südosten Mexikos. Die mexikanische Regierung schlachtete das Spektakel touristisch aus. Über 52 Millionen Besucher reisten in diesem Jahr an. Für dies Land ein Rekord. Und die Mehrheit kam tatsächlich nur wegen genau dieser Vorhersage. Sie kamen als Endzeittouristen in die alten Tempelanlagen der Maya. Und blieben dort bis zur Stunde Null.

Doch der große Knall blieb aus. Um 12.12 Uhr passierte nichts. Die Welt hatte beschlossen, weiter zu existieren. Egal, was irgendwelche Mayas gesagt oder geschrieben haben. Finanziell hat sich diese Prophetie für die Einwohner wenigstens gelohnt, auch wenn sie tatsächlich nicht eingetroffen ist. Zum Glück.

Die alten Propheten der Bibel sahen sich selber nicht nur als Wahrsager. Sie verstanden sich auch als Kritiker. Kritiker der Herrscher und Mächtigen. Kritiker der religiösen Elite. Kritiker des Volkes. Jesaja, Elija, Eli, Micha, sie gestalteten mit ihren Worten das Leben der Menschen. Ihre Kritik an den Königen bewegte die Nation. Und die Könige haben sich geärgert, sie fühlten sich provoziert. Oft, aber nicht immer, hörten sie auf die Propheten. Meistens profitierten sie sogar davon. Und nicht nur sie, auch das Volk. Mit ihren Prophezeiungen haben diese Seher die Handlungen der Mächtigen stark beeinflusst und das Leben damit verändert.

Die Zurückhaltung heutiger Propheten

Die Propheten der Neuzeit sind leiser geworden. Kaum noch hört man ihr Rufen. Sie erheben nicht mehr ihre Stimme. Nicht nur in Israel ist das so, sondern auf der ganzen Welt. Und dennoch sind sie da und gegenwärtig. Auch heute definiert man einen Propheten nicht nur in der Vorausschau von Geschehnissen. In der Fähigkeit, Fakten von Gott zu hören, die unsere Zukunft betreffen. Im Erlangen übernatürlicher Erkenntnisse, die man im Natürlichen nicht sehen kann. Noch nicht sehen kann. Nein, sie werden immer noch als Kritiker der Herrschenden und Mächtigen definiert. Männer und Frauen, welche die Zeichen der Zeit kritisch bewerten. Und deren Bewertung Beachtung findet. Die Einfluss auf die Geschichte haben.

Martin Luther King war so ein Prophet. Seine 1963 in Washington gehaltene Rede »I have a dream« war eine politische Kampfansage. Die Forderung nach Freiheit, Gleichheit und Arbeitsplätzen für die afroamerikanische Bevölkerung. Diese Rede entfaltete eine Kraft, die man heute noch spüren kann. Immer wieder wird sie von Staatspolitikern zitiert. Und heute haben wir immerhin einen schwarzen Präsidenten in den USA.

Helmut Schmidt könnte man als modernen Propheten bezeichnen. Auch wenn er sich deshalb im Grabe umdrehen würde, weil ihm das auch posthum nicht Recht wäre. Stammt von ihm nicht der schöne Satz: »Wer eine Vision hat, der soll zum Arzt gehen«?

Dabei sah er selber Dinge im Voraus. Als Krisenmanager der großen Hamburg-Flut 1962 traf er intuitiv die richtigen Entscheidungen. Seine Hilfe kam schnell bei der Bevölkerung an, auch wenn er dabei sogar die Verfassung übergehen musste. Er rief den Weltwirtschaftsgipfel ins Leben und schaffte die Grundlage für das europäische Wirtschaftssystem, wie wir es heute kennen. Und auch nach seiner politischen Karriere konnte er Dinge voraussehen. So erkannte Schmidt als erster, dass die Sanktionen gegen Russland im Jahr 2015 ohne Wirkung bleiben würden. Er sah voraus, dass die Strafmaßnahmen nur Forderungen nach weiteren, noch schärferen Sanktionen zur Folge haben. Eine Veränderung der Politik Russlands bewirkten sie tatsächlich nie. Bis heute.

Einer der bekanntesten Weltzeit-Propheten ist wohl Nostradamus (1503-1566). Eigentlich war er von Beruf Arzt und Apotheker. Mit richtigem Namen hieß er Michel de Nostredame. Seine Vorhersagen kleidete er in tausende Verse. Und besonders in Krisenzeiten hat man sich gern auf sie berufen. Nostradamus will seine Eingebungen nicht von Gott empfangen haben, sondern aus einem Blick ins Universum. Nostradamus war Astrologe. Eine Schau in die Sterne reichte ihm, um seine Vorhersagen zu lesen. Zweifelhaft? Er sah dort neben der Französischen Revolution 1789 und dem Aufstieg Napoleon Bonapartes zum Kaiser auch noch den Aufstieg Adolf Hitlers voraus. »Vom tiefsten Teil Westeuropas wird ein kleines Kind geboren zu armen Leuten, das verführen wird eine große Vielzahl durch seine Reden. Sein Ruf wird sich weiten, im Königreich des Ostens«, schreibt er. Verhindern konnte seine Prophetie leider nichts.

Verrückt, werden Sie jetzt sagen. Die Prophezeiungen des Nostradamus reichen bis ins Jahr 3797. Sie enthalten Namen, die es zu seinen Lebzeiten zwar noch gar nicht gab, die sich aber in Schreibweise und Aussprache erstaunlich nahe an die Wirklichkeit anlehnten. Wie konnte jemand im 16. Jahrhundert schon vorhersehen, dass Europa vier Jahrhunderte später unter der NS-Diktatur ächzen würde? Aber vielleicht macht gerade das einen Propheten auch aus. Ihn nach seiner Quelle zu befragen, hieße, ihm sein Geheimnis zu rauben. Und die Quellen für eine Schau in die Zukunft müssen nicht immer himmlisch sein.

Die Bibel ist voller Propheten. Voller prophetischer Reden und prophetischer Bücher. Der Unterschied zwischen biblischen und politischen Propheten ist leicht zu finden. Politische Prophezeiungen nähren sich aus einem Urteil über die Geschichte. Sie holen sich ihre Erkenntnisse aus einem Blick nach hinten. Biblische Propheten empfangen ihre Visionen nicht aus dem Hier und Heute. Sie empfangen sie durch Engel, Träume und Gedanken. Ihre Antennen sind himmelwärts gerichtet, auf Gott.

Stirbt die Prophetie aus?

Man muss überlegen, wo die Propheten in den christlichen Kirchen heute eigentlich geblieben sind. Warum ist in Deutschland kein christlicher Prophet mehr bekannt? Sind sie vielleicht ausgestorben wie die Dinosaurier? Der Prophet, eine aussterbende Spezies im Leib Christi?

Schließlich hat es sie unter den Gläubigen immer gegeben, nicht erst zu Zeiten des Alten Testaments. In der Apostelgeschichte lesen wir, wie Paulus eine Begegnung mit einem von ihnen hatte. Dieser Mann vollzog eine Handlung an Paulus und leitete daraus seine Vorhersage ab. »Der nahm den Gürtel des Paulus und band sich die Hände und Füße und sprach: Das sagt der heilige Geist: Den Mann, des der Gürtel ist, werden die Juden also binden zu Jerusalem und überantworten in der Heiden Hände.« (Apg 21,10-11)

Darf man fragen, wann sich in Ihrer Gemeinde jemand das letzte Mal seinen Gürtel genommen und sich damit gefesselt hat? Auf welchem christlichen Event konnte man so etwas in einem Gottesdienst beobachten? Heute würde man so ein Happening vielleicht als »prophetisches Bondage« bezeichnen. Ein schönes Seminarangebot für den nächsten Kirchentag: »Erleuchtendes Fesseln für Anfänger und Fortgeschrittene«. Ein Scherz.

War Jesus ein Prophet?

Wir reden in diesem Buch über Jesus. War denn Jesus ein Prophet? War er das neben dem, was er auch noch sein musste? Messias, Gottessohn, Heiler und Prediger, okay. Aber auch Prophet? Ist das nicht etwas viel? Übertrieben? Zu weit hergeholt?

Ich vermute, dass nur eine kleine Minderheit bei einer Umfrage unter Christen und Nichtchristen auf ein »ja« tippen würde. »Nein, Jesus war kein Prophet! Er war kein Wahrsager! Er war kein Zukunftsvorherseher! Er hätte heute keine Sendung auf Astro TV gehabt.« Dafür ist er eben auch nicht bekannt. Viele glauben, Prophet zu sein, sei nicht sein Ding gewesen. Wahrsager sind Geschäftsleute. Sie sehen das vorher, was ihre Kunden hören wollen. Aber so hat Christus nicht getickt. Es ging ihm immer um den Anderen, nie um sich selbst.

Für den Islam ist Jesus genau das. Nur das und nichts anderes. Für jeden gläubigen Muslim war Jesus ein Prophet. Nicht mehr und nicht weniger. Ein Mensch, der sich nach den Lehren Mohammeds ausrichtet, kann mit dem Propheten Jesus gut leben. Denn so sagt es der Koran. Im Heiligen Buch des Islam wird uns Jesus als ein Prophet unter vielen anderen Propheten vorgestellt. Aber er ist dort nicht der Messias, der Retter. Er wird in eine Reihe mit den anderen großen biblischen Vorhersagern gestellt. Das geht für jeden Muslim in Ordnung. Noah, Abraham, Mose, Jesus. Da passt er hinein.

Die Antwort auf die Frage ist natürlich klar und eindeutig: Ja, Jesus war ein Prophet! Und was für einer! Zu Lebzeiten hatte er Ereignisse in der Zukunft vorhergesehen, die kein anderer hätte vorhersehen können. Seine Prophezeiungen waren klar und präzise. Und einige trafen schneller ein, als ihm lieb sein konnte.

Fangen wir mit seinem eigenen Tod an. Jesus sah die Art seines Todes prophetisch voraus. Dreimal wird dieses Faktum in den

Evangelien erwähnt. Es scheint den Schreibern der Bibel wichtig gewesen zu sein. Die drei Evangelisten Markus, Matthäus und Lukas berichten davon. Alle drei! Bei der letzten Ankündigung über sein Sterben geht er sogar erstaunlich ins Detail (Matthäus 20,17-19, Markus 10,32-34 und Lukas 18,31-34). Er sieht voraus, dass man ihn den Theologen und Hohepriestern ausliefern wird. Er sieht sogar sein Todesurteil voraus. Die Folterungen durch die Soldaten, die Schläge und Hiebe. Und schließlich die Hinrichtung durch die Römer an einem Kreuz. Detaillierter geht es kaum. Seine Prophezeiungen traten noch zu seinen Lebzeiten ein. Welcher Prophet kann das schon von sich behaupten?

Aber auch ganz konkrete Dinge sah Christus prophetisch voraus. Die im vorherigen Kapitel dieses Buches erwähnte Geschichte über den Fisch ist ein gutes Beispiel dafür. Jesus und seine Schüler brauchen Geld. Und was macht Jesus? Er schickt einen von ihnen zum Angeln. Der Jünger denkt, Jesus wolle ihn auf den Arm nehmen. Er kann ja nicht wissen, was Christus schon weiß. Dass er nämlich einen Fisch fangen wird, dem eine Münze im Maul steckt. Aber genau so kommt es. Mit der Münze können die Schüler die Tempelsteuer bezahlen. *Mission possible*: Geht doch!

Nicht jede Geschichte läuft so gut. In Johannes 6,70 sieht Jesus voraus, wer ihn verraten wird:

>*Habe ich nicht euch Zwölf erwählt? Und euer einer ist ein Teufel! Er redete aber von dem Judas, Simons Sohn, Ischariot; der verriet ihn hernach ...*«

Jesus wusste also bereits lange zuvor, dass sein Schüler Judas ihn verraten würde. Genauso wie er ahnte, dass Petrus ihn am Tag seiner Verhaftung im Stich lässt. »Wahrlich ich sage dir: In dieser Nacht, ehe der Hahn kräht, wirst du mich dreimal verleugnen.«

Das waren seine Worte. Und die Bibel zeigt uns später: Jesus hatte Recht! Genau so ist es passiert!

Jesus selbst glaubte an Prophetie. Sie war Teil seiner Theologie. Auch das ist wichtig zu betonen. In Lukas 4 lesen wir, wie er im Tempel der Juden aus der Thora vorliest. Es handelte sich bei dem Text um eine prophetische Schau von Jesaja. Jesus zitiert die Stelle, die wir in der Bibel unter Jesaja 42,7 finden. »Der Geist des Herrn ist bei mir, zu verkünden das Evangelium den Armen, zu heilen, die zerstoßendes Herzens sind, zu verkünden das angenehme Jahr des Herrn.« Und anschließend spricht er zu der Menge: »Heute ist diese Schrift erfüllt worden!« (Lukas 4,21b). Mit anderen Worten: »Jesajas Prophezeiung tritt jetzt ein! Es ist in meiner Person wahr geworden! Ich predige das Evangelium den Armen! Ich heile die zerbrochenen Herzen! Ich verkünde das angenehme Jahr des Herren!« Christus stützt also seinen Dienst auf ein Wort des Propheten Jesaja. Er moderiert seine Performance damit. Er baut seine Autorität auf einer Jahrtausende alten Vorhersage auf.

In der anfangs genannten Endzeit-Prophetie aus Matthäus 24 und 25 habe ich in den Jesus-O-Ton einige Stellen in (Querschrift und Klammern) hinzugefügt. Diese Ergänzungen sollen keine perfekte Auslegung darstellen. Es soll kein Hinzufügen am Wort Gottes sein. Sie sollen aber Hinweise geben. Ich möchte damit auf Entwicklungen aufmerksam machen, die wir als eine Erfüllung seiner prophetischen Worte deuten könnten. Eine historische Erfüllung der Prophetien Jesu. Natürlich nur, wenn wir das glauben wollen.

Ich stelle mir die Frage: Glauben wir auch an den Propheten Jesus? Oder glauben wir nur an »Jesus light«? Glauben wir nur an den Gottessohn, der gut in unser Leben passt? Oder glauben wir an einen Jesus, der mehr Facetten hat, als wir bisher ahnten?

Dies ist ein Aufruf, sich mit dem ganzen Jesus zu beschäftigen. Auch mit den Seiten, die wir vergessen oder verdrängt haben. Wir sollten ihn in seiner ganzen Komplexität wahrnehmen. Ich möchte auch fragen: Nehmen wir diesen Christus als Propheten ernst? Vertrauen wir ihm und seinen Prophezeiungen? Ich finde, das ist eine elementare Sache.

Die oben geschilderte Prophezeiung Jesu stammt aus dem Matthäus-Evangelium. Dort finden wir sie ganz zum Schluss, kurz vor dem Verrat, der Gefangennahme und der Kreuzigung. Sie stehen dort eigentlich als Antwort auf eine Frage. Die Schüler Jesu wollen wissen, woran sie das Ende der Welt erkennen können. Sie wollen erfahren, woran wir ablesen können, dass bald alles vorbei sein wird. Wann ist das Finale der Weltgeschichte? Wie wird es eingeläutet?

Jesus antwortet darauf sehr konkret. Er erzählt seinen Schülern von Kriegen, die es auf der Welt geben wird. Kriege, über die jeder spricht, auch wenn diese nur einzelne Länder betreffen.

Neben Kriegen sieht Jesus aber auch »Pestilenzen« voraus. Damit kann die Pest gemeint sein, eine tödliche Epidemie, die sich durch Körperflüssigkeiten wie Schweiß und Speichel verbreitet. Die letzte Pest wütete im Europa des 14. Jahrhunderts. Sie kostete über 25 Millionen Menschen das Leben. Ob sie die Erfüllung seiner Prophezeiung war? Wir wissen es nicht. Damals dachten einige Christen, diese Pest wäre ein Zeichen der Endzeit. Aber die Erde hat sich weitergedreht.

In den 80er-Jahren ploppte das Schreckgespenst der Infektionskrankheit plötzlich wieder auf. Hatte Jesus vielleicht gar nicht die Pest, sondern AIDS gemeint? Jene tödliche Immunschwäche, an der am Anfang vor allem homosexuelle Männer und Heroin-Abhängige erkrankten? Diesen Verdacht äußerten einige Christen aus dem pfingstlichen Lager. Es passte gut in ihr Weltbild.

AIDS als Gottes Strafe für Drogenkonsum und Homosexualität. Davon spricht heute keiner mehr. Zum Glück. Ich vermute ja, dass uns die eigentliche Katastrophe erst noch bevorsteht. Denn in der weltweiten Form, wie sie Jesus uns hier beschreibt, haben wir sie noch nicht erlebt. Jetzt macht die Angst um den Zika-Virus die Runde. Ob es etwa damit zu tun haben wird? Wir wissen es nicht.

Und dann ist da die Rede von einer »teuren Zeit«. Auch sie hat Jesus vorhergesagt. Damit kann er eigentlich nur eine große Inflation gemeint haben. Inflationen hat es schon immer gegeben, vor Hunderten von Jahren, zum Beispiel in der Weimarer Republik. Schlagen Sie nach bei H wie Hyperinflation. Infolge des Ersten Weltkriegs hatte die Reichsmark die Hälfte ihres Wertes verloren. Die Regierung druckte massenhaft Papiergeld nach, um ihre Staatsschulden zu beseitigen. Der Rest der Geschichte ist bekannt. Geld, das massiv entwertet wurde, Preise, die explodierten. Ein Ei kostete im Juni 1923 noch 800 Reichsmark. Im Dezember musste man dafür schon 320 Milliarden Reichsmark bezahlen.

Was Jesus sonst noch prophezeit hat? Folter und Genozid an Christen. Erdbeben. Naturkatastrophen. Die Zerstörung des Jüdischen Tempels. Der wurde 70 Jahre nach Christus tatsächlich von römischen Besatzern demoliert. Noch eine Prophezeiung, die sich erfüllte.

Historisch gesehen war fast jeder geistliche Aufbruch in der christlichen Kirche mit einer Endzeiterwartung verbunden. Das galt für den im 17. Jahrhundert aufkeimenden Pietismus genauso wie für die vielleicht letzte große Erweckungsbewegung im 19. Jahrhundert, die »Jesus-People«. Ihr Motto lautete: »Christus kommt bald! He is coming back! Das Ende der Welt ist nahe!« Die Jesus-Bewegung erreichte in den 70er-Jahren von Amerika ausgehend Europa. Sie galt auch als Vorbild der Deutschen Jesusfreaks-Bewegung. Einige christliche Kirchen und Werke haben ihre Wurzeln in diesem geistlichen Aufbruch, der besonders junge Menschen mitgerissen hat.

Welchen Sinn macht die Prophezeiung vom Weltuntergang?

Warum spricht Jesus seine düsteren Prophezeiungen des Weltuntergangs überhaupt aus? Was sollte das bewirken? Kann so etwas nicht einfach so passieren, ohne dass der Messias viel Tamtam darum macht? Hätte er nicht einfach den Mund halten können? Oder will Christus am Ende einfach nur gut dastehen? Mit der »Beckerfaust« im Anschlag, frei nach dem Motto: »Hab ich euch doch schon vor 2.000 Jahren gesagt!«

Nein, das wäre nicht sein Stil. Seine Vorhersagen sollen die Menschheit schonend auf das vorbereiten, was kommt. Das soll dem Schrecken die Wucht rauben. Die Christen können solche Katastrophen dann schneller einordnen. Sie können sich für das Ende wappnen.

Deshalb also diese Vorhersagen. Angst zu verbreiten käme Christus nicht in den Sinn. Er will die Gewissheit verbreiten, dass er die Zügel bis zum bitteren Ende im Griff hat. Dass es aber so kommen muss, weil er es schon vor zweitausend Jahren vorhergesehen hatte.

Zugegeben: Das klingt verdächtig nach Kaffeesatzleserei. Man sieht eine in Walla-Walla-Gewändern gekleidete Moderatorin von »Astro TV« vor dem inneren Auge, wie sie entrückt lächelnd eine Kugel in ihren Händen dreht: »Tja, liebe Zuschauer. Ich kann leider nicht genau erkennen, wann die Welt untergeht. Aber wenn Sie jetzt anrufen, werde ich versuchen, eine Live-Schaltung mit unserem Propheten Jesus herzustellen. Das ist der, der sonst immer tot am Kreuz hängt. Einige haben seinen Namen ja vielleicht schon mal gehört. Der Anruf aus dem Festnetz kostet nur 50 Cent pro Minute. ›RUFT! MICH! AN!‹«

Der englische Schriftsteller C.S. Lewis hat bereits im letzten Jahrhundert die Frage gestellt, ob Jesus vielleicht ein Wahrsager und damit ein Scharlatan gewesen sei. Lewis behauptet, es gäbe nur diese beiden Optionen: Entweder, Jesus war verrückt, oder, er war wirklich Gottes Sohn.

Er beantwortet die Frage gleich selbst, und was er sagt, klingt einleuchtend. Wenn Christus tatsächlich ein Scharlatan gewesen wäre, wäre es völlig idiotisch, sich für den eigenen Betrug auch noch ans Kreuz nageln zu lassen. Auch hätte er sein Leben dann wohl nicht für eine kritische Lehre aufs Spiel gesetzt. Aber genau das hat Jesus getan. Und er wurde auch nicht müde, seine Zuhörer immer wieder zu warnen. »Werdet nicht so wie die Pharisäer!« – »Seid vorsichtig!« Oder: »Die Pforte ist klein!«

Woran liegt es also, dass Jesus heute als Prophet gar nicht mehr so wahrgenommen wird? Das Baby in der Krippe ist überall abgebildet, das kennt jeder. Der Märtyrer Christus ist auch jedem präsent. Der Mann, der für die Sünden der Welt starb. Der Auferstandene, den wir zu Ostern feiern.

Das ist das Bild, das die meisten mit ihm verbinden. Wir schauen dem »lieben Herrn Jesus« gern dabei zu, wie er Kranken die Hand auflegt oder Kinder herzt. Aber sehen wir in ihm auch den Propheten Jesus? Den unbequemen Weissager? Nein, den hat kaum einer auf dem Schirm.

Das kann daran liegen, dass uns die anderen Propheten der Bibel schillernder erscheinen. Auffälliger. Wilder. Charismatischer. Nehmen wir zum Beispiel Elija. Das ist der, der einmal betet, und sofort fällt Feuer vom Himmel. Wow! Das hinterlässt

Eindruck. So ein Bild prägt sich ein. Feuerbälle! Blitz und Donner! Feuerwagen! Elija ist übrigens der einzige Mensch neben Jesus, der in den biblischen Erzählungen noch nicht für immer gestorben ist. Im zweiten Buch Könige, Kapitel 2,11, wird beschrieben, wie Elija in einem Feuerwagen gen Himmel fährt. Ob es sich dabei um einen Ferrari oder Porsche gehandelt hat, ist uns zwar nicht bekannt. Fest steht aber, dass Elija nicht gestorben, sondern gleich im Himmel gelandet ist.

Man denkt an die TV-Serie »Alarm für Cobra 11«, in der immer mindestens drei Autos in jeder Folge explodieren. Mit solchen Actionhelden kann unser Prophet Jesus natürlich nicht mithalten. Daran ist auch die Kirche Schuld. Propheten gelten als tot. Sie haben keinen Platz mehr in der Liturgie. Man hat ihnen die Bühne genommen. Und zwar in fast allen Konfessionen.

Ich nehme an, dass es daran liegt, dass Propheten die Eigenart haben, ungewollt Chaos zu verbreiten. Wenn sie sprechen, erzeugen sie eine Dynamik, der man sich nur schwer entziehen kann. Ein Prophet wirft gerne alle Pläne über den Haufen. Man kann ihn nicht kontrollieren, er hinterlässt ein Chaos. Propheten bürsten die Bibel gegen den Strich. Sie sagen Dinge, die der Theologie widersprechen. Und sie berufen sich dabei auch noch auf Gott. Eine gefährliche Mischung. Tödlich. Das ist ein bisschen so, als würde der Bundespräsident den Ufo-Forscher Erich von Dänicken als neuen Beauftragten für Außerirdische vereidigen.

Propheten bieten eine breite Angriffsfläche. Was sie sagen, können sie nicht wissenschaftlich belegen. Trotzdem fordern sie Veränderungen. Wenn ein Prophet spricht, muss man darauf reagieren. Einfach auf der Kirchenbank sitzen zu bleiben, das geht nicht. Man muss sich dazu positionieren. Und wenn man ihm alles abkauft, was er verkündet, ist es elementar, sich nach seinen Worten auszurichten. Darum waren Propheten nie beliebt.

Dass sie sich auch noch als Kritiker verstanden, machte die Sache nicht besser. Der Prophet Jesaja zum Beispiel trat immer dann auf den Plan, wenn etwas im Volk Israel gerade nicht so lief, wie Gott es wollte. Wenn seine Schäfchen ein wenig vom Weg abgekommen waren. Jesaja kündigte Jerusalem dann schon vorher die Quittung seines Handelns an. Er sagte, Jerusalem werde zerstört. Sogar das Gericht über alle Völker und das Weltgericht sah er voraus. Das ist nicht nett. So etwas will keiner hören. Das macht einen bei den Menschen nicht beliebt.

Jeremia, der zweite große Prophet aus dem Alten Testament, drohte mit fast allen seinen Worten. Immer wieder nur Provokationen und Flüche kamen aus seinem Mund. Ständig malte er den Gläubigen die Folgen ihres Ungehorsams in den düstersten Farben aus. Er sieht, wie Gott gegen seine Leute einen Prozess führt. Er weiß, warum der Verlust des eigenen Landes droht, denn das Volk jagt fremden Göttern nach.

Bis zu seinem Tode lebte Jesus prophetisch. Er sah die Dinge, wie sie nur ein Prophet sehen kann. So sagte er beim letzten Treffen mit seinen Schülern vor seiner Hinrichtung: »Wahrlich ich sage Euch: Einer unter Euch wird mich drei Mal verleugnen!« (Matthäus 26,33). Und genau so ist es auch passiert. Nachdem Petrus einige Verse später vehement abstreitet, Christus zu kennen, erfüllt sich diese Prophezeiung.

Jesu Vorhersagen über das Ende der Welt sind auch aus heutiger Sicht gewagt. Doch eins ist klar: Christus war durch und durch ein Prophet. Das hat er schon zu Lebzeiten bewiesen. Dinge, die er über die letzte Phase der Erde vorhersagt, klingen aus der Perspektive von Gläubigen gar nicht mehr so verrückt, wie es vor hundert Jahren noch der Fall war.

Jesus sah Dinge, die keiner sehen konnte. Er sah Ereignisse

voraus, die wirklich eingetroffen sind. Das unterscheidet ihn von anderen Propheten. Ich denke, schon deshalb sollten wir auch diesen Jesus ernst nehmen, den Wahrsager, das Orakel. Eines, das schon in die Zukunft gesehen hat, bevor es »Astro TV« überhaupt gab.

10.
Jesus glaubte an den Teufel

»Da ward Jesus vom Geist in die Wüste geführt, auf daß er
von dem Teufel versucht würde. Und da er vierzig Tage und
vierzig Nächte gefastet hatte, hungerte ihn. Und der Versucher trat zu ihm und sprach: Bist du Gottes Sohn, so sprich,
daß diese Steine Brot werden. Und er antwortete und sprach:
Es steht geschrieben: ›Der Mensch lebt nicht vom Brot allein, sondern von einem jeglichen Wort, das durch den Mund
Gottes geht.‹ Da führte ihn der Teufel mit sich in die Heilige
Stadt und stellte ihn auf die Zinne des Tempels und sprach
zu ihm: Bist du Gottes Sohn, so laß dich hinab; denn es steht
geschrieben: Er wird seinen Engeln über dir Befehl tun, und
sie werden dich auf Händen tragen, auf daß du deinen Fuß
nicht an einen Stein stoßest. Da sprach Jesus zu ihm: Wiederum steht auch geschrieben: ›Du sollst Gott, deinen HERRN,
nicht versuchen.‹ Wiederum führte ihn der Teufel mit sich auf
einen sehr hohen Berg und zeigte ihm alle Reiche der Welt
und ihre Herrlichkeit und sprach zu ihm: Das alles will ich
dir geben, so du niederfällst und mich anbetest. Da sprach
Jesus zu ihm: Hebe dich weg von mir Satan! denn es steht
geschrieben: »Du sollst anbeten Gott, deinen HERRN, und
ihm allein dienen.« Da verließ ihn der Teufel; und siehe, da
traten die Engel zu ihm und dienten ihm.‹

(Matthäus 4,1-11)

Man möchte sich zuerst entschuldigen. Ein derart langer Bibel-
text am Anfang überfordert viele. Aber es ist ein wichtiges Ka-

pitel. Und nicht weniger verrückt als so manches andere, was wir zuvor betrachtet haben. Diese Geschichte steht da so völlig unvermittelt. Was kann der Leser darin finden?

Christus geht in die Wüste. Freiwillig, aber doch geleitet. Gottes Sender, der Heilige Geist, steuert ihn dorthin. So erzählt es uns der Evangelist. Dieser Gang hatte einen Zweck. Jesus sollte dort versucht werden. Warum, das bleibt uns verborgen. Oder brauchte Gott vielleicht diesen Test, um herauszufinden, wie sich sein Sohn schlagen würde, gegen den Versucher? Wie Christus auf die Versuchungen des Bösen reagiert? Das wissen wir alles nicht, es ist reine Spekulation.

Es ist uns auch nicht bekannt, woher Matthäus diese Geschichte kennt. Er ist der einzige Evangelist, der sie aufgeschrieben hat. Stammt sie aus einer mündlichen Erzählung von einem Schüler Jesu? Oder hat sie ein Mensch aus dem weiteren Freundeskreis von Christus Matthäus erzählt? Schwer vorstellbar, dass der Evangelist sie sich nur ausgedacht haben soll. Lügen oder Erfindungen in so eine Schrift einzufügen, das war damals ein »No-Go«. Warum hätte er das auch tun sollen? Das Evangelium des Matthäus soll in den Jahren zwischen 30 bis 100 nach Christi Geburt entstanden sein. Das könnte gut hinkommen. Matthäus hat sein Buch in einem hebräischen Dialekt geschrieben. Seine Zielgruppe waren christusgläubig gewordene Juden. Die wollte er erreichen. Viele Theologen gehen davon aus, dass Matthäus einer der Schüler Jesu war. Er wäre also nahe dran gewesen, direkt dabei. Ein echter Zeitzeuge.

Doch was er uns dort schildert, klingt aus heutiger Sicht so, als wäre die Geschichte in einem LSD-Rausch geschrieben worden. Oder als Spiegel eines Mannes, der chronisch halluziniert. War Jesus zu dieser Zeit bereits psychiatrisch auffällig? Vielleicht psychotisch? Gab es bei ihm Anzeichen einer ausgewachsenen Schizophrenie? Eines ist sicher: Würde er diese Geschichte heute öffentlich auf dem Kirchentag erzählen, eine Zwangseinweisung wäre die Folge. Man würde ihm eine weiße Weste mit langen Schnallen verpassen und ihn anschließend mit Psychopharmaka vollknallen. Vermutlich Haldol oder Harmosin. Wir lesen da so flott drüber hinweg. Mit wem redet Jesus? Dem Teufel? Und der redet auch noch mit ihm? Der Mann spricht mit unsichtbaren Geistern. Er unterhält sich mit ihnen. Sie führen eine Diskussion. Sie reden miteinander. Auch das ist wirklich seltsam.

Brauchen wir den Teufel?

Diese dämonische Figur ist demnach sogar in der Lage, Christus von einem Ort zum nächsten zu versetzen. So steht es dort. Die Technik des Beamens, der Teufel scheint sie zu beherrschen! Und das vor 2.000 Jahren. Niemand widerspricht. Wir nehmen diese Erzählung einfach so hin. Das Böse bekommt in der Bibel einen Namen. Es heißt Teufel bzw. Satan. Das Schlechte wird personifiziert. Was macht das für einen Sinn?

Ich glaube, es ist wichtig, das zu tun. Denn wenn man darauf verzichtet, kann man mit dem Bösen schwerer umgehen. Es ist nicht mehr möglich, es beim Namen zu nennen. Ein gläubiger Christ kann nicht mehr sagen: »Aus dem Weg, Satan!«, so wie es Jesus hier tut. Von Martin Luther wird folgendes Zitat berichtet: »Wenn der Teufel mir entgegenkommt, dann strecke ich ihm meinen Arsch entgegen und pfurze ihm ins Gesicht.« Na, wenn das mal kein Statement ist.

Was ist biblischer Fundamentalismus?

Es geht in diesem Kapitel auch grundsätzlich um die Frage, wie wir mit der Bibel umgehen müssen. Gehen wir mit dem Wort

Gottes fundamentalistisch um? Fundamentalist zu sein, ist per se nichts Schlechtes. Auch wenn diese Überzeugung zur Zeit durch islamistische Terroristen nachhaltig erschüttert wurde. Ein Fundamentalist sieht die Bibel als ausdrückliches Fundament seines Glaubens an. Es wird davon ausgegangen, dass die Heilige Schrift 1:1 Gottes Wort entspricht, dass ihre Schreiber von Gott inspiriert wurden.

Für einen biblischen Fundamentalisten gilt: Jeder Vers hat denselben Stellenwert! Es gibt keine Gewichtung. Kein Vers steht über dem anderen. Die ganze Schrift ist von Gott diktiert! So wird übrigens auch in den fundamentalistischen Strömungen des Islam mit den heiligen Schriften umgegangen. Der Gläubige nimmt an, dass der Koran nicht von Menschen geschrieben wurde. Wort für Wort ist dieser an den Propheten Mohammed über den Engel Gabriel von Gott diktiert worden.

Im christlichen Fundamentalismus finden wir einen extremen Dualismus. Unsere Welt wird in zwei Hälften geteilt. Der eine Teil gehört zu Gott, der andere zum Satan. Dazwischen gibt es keine Grauzonen. Das Schöne an diesem Weltbild ist: Es ist sehr einfach! Ein Blick reicht, um zu beurteilen, wer drinnen ist und wer draußen. Das macht den Fundamentalismus derzeit gerade für viele so attraktiv. Man muss nicht erst in umständlichen Bewertungen abwägen und hinterfragen. Was richtig ist und was falsch, das steht fest. Ein Weltbild, ebenso einfach wie gefährlich. Denn wer der jeweiligen Lehre nicht folgt, der gehört auch nicht dazu. Er ist draußen. Er ist verloren. Er ist in der Hölle!

Viele Fundamentalisten bemerken kaum: Was Jesus sagt, deckt sich nicht immer mit dem, was im Alten Testament steht. Auch Christus legt die Schrift aus! Jesus hat der Menschheit ein neues Gottesbild offenbart. Und dieses Bild zeigt einen liebenden Gott. Keinen rachsüchtigen Gott, der Menschen bestraft, weil sie nicht das tun, was er sagt. So, wie wir ihn aus dem Alten Testament kennen, dem Alten Bund. Keinen Rache-Gott, der nicht nur eine ganze Stadt, sondern sogar alles Leben auf der Welt vernichtet. Fast alles, außer Noah und dessen Arche.

Auch das war einer der Gründe, warum Jesus von der religiösen Elite in Israel angegriffen wurde. Er hinterfragte die Vorstellung von Gott! Und er stellte ein anderes Gottesbild vor. Christus predigte immer wieder: Der Gott, an den ihr glaubt, ist anders, als ihr denkt! In der Bergpredigt sagte er dreimal hintereinander: »Zu den Alten wurde gesagt, ich aber sage euch …« (Matthäus 5,21.27.33).

Schon im Alten Testament sehen wir eine Entwicklung in der Darstellung von Gott. Die Propheten wenden sich langsam von dem rachsüchtigen Gott ab. Auch sie erahnen auf einmal einen Gott, der gnädig sein kann. Einen Gott, der auch verzeiht. Vorher galt die Devise: »Auf eine böse Tat folgt eine böse Tat. Wer Böses tut, gebiert ein böses Schicksal, weil Gott ihn bestraft.« Hiob war der erste, der diese Logik in Frage gestellt hat. Er hatte eigentlich keine schlimme Sünde begangen. Trotzdem wurde ihm schweres Leid zugefügt. Hiob verlor alles, was er hatte. Zu Recht klagt er Gott an. Sinngemäß steht in der Bibel: »Das, was mir gerade passiert, ist unangemessen! Ich habe nach bestem Gewissen gehandelt.«

Jeder Gläubige muss sich irgendwann die Frage stellen: »Was ist der Grund dafür, wenn einem eigentlich guten Menschen etwas Böses passiert?« Heißt es nicht in der Heiligen Schrift: »Den Guten geht es gut. Den Schlechten geht es schlecht«? Ja, so steht es dort. Aber da steht auch noch viel mehr. Zum Beispiel erfahren wir auch von der Existenz Satans. Und dieser soll mitverantwortlich für das Leid in der Welt sein.

Ist es denn so, dass heute niemand mehr an den Teufel glaubt? Ist die Vorstellung obsolet, dass es das Böse gibt? Das Böse in Menschengestalt zumindest?

Niemand glaubt mehr an den Teufel? Ein Irrtum!

Nein! Das Wissensmagazin PM führte vor Jahren eine interessante Umfrage zu dem Thema durch. Auftraggeber war das bekannte Forsa-Institut. Das Ergebnis hat den vermeintlich aufgeklärten Deutschen verblüfft, wenn nicht sogar schockiert. Fast jeder vierte glaubt an die Existenz des Teufels! Knapp 23 Prozent gaben an, dass es in ihrer Vorstellung den leibhaftigen Satan gäbe. Das ist schon erstaunlich. Und das scheint mit unserer von Wissenschaft durchdrungenen Zeit nicht vereinbar.

Trotzdem hat kaum einer Angst vor ihm. Kaum einer nimmt sich in Acht vor seinen Attacken. Kaum jemand versucht, den Teufel für seine eigenen Probleme verantwortlich zu machen. Kaum einer versucht, ihm die Verantwortung für die Dinge in die Schuhe zu schieben, welche in der Politik gerade schieflaufen.

Noch aus einem anderen Grund überrascht das Ergebnis der Forsa-Umfrage: Die Mehrheit der Bürger rechnet nicht mit ihm. Drei von vier Deutschen glauben, der Teufel wäre tot, oder er hätte nie existiert. Es sind tatsächlich mehr Menschen bereit, an die Existenz Gottes zu glauben als an die des Satans. Der Teufel ist für viele nur das Kostüm einer Witzfigur, das man sich beim Karneval überstülpen kann. Mit Hörnern auf dem Kopf, rotem Umhang und Dreizack in der Hand. Nicht mehr und nicht weniger.

Meine Frau und ich haben viele Jahre in Köln gelebt und dort studiert. Ich war überrascht, wie viele Teufel mir beim Kölner Karneval auf der Straße begegnet sind. Kleine und große. In roten und rosa Kostümchen. Mit schwarzen und knallroten Haaren. Ich habe mich immer gefragt, warum man sich ausgerechnet als Teufel zu Karneval verkleiden will. Was ist daran so lustig?

Der französische Dichter Charles Baudelaire soll Anfang des 19. Jahrhunderts folgenden, wie ich finde, geistreichen Satz gesagt haben: »Die höchste List des Teufels besteht darin, uns einzureden, es gebe ihn in Wirklichkeit nicht.« Hat er vielleicht Recht? Ist die Rechnung des Teufels aufgegangen? Wer nicht glaubt, dass es das personifizierte Böse in Wirklichkeit gibt, ist ihm im Grunde schon auf den Leim gegangen?

Im letzten Jahr gab es eine für manchen überraschende Meldung. Der US-amerikanische Rockmusiker Alice Cooper war bis dato nur für seine blutrünstigen Bühnenshows bekannt. Mal ließ er sich von einer Guillotine enthaupten, mal lief er, überströmt mit Kunstblut, durch die Masse der Fans. Immer wieder ließ er sich vor jedem öffentlichen Auftritt schminken. Er sah aus, als wäre er der Teufel in Person. Doch eine Alkoholsucht schleuderte ihn vor Jahren aus der Kurve. Cooper kam mit Hilfe des Glaubens wieder selber auf die Beine. Er ließ sich taufen und bekennt sich seitdem offen zu seinem neuen Glauben.

In einem Interview mit dem New Yorker Nachrichten-Sender CNS News erzählte er, wie es dazu kam. Wie er im tiefsten Loch saß. Wie er die ersten Erfahrungen mit Christus machte und trocken wurde. Und schließlich bekannte er sich auch offen dazu, dass er an die Existenz des Teufels glaubt. Und plötzlich verstand man, warum er sich wie der Leibhaftige stylte. »Satan ist real, und die Welt sollte sich in Acht nehmen!«, sagt er in dem Interview. Und: »Die Welt gehört nicht uns. Sie gehört dem Teufel!« Offenbar hatte er plötzlich seine Meinung geändert. Satan war vorher nur eine Figur, ein Anzug. Jetzt war er zu einer realen Bedrohung geworden.

Ich kann mit der Erzählung dieses großen Rockstars etwas anfangen. Bevor ich zum Glauben an Christus kam, wäre ich nicht mal in meinen kühnsten Träumen in der Lage gewesen, mir vorzustellen, dass es so etwas wie den Satan überhaupt gibt. In meinen Augen war er nicht real, ein Wesen von einem anderen Stern. Wer an den Satan glaubt, erschien mir total crazy. An Engel zu glauben, damit hatte ich weniger Probleme. Aber mit dem Teufel war das eben etwas anderes. Als ich mich dann in jungen Jahren Jesus näherte, entdeckte ich: Satan ist real! Es gibt ihn doch. Denn auf einmal passierten Dinge in meinem Leben, die ich mir nicht anders hätte erklären können. Anfechtungen und nie gekannte Albträume. Plötzlich war nicht nur Gott, sondern auch das Böse in meinem Bewusstsein. Womit sich für mich die Frage erübrigte, ob der Teufel real ist oder nicht.

Was aber sagt die Bibel zu Satan? Es gibt nicht viele Stellen dazu, aber durchaus genug. Erinnern wir uns an Adam und Eva (Genesis 3,1-7). Jeder kennt die Geschichte aus der Bibel. Die beiden sitzen im Garten Eden. Und dann kommt die Schlange und richtet ihr Unheil an. Viele jüdische Ausleger sind sich sicher: Die Schlange ist ein Bild für den Teufel! In Schlangengestalt führt der Teufel Eva in Versuchung und damit auch Adam. Wie macht er das? Er tut das mit falschen Versprechen und Lügen. Und er ist damit sehr erfolgreich. Die Erzählung hat auch gewisse Ähnlichkeiten mit der oben zitierten Geschichte von Jesus in der Wüste. Auch hier tritt Satan als der Versucher auf. Als jemand, der den Gläubigen vom Weg mit Gott abbringen will.

Der biblische Teufel

Im Alten Testament begegnet uns der Name Satan fast ausschließlich im Buch Hiob. Satan heißt übrigens wörtlich übersetzt:»Der Widersacher«. Dieser Begriff ist im Sinne eines politischen Widersachers gemeint. Jemand steht auf der anderen Seite und will das Gegenteil von dem, was der eine möchte. Der Gegner des Widersachers ist in diesem Fall natürlich Gott! Das hebräische Wort wurde aber auch für Überläufer verwendet, die in einem Krieg die Fronten gewechselt haben. Diese Deutung gefällt mir sehr. Satan – der Überläufer! Er wird bei Hiob an zwei Stellen verortet. Einmal im Himmel. Und einmal auf der Erde. Im Himmel verhandelt er mit Gott. Auf der Erde stellt er sich den Menschen in den Weg.

Die Bezeichnung »Teufel« finden wir in der Bibel von Martin Luther nur im Neuen Testament. Hier aber gleich an 80 Stellen und in der katholischen Einheitsübersetzung an 34 Stellen. Korrekt müsste man diesen Namen mit »Durcheinanderbringer« oder »Verwirrer« bezeichnen. Der Teufel wird als der oberste der Dämonen beschrieben. Er kann Menschen wie ein Virus befallen. Er kann sie krankmachen und an sich binden. Und er ist sogar in der Lage, Judas zu seinem Verrat an Jesus zu verführen. Das sagt uns die Bibel.

Im Buch Hiob wird uns der Widersacher ausführlicher vorgestellt. Wir lesen, wie er mit Gott über Hiob diskutiert. Wie Gott Satan erlaubt, Hiob aufs spirituelle Glatteis zu führen. Gott erlaubt dem Teufel, dessen Glauben zu hinterfragen.

In den Psalmen (Psalm 109,6) und im Prophetenbuch Sacharja (Sacharja 3,1) wird Satan uns in erster Linie als Ankläger beschrieben. Er sitzt auf der Anklagebank wie in einer Gerichtsverhandlung. Es geht in diesem Gerichtssaal immer um den Fall »Mensch«. Satan verklagt ihn und will seine Verurteilung, seine ewige Verdammung. Aber Gott ist der Verteidiger in diesem Strafprozess. Und er haut die Menschen raus. Das ist sein Ethos. Jeden Angeklagten freizubekommen, der ihn als Anwalt gewählt hat.

In Jesaja 14,12-15 gibt es ein Wort, das für viele Theologen eine Vermutung zulässt. Und die besagt: Der Satan war früher einmal selbst ein Engel! Er zettelt eine Rebellion im Himmel gegen Gott an. Als Konsequenz musste er in den Abgrund wandern, in die Hölle.

»Wie bist du vom Himmel gefallen, du schöner Morgenstern! Wie bist du zur Erde gefallen, der du die Heiden schwächtest! Gedachtest du doch in deinem Herzen: ›Ich will in den Himmel steigen und meinen Stuhl über die Sterne Gottes erhöhen; ich will mich setzen auf den Berg der Versammlung in der fernsten Mitternacht; ich will über die hohen Wolken fahren und gleich sein dem Allerhöchsten.‹ Ja, zur Hölle fährst du, zur tiefsten Grube.«

In der einleitenden Bibelstelle aus Matthäus 4 wird uns der Teufel als jemand vorgestellt, der sogar Jesus selbst versuchen darf. Der Evangelist beschreibt diese Begegnung Jesu mit dem Bösen in der Wüste. Die Wüste ist definitiv kein Ort, wo man sich entspannen kann. Es ist kein Ort, wo man gerne Urlaub machen möchte. Oder wo jemand glaubt, sich für seinen Dienst stärken zu können. Und doch schien es genau das zu sein, was Gott mit Jesus dort vorhatte.

Das klingt nach einem letzten Test vor dem Showdown. Der Teufel soll Jesus testen, oder vielmehr: seinen Glauben. Er will Jesus auf das geistliche Zahnfleisch fühlen. Er will sehen, ob er wirklich gelernt hat, Gott zu vertrauen, anstatt zu kämpfen. Die Ehre Gottes zu suchen an Stelle der eigenen. Das ist seine Aufgabe.

An dieser Stelle sei der Hinweis gestattet, wer Jesus in die Wüste führt. Es ist nicht der Satan! Es ist auch nicht seine eigene Idee. Nein, in der Bibel heißt es, »der Geist führte ihn in die Wüste«! Gott selbst wollte, dass sich Christus in diese Situation begibt. Es war Teil seines Planes.

Untersuchen möchte ich auch, mit welchen Versuchungen Jesus durch Satan konfrontiert wird. Was ist Satans Masche? Wie ist seine Argumentation? Wie kommt er bei ihm und damit auch bei uns an? Es ist gut, sich damit zu beschäftigen. Denn morgen könnte Satan auch bei dir auf der Matte stehen. Selbst wenn wir ihn vielleicht nicht sofort als solchen erkennen würden.

Schon die erste Versuchung ist ein Härtetest. Satan fordert Christus auf, Steine in Brot zu verwandeln. Jesus hat Hunger, großen Hunger sogar. Das ist nach 40 Tagen ohne Nahrung mehr als verständlich. Satan fordert ihn auf: »Bist du Gottes Sohn, so sprich, dass diese Steine Brot werden.« Eigentlich besteht diese Versuchung aus zwei Teilen. Satan spricht Jesus zunächst auf seine Stellung bei Gott an. »Hey, bist du Gottes Sohn? Bist du es wirklich?« Er trifft ihn an einer empfindlichen Stelle, seinem Stolz. »Denn wenn du Gottes Sohn bist, dann bist du etwas Besseres! Du gehörst nicht mehr zur Masse. Du bist Gottes Sohn! Du gehörst zur Elite des Universums!« Er versucht, Jesus von seinem Menschsein abzulösen. Ihm einzureden, dass er auf einer anderen Ebene steht. Dass er von oben herab die Dinge regeln könnte. In dem Thriller »Im Auftrag des Teufels« gibt es dazu eine schöne Szene. Der Satan, oscarreif gespielt von Al Pacino, sagt dort am Ende: »Vanitiy, definitely my favorite sin«. Übersetzt: »Eitelkeit, definitiv meine Lieblingssünde«. Der Teufel versucht also, Jesus zunächst mit Eitelkeit zu kriegen. Er glaubt, dass sich Christus etwas darauf einbilden würde, dass er Gottes Sohn ist. Aber damit lag er falsch.

Was steckt hinter dem zweiten Teil dieser ersten Versuchung, sich aus Steinen Brot zu machen? Wäre das nicht eine legitime Lösung seines Problems gewesen? Ein Spruch oder ein Gebet, und Jesus hätte Brot im Überfluss gehabt! Nein, denn erstens tut man nie, was Satan von einem verlangt. Seine Deals haben immer einen Pferdefuß. Er sucht immer nur seinen eigenen Vorteil. Und zweitens: Steine bleiben Steine, selbst wenn sie wie Brot schmecken sollten.

Der bekannte katholische Pater Hans Buob hat diese Bibelstelle interessant ausgelegt. Buob stellt fest, dass die Dinge des Teufels oft sehr verlockend aussehen. Sie riechen gut. Sie sind bunt. Sie fühlen sich erst mal lecker an. Sie sehen aus wie frisches Brot. Wenn wir sie in den Mund nehmen, schmecken sie süß und lecker. Aber wenn wir sie runterschlucken, bekommen wir Bauchschmerzen. Sie liegen uns schwer im Magen. Sie verursachen Leid, Krankheit und manchmal sogar den Tod. Denn es sind eigentlich immer noch Steine, die wir essen.

Das ist wie mit Drogen. Man nimmt sie, um sich aufzuputschen, und meistens klappt das ja auch. Man ist »high«. Doch die Quittung kommt schneller, als man denkt. Schon am nächsten Morgen bekommen wir Kopfweh, besonders nach zu viel Alkohol. Steine im Kopf.

Ich weiß, ich klinge jetzt wie ein Moralapostel. Aber auf die Dauer tut uns das nicht gut. Wir vergiften unseren Körper. Wir vergiften unsere Seele. Das trifft auch auf viele andere Dinge zu, die Satan uns anbietet. Zuerst sieht es lecker aus. Aber wenn wir es runterschlucken, schmeckt es bitter wie Gift. Und das dürfte niemanden verwundern. Denn eigentlich sind es Steine.

Ich kenne solche »Brotlösungen« gut aus meinem eigenen Leben. Oft handelt es sich um Abkürzungen zum schnellen Glück. Die Dinge, die leicht zu bekommen sind. Aber richtig satt wird man davon nicht. Lasse ich mich aber auf die Schule Gottes ein, ist es meist umgekehrt. Es macht zwar nicht immer Spaß zu beten. In der Bibel lesen oder sich den Hintern in Gottesdiensten plattzusitzen, erscheint manchmal als die schlechtere Wahl. Dann doch lieber den »Tatort« gucken oder in der Kneipe chillen. Beides erscheint zunächst verlockend. Aber danach fühlt man sich oft leer. Der Abend ist im Eimer, und man geht unzufrieden ins Bett.

Habe ich mich jedoch dafür entschieden, noch ein Buch zu lesen, zu meditieren oder zu beten, ist das auf Anhieb erst einmal weniger verlockend. Schließlich setzt es ein gewisses Maß an Konzentration voraus. Aber wenn ich dann im Bett liege und den Tag Revue passieren lasse, war es das Highlight des Tages. Es war eben doch ein gutes Brot, gute geistliche Nahrung. »Der Mensch lebt nicht vom Brot allein, sondern von einem jeglichen Wort, das durch den Mund Gottes geht.« Diese Antwort Jesu ist elegant. Jesus stellt seine geistigen Bedürfnisse vor seine körperlichen Bedürfnisse. Chapeau!

Wie ist es mit der zweiten Versuchung, der Jesus ausgesetzt wird? Satan fordert ihn auf, sich von der Zinne des Tempels herunterzustürzen. Bist du Gottes Sohn, so lass dich hinab; denn es steht geschrieben: »Er wird seinen Engeln über dir Befehl tun, und sie werden dich auf Händen tragen, auf daß du deinen Fuß nicht an einen Stein stoßest.« Das ist eigentlich ein ganz altes Thema. »Die Engel werden dich auf Händen tragen!« Schon immer hat man Götter zu einem Tauschhandel aufgefordert. »Wenn ich diesen Krieg gewinne, baue ich Dir einen Tempel!«

Interessant ist auch, dass der Teufel hier mit einer Bibelstelle kommt. Satan zitiert die Bibel! Das Böse kennt die Heilige Schrift! Nun müssen Bibelkenntnis und ein langes Theologiestudium nicht bedeuten, dass ein Christ immer richtig liegt. Wie oft ist das schon in der Geschichte passiert? Wie oft habe ich es erlebt, dass Politiker die Bibel auf der Suche nach Zitaten wälzen, mit denen sie moralisch fragwürdige Taten rechtfertigen. So zitiert Edmund Stoiber für die Rechtfertigung seiner Einstellung zur Flüchtlingspolitik aus Matthäus 7,12: »Alles, was ihr von anderen erwartet, das tut auch ihnen.« Unsere amtierende Bundeskanzlerin soll die Situation mit den Flüchtlingen in Deutschland biblisch folgendermaßen argumentiert haben. Sie zitiert aus dem ersten Korintherbrief, Kapitel 13: »Nun aber bleiben Glauben, Liebe, Hoffnung, diese drei. Aber die Liebe ist das größte unter ihnen.« Die Frage ist doch immer, wie man eine Bibelstelle auslegt. Nur die Bibel zu kennen, heißt noch lange nicht, so zu leben, wie Gott es will. Oder wie Jesus es vorgelebt hat.

Christus antwortet dem Bösen, dass man Gott nicht testen soll. Es bedarf keiner Beweise, um an ihn zu glauben. Es geht bei Gott nicht um einen Tauschglauben. Frei dem Motto: »Du gibst mir das, ich gebe dir das.« Seine Art von Glauben geht ohne Bedingungen.

Der Teufel ist ein Trickser. Er verspricht Jesus, dass Gott schon auf ihn aufpassen werde. Er fordert damit sein Vertrauen in seinen Glauben heraus. Damit rechnet ein Christ erst einmal nicht. Ein überraschender Schachzug. Vor einiger Zeit unterhielt ich mich mit einem Mann, der ein Problem mit Sexshops hatte. Er wollte das nicht, aber es war so. Ständig lief er diese Straßen auf und ab, in denen es Tag und Nacht flackert, blinkt und leuchtet. Girls, Girls, Girls. Diese Neonreklame zog ihn an wie das Licht die Motten. Der Mann hätte dieses Viertel meiden sollen. Ich glaube, er konnte es nicht. Der Versucher ließ nicht locker. Er wollte, dass dieser Mann sich in Gefahr begibt. Er sollte leichtsinnig werden. Er sollte sich einer für ihn gefährlichen Situation aussetzen.

Auf dem Dach des Tempels ist es windig. Man kann leicht hinunterfallen. Aber das Böse fordert mehr. Christus soll sich absichtlich von dort herunterstürzen. Versuchter Selbstmord, mit göttlicher Erwartung. Der Vatergott würde ihn schon auffangen, so das Versprechen des Teufels. Gott würde seinen Tod schon verhindern.

Doch Jesus wusste: Diese Tat würde den Schöpfer in Zugzwang bringen. Es wäre eine Erpressung ersten Grades. Jesus macht klar, dass so etwas nicht geht. Gott lässt sich nicht erpressen. Von niemandem.

Jeder Mensch hat solche Zinnen des Tempels. Orte, die er aufsucht, um das Risiko einzugehen, Gott zu betrügen. Bewusst oder unbewusst. Beispielsweise das Rotlicht-Milieu kann heute so eine Zinne des Tempels sein. Aber es gibt auch andere. Interessant: Auch hier kommt der Teufel erneut mit einer Bibelstelle daher. Er sagt, »denn es steht geschrieben: Er wird seinen Engeln über dir Befehl tun, und sie werden dich auf Händen tragen …!« Ich frage mich: Wie viel Leid ist dadurch passiert, dass Menschen Bibelstellen falsch zitiert und ausgelegt haben? Dass sich Christen in Gefahr brachten, weil sie glaubten, ihnen könne nichts passieren? Ich könnte aus der Seelsorge mit unendlich vielen Beichtgesprächen berichten. Von jungen Männern, die glauben, in der Rotlicht-Szene missionieren zu müssen. Bis sie sich selbst in das Milieu verstrickt hatten. Sie brachten sich in Gefahr, oben auf dem windigen Tempel. Und scheiterten dort.

Jesus kontert ebenfalls mit einer Stelle aus dem Alten Testament. Er macht damit klar, dass die Bibel ausgelegt und richtig verstanden werden muss. Wenn jemand im Namen Jesu oder unter Berufung auf die Bibel verletzt wird, muss nicht unbedingt Gott dahinterstehen. Es kann auch der Teufel sein.

Die dritte Versuchung ist so perfide und doch auch offensichtlich. Satan will, dass Jesus vor ihm auf die Knie geht und ihn anbetet. Er möchte als Gott gehuldigt werden. Das ist per se schon absurd. Der Mensch ist erschaffen nach dem Abbild Gottes. Sich vor dem Satan zu verneigen, das bedeutet, sich vor etwas zu verneigen, was weniger als man selbst ist. Man verneigt sich vor dem Staub. Niemand sollte sich dem Teufel beugen. »Der Teufel zeigte ihm alle Reiche der Welt und ihre Herrlichkeit und sprach zu ihm: Das alles will ich dir geben, so du niederfällst und mich anbetest!« Hinter diesem Vers steckt eine wichtige Aussage. Wenn der Teufel ihm die ganze Welt geben will, dann muss sie ihm auch gehören. Er kann nichts verschenken, was er nicht besitzt. Das muss also bedeuten: Alice Cooper hatte recht! Was er sagt, steht in der Bibel! Tatsächlich ist dies eine Beobachtung, die wir in der Heiligen Schrift auch an anderen Stellen finden können. Über die Welt herrscht nicht Gott, sondern der Satan! Er kann seine Macht auch jemand anderem geben, wenn er will. Hören wir das? Kommt das bei uns an? Ich denke: Allein diese Aussage hebt das Weltbild der meisten Menschen aus ihren Angeln. Viele denken doch:»Uns gehört die Welt! Wir können über unser Schicksal selbst bestimmen. Jeder ist seines Glückes Schmied. Der Herr der Welt, das sind wir, das ist der Mensch!« Tatsächlich hat der Mensch viel erreicht. Wir haben die Medizin erfunden. Wir haben die Naturgesetze erforscht. Wir können zum Mond reisen und zurück. Wer dieser Arroganz erlegen ist, übersetzt es für sich so:»Was wir aus unserem Leben machen, liegt in unserer Hand. Oder, um es mit Sartre zu sagen, dem Papst der Existenzialisten:»L'homme est, ce qu'il se fait.« (Der Mensch ist nichts anderes als das, was er aus sich macht.)

Wer das nicht glaubt, für den ist, wie junge Leute sagen würden, Gott der»Babo« (Chef). Nehmen wir aber diesen Text aus Matthäus ernst, dann ist das Böse real. Es ist da, und seine Pläne sind äußerst destruktiv. Es ist Satan, der die Welt kaputtmachen will, nicht Gott. Er ist der Checker. Er hat das Sagen. Er hat den Hut auf.

Nun höre ich die Kritiker:»Da will jemand die Verantwortung abschieben! Umweltvergiftung, atomare Strahlung, Überbevölkerung: Jetzt wird behauptet, dass wir nicht schuld daran sind. Jemand anderes ist es, der Teufel!« Aber das will ich mit meiner These gar nicht sagen. Ich glaube: Am Ende wird jeder Mensch für seine Taten geradestehen müssen. Und übrigens auch die Menschheit als ganze, im Kollektiv. Es wird eine Art von Gerichtsverhandlung geben mit dem besten Anwalt des Universums: Jesus Christus.

Das personifizierte Böse als lebenspraktisches Erklärungsmodell

Es ist mir wichtig, weitere Antworten auf die Frage zu finden, woher das Leid in der Welt kommt. Und eine dieser Perspektiven kann auch entlastend wirken. Sie kann Geschehnisse erklären, die für uns bis dahin unerklärlich waren. Diese Erklärung könnte lauten: Es gibt nicht nur einen Gott, es gibt auch einen Gegengott. Woher der kommt, wissen wir nicht und auch nicht, warum er da ist. Aber dieser Gegengott ist spürbar. Wenn wir unsere Augen aufmachen und ihn wahrnehmen wollen, ist er da. Er spielt sein böses Spiel mit uns. So wie er es schon mit dem Menschensohn gemacht hat. Er verführt und belügt uns. Er ist der große Bruder unseres inneren Schweinehundes, der uns oft genug in den Ohren liegt. »Komm schon, ein Gin Tonic geht noch! Scheiß auf die Promille! Scheiß auf die Moral!« Dieses dunkle Wesen wahrzunehmen, es ernst zu nehmen, mit ihm zu rechnen, das ist weder psychotisch noch schizophren. Es hilft uns, die Dinge einzuordnen. Es sorgt für Klarheit statt für Verwirrung.

Zum Schluss weist Jesus den Feind klar in seine Schranken. »Hebe dich weg von mir, Satan! Denn es steht geschrieben: ›Du sollst anbeten Gott, deinen HERRN, und ihm allein dienen.‹« Der Gottessohn schickt Satan in die Wüste. Dorthin, wo er hingehört. Er benutzt seine Autorität. Und er beruft sich dabei auf die Bibel. Jesus kannte die Bibel auch. Und er kannte sie besser als der Satan. Er konnte nicht nur einzelne Verse zitieren. Er kannte auch den Zusammenhang und die Kraft, die dahintersteht. Es wäre schön, wenn jeder Gläubige das von sich behaupten könnte. Dann könnte er auf die Versuchungen des Teufels entsprechend reagieren.

Christen aller Konfessionen bekennen in ihren Gottesdiensten in einem immer wiederkehrenden Loop: »Jesus hat den Teufel besiegt! Das hat er am Kreuz getan.« Aber ist das wirklich so? Spüren wir das im realen Leben? Gibt es einen Christen, der keine Anfechtung kennt? Und der nicht einmal einer Anfechtung erlegen wäre?

Am Ende wollen wir noch einen Blick in die Hölle werfen. Denn es passt zum Teufel. Die Hölle ist sein Zuhause. Das lehrt uns die christliche Tradition. Es ist aber auch der Ort, an dem alle Menschen landen sollen, die sich bewusst gegen Jesus entschieden haben. So glauben es viele Christen weltweit. Ich habe das früher auch geglaubt.

Doch je länger ich mit Christus lebe, desto mehr zweifle ich daran. Wenn der Sieg Jesu am Kreuz wirklich vollkommen war, wie ist es dann möglich, dass er nur eine kleine Gruppe von Menschen gerettet hat? So ein Sieg klingt nicht so großartig. Nicht so großartig, wie Gott ist. Wenn Gott ein Gott der Liebe ist, wenn er selbst die Liebe in Person ist, wie kann er dann ertragen, dass seine ungezogenen Kinder bis in alle Ewigkeit in der Hölle schmoren?

Meine Zuversicht ist, dass Gott jeden Menschen am Ende der Tage zu sich holen wird. Egal, ob er getauft und Mitglied einer Kirche war oder nicht. Schon Luther hat ja gesagt, dass alles Gnade ist. Seine wichtigste Erkenntnis war: Kein Mensch kann sich den Weg in den Himmel selbst erkaufen. Nicht mit Geld und nicht mit seinen Taten. Egal, wie heilig diese auch sind.

Was für eine Bedeutung hat diese Aussage für die Ewigkeit? Wer sollte bei einem durch und durch gnädigen Gott noch vom Himmel ausgeschlossen werden und wer nicht? Und vor allem: Warum nicht?

Hölle, Hölle, Hölle. Halten wir also fest: Wer an Jesus glaubt, muss auch an den Teufel glauben. Der Teufel ist genauso real wie Gott. Oder genauso unreal. Er ist keine Witzfigur und auch kein Kostüm, welches man sich beim nächsten Karneval überstülpen kann. Auch wenn das weltfremd klingen mag. Wer sein Vertrauen in Jesus setzt, der muss auch daran glauben, dass es einen Gegengott gibt. Wir müssen uns den Teufel ja nicht unbedingt als gehörnten Mann vorstellen. Vielleicht ist er ja auch eine Frau. Und vielleicht trägt der Teufel auch Prada. Aber wer Jesus ernst nimmt, den vergessenen Jesus ernst nimmt, der muss auch mit ihm rechnen. Dem Teufel. Irgendwie.

11.
War Jesus tolerant?

[Jesus spricht:] »*Ich bin der Weg und die Wahrheit und das Leben; niemand kommt zum Vater denn durch mich.*«

(Johannes 14,6)

»*Gehet ein durch die enge Pforte. Denn die Pforte ist weit, und der Weg ist breit, der zur Verdammnis abführt; und ihrer sind viele, die darauf wandeln. Und die Pforte ist eng, und der Weg ist schmal, der zum Leben führt; und wenige sind ihrer, die ihn finden.*«

(Matthäus 7,13-14)

»*Ich bin nicht gekommen, den Frieden zu bringen, sondern das Schwert.*«

(Matthäus 10,34)

»*Wenn ihr das Fleisch des Menschensohns nicht esst und sein Blut nicht trinkt, habt ihr das Leben nicht in euch.*«

(Johannes 6,53)

»*Ihr Schlangen und Otterngezücht! Wie wollt ihr der höllischen Verdammnis entrinnen?*«

(Matthäus 23,33)

»*Ich bin das A und das O, der Anfang und das Ende, der Erste und der Letzte.*«

(Offenbarung 22,13)

War Christus sogar ein Diplomat?

Googeln Sie doch mal das Wort »Toleranz«. Ich habe das neulich auch probiert. Und siehe da: über acht Millionen Treffer! Okay, das waren zwar ein Drittel weniger, als die Schlagersängerin Helene Fischer bekommt. Aber acht Mal so viel wie das Wort »Liebe«. Mich hat das, ehrlich gesagt, nicht gewundert. Toleranz ist ein Mode-Wort. Es ist ein Totschlag-Argument. »Du bist nicht tolerant« heißt: »Du hast kein Erbarmen mit Schwächeren. Du hast kein Mitgefühl, du bist egozentrisch, asozial, egoistisch und kaltherzig. Fast schon faschistoid.« Keiner will gerne intolerant sein, niemand!

Toleranz ist beinahe schon zu einer Art Religion geworden. Gute Menschen sind tolerant. Sie glauben an den Wert der Toleranz. Sie halten die Toleranz hoch. Schlechte Menschen sind intolerant. Sie grenzen Andersdenkende aus.

Gute Menschen lieben tolerante Menschen. Intolerante Menschen bekommen zwar Aufmerksamkeit, aber keine, die schmeichelt.

Dieter Bohlen ist dafür ein gutes Beispiel. Der Pop-Titan aus Tötensen. Der Gott der Casting-Gesellschaft. Der Mann, der als Chef der Jury von »Deutschland sucht den Superstar« (DSDS) den Daumen hebt. Oder ihn senkt.

Von Toleranz ist in dieser Sendung nichts zu spüren. Toleranz ist aber auch nicht ihr Auftrag. DSDS siebt aus. Die Show hat Darwins Theorie vom Survival of the Fittest in die Gegenwart übertragen. DSDS trennt die Spreu vom Weizen. Die Guten ins Töpfchen, die Schlechten ins Kröpfchen. Und Dieter Bohlen zelebriert dieses Ritual mit jener Häme, die bei vielen Zuschauern genau deshalb so gut ankommt, weil sie uns von der Last befreit, tolerant sein zu müssen.

Dieter Bohlens Urteile können Todesurteile sein. Sprüche, die der Sender RTL auf T-Shirts drucken lassen könnte, als Bekenntnisse gegen eine »Okay-Gesellschaft«. Weil sie es manchmal leid ist, alles okay finden zu müssen. »Bei mir kommen solche Geräusche aus anderen Öffnungen«, sagt Bohlen, wenn ein Kandidat auf dem letzten Loch pfeift. Sie glauben, es geht nicht tiefer? Dann kennen Sie Bohlen aber schlecht. »Das ist Darmverschluss – und das ist Scheiße!«, lautet das endgültige Todesurteil. Für solche Sprüche wurde Bohlen in den Anfangsjahren von DSDS noch gerügt. Inzwischen regt sich kaum noch einer darüber auf. Sprüche der Art werden sogar vermisst.

Show ist eben Show, und Alltag ist Alltag. Und in diesem Alltag stand Toleranz nie so hoch im Kurs wie heute. Das fällt mir immer auf, wenn ich mit anderen Menschen über den christlichen Glauben spreche. Ich merke, wie Ungläubige herumeiern, wenn sie mir erklären, warum sie im Gegensatz zu mir nichts mit Gott anfangen können. »Ja, wenn du das so siehst, ist es für mich in Ordnung. Ich habe aber eine andere Meinung dazu!«, heißt es dann zum Beispiel. Oder: »Natürlich kann ich dich und deinen Glauben so stehen lassen! Ich sehe das aber anders.«

Der Klassiker: Ich, du, wir, alle sind okay!

Das ist fast schon ein Klassiker. Es wird nach allen Richtungen abgenickt. Alle sind okay. Du hast dir einen Renault gekauft, obwohl das eine Dreckschleuder ist? Okay! Ich fahre lieber BMW.

Du hast einen Billig-Urlaub in die Türkei gebucht, obwohl die Regierung die Menschenrechte mit Füßen tritt? Okay! Du bist eben Veganer? Das ist nicht okay. Aber so eine Verurteilung sage ich natürlich nicht laut. Man will ja öffentlich nicht als intolerant dastehen.

Für mich klingen diese Beurteilungen ein bisschen nach einer modernen Form der Anarchie. Vielleicht kann man es sogar als eine neue Religionsanarchie bezeichnen. Jeder soll glauben, was er will. Wer aber die religiösen Ansichten anderer als falsch bezeichnet, wertet ab. Er sieht sich als etwas Besseres. Intolerante Menschen sind nahe am Faschismus.

Doch was ist Toleranz eigentlich? Was ist ihr Ziel? Wie äußert sie sich?

Das Wort Toleranz stammt aus dem lateinischen »tolerare«. Man kann es mit »etwas geduldig aushalten« übersetzen. Im Duden wird es folgendermaßen erklärt: »Substantiv [die] Achtung und Duldung gegenüber anderen Auffassungen, Meinungen und Einstellungen …«

Achtung und Duldung also. Wer tolerant ist, duldet andere Auffassungen, Meinungen und Einstellungen als die eigene. Und natürlich auch andere Religionen. Er achtet sie sogar. Wer intolerant ist, macht das nicht. Andere religiöse Auffassungen kann er nicht dulden. Andere Meinungen und Einstellungen kann er nicht akzeptieren.

Ich bin mir sicher: Würde man heute eine Umfrage zu dem Thema machen »War Jesus tolerant?«, wäre das Ergebnis eindeutig. Eine große Mehrheit würde die Frage mit »Ja« beantworten. Wie selbstverständlich gehen Christen davon aus, dass Jesus tolerant ist, nein, dass er die Toleranz sogar verkörpert. Steht das nicht auch schwarz auf weiß in der Bibel? Natürlich: »Gott ist Liebe« (1 Johannes 4,18). Jesus muss doch mit allen Menschen liebevoll umgehen, wenn es dort so steht. Er hat Anfeindungen ausgehalten, geduldet und nie zurückgeschlagen. Er hat vorbuchstabiert, was Toleranz eigentlich ausmacht. Er hat jeden respektiert, egal, wer er war und woher er kam. Jesus hat alle Menschen gleich geliebt. Er hat allen Menschen die gleiche Achtung entgegengebracht und jeden so respektiert, wie er war. Auch in seiner Andersartigkeit und seinen negativen Eigenschaften. Stimmt das wirklich?

In der Bibel gibt es genügend Stellen, die das anscheinend belegen. Da ist zum Beispiel die Geschichte von Jesus und dem blinden Bettler Bartimäus (Markus 10,46-52). Viele kennen sie aus dem Kommunion- oder Konfirmandenunterricht. Der Bettler steht am Wegesrand. Er schreit und will die Aufmerksamkeit vom Gottessohn. Doch die anderen wollen ihn nicht dabeihaben, sie grenzen ihn aus. Die Gegenwart des Bettlers wird nicht toleriert. Man fordert ihn mehrfach auf, endlich die Klappe zu halten. Nur Jesus tut das nicht. Jeder geht an dem Bettler vorbei, nur er nicht. Die anderen versuchen sogar die Begegnung zwischen dem Bettler und Christus zu verhindern. Doch Jesus schenkt dem Mann seine volle Aufmerksamkeit. Und am Ende heilt er ihn sogar.

Noch ein Beispiel für seine Toleranz gefällig? Nehmen wir die Geschichte von Jesus und der Ehebrecherin. Die Stelle haben wir schon einmal in diesem Buch zitiert, aber sie passt auch hier, denn sie wirft ein Licht auf verschiedene Facetten seiner Persönlichkeit. Jesus toleriert die Ehebrecherin. Er verurteilt sie nicht, obwohl sie es laut Gesetz verdient hätte (Johannes 8,1-11). Die Pharisäer bringen ihm diese Frau. Sie wurde auf frischer Tat beim Ehebruch erwischt. Die Strafe dafür war Steinigung. Aber Jesus ist tolerant. Er verdammt sie nicht. Er achtet sie als Mensch. Er erduldet ihre Fehlerhaftigkeit. Auch wenn er ihre Tat nicht akzeptiert, so nimmt er die Frau doch als Mensch an. »Jesus aber sprach: So verdamme ich dich auch nicht; gehe hin und sündige nicht mehr ...« (Johannes 8,11).

Denn war Jesus nicht auch ein begnadeter Diplomat? Einer, der zwischen Gott und den Menschen verhandelt hat? War das nicht eines seiner wichtigsten Ziele, das Gespräch und damit die Beziehung zwischen Mensch und Gott wiederherzustellen? Diplomatie ist tatsächlich eine hohe Kunst, die in der öffentlichen

Wahrnehmung eigentlich viel zu wenig gewürdigt wird. Wie viele Kriege zwischen verfeindeten Staaten wurden schon mit Hilfe geschickter Diplomaten verhindert, wie viele Menschenleben gerettet? Es bedarf einigen Fingerspitzengefühls und Verhandlungsgeschicks, um das zu erreichen. Ein guter Diplomat ist immer kompromissbereit und versucht, alle Wünsche zu berücksichtigen. Er gibt jedem Gesprächspartner das gleiche Gefühl von Wertschätzung und Respekt. So war doch Jesus auch. Kompromissbereit, voller Wertschätzung und Respekt. Oder?

Toleranz ist eine Erfindung der Moderne

Grundsätzlich muss man sagen, dass Toleranz in unserem Sinne noch vor 200 Jahren kein gängiger Begriff war. Matthias Kreplin, Oberkirchenrat der Evangelischen Landeskirche in Baden, sagt in einem Interview dazu:»Bis zur Zeit Luthers war Toleranz in unserem modernen Sinne noch nicht denkbar. Verschiedene, miteinander konkurrierende Wahrheiten, die sich trotzdem gegenseitig tolerieren, waren im 16. Jahrhundert – und noch lange Zeit danach – nicht hinnehmbar.« Bedeutet: Auch die Menschheit hat erst lernen müssen, was Toleranz eigentlich ist. Und wie man sie in einer Gesellschaft voller Unterschiede leben kann.

Haben denn die westlichen Gesellschaften aus dem Christentum gelernt, dass Toleranz einen hohen Wert hat? Dass es erstrebenswert ist, tolerant zu sein? Diese Frage ist nicht leicht zu beantworten.

Jesus konnte frei und offen mit Menschen umgehen. Auch wenn sie einer anderen Religion oder anderen Kultur angehörten. Ein gutes Beispiel dafür ist die schon zuvor beschriebene Begegnung mit dem römischen Zenturio (Matthäus 8,5-13). Der Hauptmann bat ihn um die Heilung eines seiner Hausangestellten. Der Zenturio lebte bestimmt nicht nach den Geboten Jesu. Und vermutlich trug er auch die Verantwortung für den Mord an zahlreichen Juden, welche im Krieg gegen seine Abteilung gekämpft hatten. Aber das hielt Jesus nicht davon ab, seinen Wunsch zu erfüllen. Er heilt den Angestellten des Zenturio auf wundersame Weise. Hier demonstriert Christus ein hohes Maß an Toleranz. Er übt keinerlei moralischen Druck auf den Soldaten aus. Er stellt keine Bedingungen. Er will noch nicht einmal Geld. Er freut sich über das in ihn gesetzte Vertrauen und heilt den Angestellten aus der Ferne. Also ja, Christus war tolerant. Aber nicht immer.

Toleranz ist ein heimtückischer Begriff. Wenn man ihn sich so übersetzt, dass jeder und alles gut gefunden wird, stimmt etwas nicht. Wenn Kritik nicht mehr möglich ist, kann Toleranz kein christliches Wort mehr sein. Jesus hat immer die Wahrheit verkündet. Natürlich war es seine Wahrheit. Doch Teil seiner Wahrheit war auch der Absolutheitsanspruch seiner Person. Für ihn gab es nur eine Bindung zu Gott. Nur eine Brücke, nur einen Weg: er selbst. Dies wird deutlich in vielen seiner Aussagen aus dem Neuen Testament. Ich habe einige Verse dazu an den Anfang des Kapitels gestellt. Es sind viele und lange nicht alle.

Was mir wichtig ist: Jeder Vers ist ausgrenzend. Jeder Satz, den Jesus dort sagt, ist überhaupt nicht diplomatisch. Christus lässt keine Grauzone zu. Entweder – oder. Ja – oder nein. Schwarz – oder weiß. Und Christen dürfen nicht vergessen: Es sind alles Worte unseres Religionsgründers! Und jenes Gottes, auf welchen wir unseren Glauben, ja, sogar unser Leben aufgebaut haben. Auch wenn das in vielen Kirchen heute nicht mehr gepredigt wird. Keiner will ausgrenzen, auch kein Prediger und Pastor. Es macht keinen Spaß, Menschen zu sagen, dass sie bei ihrem Lebenswandel am Tag X wohl nicht in den Himmel kommen.

Nehmen wir die Aussage von Johannes 14,6: »Ich bin der Weg, die Wahrheit und das Leben. Niemand kommt zum Vater, denn durch mich.« Mit »Vater« meint Christus seinen Vater, also Gott. Er spricht von Himmel, vom Raum seines Vaters, von der Ewigkeit im Paradies. Dort, wo wir eigentlich alle gerne einmal hinkommen wollen, auch wenn dieser Tag für Unter-40-Jährige noch weit entfernt zu liegen scheint. Irgendwann stellt sich jeder einmal die Frage nach dem Weg in den Himmel. Und sei es erst am Sterbebett.

In diesem Zitat klingt Christus alles andere als tolerant. Er lässt keine andere Meinung zu. Er akzeptiert keinen anderen Weg. Und auch keine andere Religion. Buddhismus? Islam? Esoterik? Hinduismus? Das mögen alles schöne Wege sein. Auch interessante Wege, spirituelle Wege. Aber wenn wir Christus ernst nehmen wollen, dann grenzt er sich von allen Religionen klar ab. Mohammed? Nein! Buddha? Nein! Meditation? Nein! Hinduismus, Yoga und Reinkarnation? Nein! Es gibt nur einen Weg in die Ewigkeit, nur einen Weg zu Gott! Und der geht über Jesus. Diese vollkommen undiplomatische, weil ausgrenzende Haltung kann wütend machen. Aber sie stammt vom Gottessohn selbst. Auch wenn ihn das unbeliebt macht oder wehtut. Ob sie Jesus sympathisch macht oder eher abschreckend. Wenn wir Jesus wollen, dann nur ganz. Der Schriftsteller Dietrich Grabbe soll einmal gesagt haben: »Ein halber Christ ist ein ganzer Unsinn.« Und ein halber Christusglaube, füge ich an dieser Stelle hinzu, ist es auch.

»Gehet ein durch die enge Pforte. Denn die Pforte ist weit, und der Weg ist breit, der zur Verdammnis abführt.« Damit stellt sich Jesus doch selbst ein Bein. Er erklärt alle seine Nachfolger zu einer kleinen Minderheit. Nur wenige schaffen es, durch die enge Pforte zu gehen. Der Weg, welcher zur Verdammnis führt, ist dagegen breit. Bedeutet: Es ist der leichtere Weg, auf dem die meisten Menschen gehen. Und führt der nicht laut Christus zur Verdammnis? Zu einer ewigen Verdammnis? Und was ist an dieser Verkündigung noch tolerant?

Jesus konnte kompromisslos sein

Bereits kurz nach Christi Geburt spricht der Prophet Simeon ein Wort über den Erlöser aus. »Siehe, dieser wird gesetzt zu einem Fall und Auferstehen vieler in Israel und zu einem Zeichen, dem widersprochen wird.« (Lukas 2,34) Wie wahr, kann man im Rückblick sagen. Jesus wurde zu einem Mann, an dem sich viele gerieben haben. Ständig hat er provoziert. Besonders die Superfrommen hat er kritisiert und fertiggemacht. Er kannte kein Rechts und kein Links, wenn es darum ging, seinen Ideen zu folgen. Sogar als einer seiner Jünger ihn um Erlaubnis bat, zum Begräbnis seines eigenen Vaters gehen zu dürfen, erwiderte er: »Folge du mir nach und lass die Toten ihre Toten begraben.« (Matthäus 8,22) Das klingt überhaupt nicht duldsam. Und so gar nicht tolerant.

Natürlich ist Toleranz heute wichtiger denn je. Vorverurteilungen, Hass und Intoleranz: Das kann kein Fundament für eine Gesellschaft sein. Darum wird Toleranz ja auch immer wieder von allen Seiten eingefordert. Aber steht sie über allem? Muss sie unser Handeln immer bestimmen? Glauben wir an die Toleranz, oder glauben wir an Gott?

Mir als Christ wird immer klarer: Wenn ich mehr glauben würde, wie Christus es sagt, wenn ich mehr leben würde, wie Christus es einfordert, würde ich vermutlich auch viel mehr anecken.

Warum sieht sich der Messias als den einzigen Weg? Warum dieses »nur« in seiner Erklärung? Eine Frage, die nicht leicht zu beantworten ist. Sicher ist nur: Wenn einer etwas wirklich Gutes für jemanden übrig hat, dann will er es auch pur weitergeben. Es sollte nicht mit anderen Dingen vermengt werden. Jesus lässt nicht zu, dass etwas vollkommen Gutes durch etwas Schlechtes kaputtgemacht wird. In Matthäus 13,33 vergleicht er den Glauben mit einem Sauerteig. Im übertragenen Sinne heißt das: Der Weg zu Gott durch Jesus reicht. Er ist die einzige Zutat, den der Teig braucht. Es ist nicht nötig, ihn mit anderen Zutaten zu vermischen. Jede Religion hat ihre eigenen Regeln. Es geht um Verzicht, um Fasten und Entsagungen. Religionen fordern von uns bestimmte Verhaltensweise einzuhalten, religiöse Gesetze zu befolgen. Oder regelmäßige Übungen durchzuführen, Körperübungen zu beherrschen. Es werden Wege dargestellt, Lebenswege, die zu Gott oder zu einem göttlichen Leben führen. Im Gehen dieses Weges gibt es immer ein Richtig und ein Falsch. Es wird ein Verhalten aufgezeigt, durch das man besser wird, reiner, göttlicher. Und ein Verhalten, durch das man schlechter, dreckiger, ungöttlicher wird.

Es geht immer um Fluch oder Segen! Durch diese Schwarz-Weiß-Kategorien hat Religion in den modernen Gesellschaften viel von ihrer Kraft verloren. Denn die heutige Lebensrealität lässt sich nicht mehr so einfach in Schablonen abbilden. Es gibt zu viele unterschiedliche Grautöne, die wahrgenommen werden wollen. In Gesellschaften wie in Asien oder Afrika ist das noch anders. Und dort boomt Religion auch nach wie vor. In Afrika bezeichneten sich vor hundert Jahren nur neun Prozent der Einwohner als Christen. Heute sind es laut einer aktuellen Studie bereits über 60 Prozent. Auch in Asien ist ihre Zahl explosionsartig gestiegen. Dort leben mittlerweile weit über 300 Millionen Christen. Jeder 13. Christ lebt in der Region Asien-Pazifik.

Historisch gesehen hat das Christentum in den Jahrhunderten als intolerante Religion viel Unheil angerichtet. Andersgläubige wurden zwangsmissioniert, Indianervölker gegen ihren Willen getauft oder sogar ausgerottet. Das ist eine Praxis, die Jesus nie toleriert hätte. Es gibt genug Zitate von ihm in der Bibel, die das belegen.

Mir ist es wichtig festzuhalten: Auch wenn eine gewisse Intoleranz in der Natur der christlichen Religion liegt, hat der Glaube an Christus die Kraft, ganze Gesellschaften zum Positiven zu verändern. Selbst wenn dies Jahrzehnte, wenn nicht Jahrhunderte dauern kann. Die Geschichte hat das bewiesen. Menschen, die mit Christus und nach seinen Werten leben, werden toleranter im Umgang miteinander.

Ein Beispiel aus der Geschichte gefällig? Nehmen wir die Rolle der Christen bei der Beendigung der Sklaverei. Letztendlich haben der Pietismus und die evangelische Mission Mitte des 18. Jahrhunderts hier zu einem Umdenken geführt. Allmählich setzte sich die Auffassung durch, dass jeder Mensch ein Kind Gottes ist, egal welcher Rasse, Hautfarbe oder Nationalität. Vor Gott sind alle Menschen gleich. Jeder hat das Recht, als freier Mensch auf der Erde zu leben. William Wilberforce, ein britischer Parlamentarier, argumentierte mit Glaubensinhalten, als er der Sklaverei zu Beginn des 19. Jahrhunderts den Kampf ansagte. Und er hatte Erfolg. Es dauerte noch einige Jahre, aber 1865 wurde die Sklaverei in den USA abgeschafft.

An anderer Stelle erzählt Johannes uns von einem seltsamen Satz, den Jesus ebenfalls gesagt haben soll:»Nur wer mein Fleisch isst und trinket mein Blut, der hat das ewige Leben, und ich werde ihn am Jüngsten Tage auferwecken.«Bedeutet: Wer nicht von seinem Fleisch isst und nicht sein Blut trinkt, der hat auch kein ewiges Leben. Dieser Satz war schon für die damalige Zeit ein Skandal, und er ist es noch heute. Blut galt bei den Juden als unrein. Das Blut eines Menschen zu trinken ohnehin. Menschliches Fleisch zu essen wäre Kannibalismus. Es kann nur eine Metapher gewesen sein. Jesus wollte damit ausdrücken, dass die Gläubigen sein Leben und Sterben mit allen Sinnen erfassen sollten.

Wenn sich Jesus als einziger Weg zu Gott darstellt, dann meint er das auf eine radikale Art und Weise. Jeder Mensch muss eine Rettung durch Christus für sich annehmen. Ein bisschen Rettung gibt es nicht, das ist wie mit einer Schwangerschaft. Die gibt es auch nur ganz oder gar nicht, aber nicht ein bisschen. Keiner ist in der Lage, sein Leben so weiterzuführen wie bisher, wenn er zum Christentum konvertiert. Jesus sagt: Du musst mir so nahekommen, dass du mich geradezu »auffrisst«. Du musst mein Blut trinken, du musst mein Fleisch essen. Der Glaube an mich soll dich durchdringen. Ich gehe dir unter die Haut.

Wenn man diese Aussagen von Christus ohne Vorbehalte betrachtet, gibt es wieder nur zwei Möglichkeiten: Entweder, Jesus ist tatsächlich der Messias. Der Retter der Menschheit. Dann muss man das glauben und sich mit Haut und Haaren darauf einlassen. Oder, er war völlig irre. Dann kann man das getrost wieder vergessen.

So sieht es auch Bono, der Sänger der irischen Band U2. Ein Mann, der sich auf der Bühne in der Rolle als Erlöser gefällt. Einer, der schon Millionen Dollar an Spenden gesammelt hat für den Kampf gegen Armut und Aids in der Dritten Welt. In einem Interview mit dem amerikanischen TV-Sender CBS hat er einmal gesagt:»Christus sagt: ›Ich bin Gott in sichtbar gewordener Person.‹ Deshalb gibt es nur das eine oder andere: Entweder war Christus der, der er behauptete zu sein. Oder er war total verrückt. Und ich glaube nicht wirklich, dass der gesamte Verlauf der Zivilisation über die halbe Erde sich von einem Verrückten total verändern lassen würde. Das ist für mich einfach zu weit hergeholt. Jesus erlaubt dir gar nicht, ihn nur als einen großen Lehrer einzuordnen. Er sagt von sich: ›Ich bin Gott, ich bin der Messias.‹«

Man mag Bonos Musik mögen oder nicht. Ich persönlich bin ein großer Fan. Die Musik von U2 hat meine Jugend geprägt wie kaum eine andere Band. Und für mich hat er auch in diesem Punkt Recht: Der Verlauf der Menschheitsgeschichte hätte nicht in so elementarer Weise von einem Psychopathen verändert werden können.

Die Entwicklung der Zivilisation, vor allem in der westlichen Welt, aber auch auf dem afrikanischen Kontinent, wurde sehr stark von ihm geprägt.

Manchmal ist es besser, die Wahrheit zu sagen, als sie jemandem vorzuenthalten. Die Wahrheit bringt Konflikte mit sich, sie kann aber auch befreiend wirken. Das Christentum ist in der Lage, sich eine Vielfalt zu gönnen. Eine Vielfalt von Theologien, von Kirchen und Gemeinden. Eine Vielfalt von Anbetungsformen, von Liturgien und Musik. Aber irgendwo hat die Vielfalt auch ein Ende. Und dieses Ende liegt bei dem Bekenntnis zum Glauben an Jesus Christus. Jesus ist Gott. Er ist der Weg. Er ist die einzige Wahrheit. Wer das nicht glaubt, ist auch nicht dabei. So sind nun einmal die Spielregeln in diesem Club: Entweder du hältst dich daran, oder du bist raus.

Das heißt nicht, dass man in moralischen Fragen nicht anderer Meinung sein darf, von der Politik mal ganz zu schweigen. Aber das Glaubensbekenntnis ist der kleinste gemeinsame Nenner. Auf seiner Basis können Christen immer wieder zusammenfinden. »Du bist mein Bruder, du bist meine Schwester. Auch wenn du Ansichten vertrittst, die ich nicht teile!« So ein Bekenntnis schafft eine tiefe Einheit. Eine Einheit, die über den Glauben hinausgeht.

Menschen, die das Evangelium für sich annehmen und bekennen, dass sie Christus brauchen. Paulus sagt:»Keiner kann Jesus Herr nennen, außer durch den Heiligen Geist.«(1 Korinther 12,3) Der Glaube an Christus hat also mit einem Bekenntnis zu tun. Dem Bekenntnis, dass Jesus der Herr ist. Der Boss im Big Business. Der Alpha-Gorilla auf dem Affenhügel. Der Babo in 'da Hood. Ein Christ ist jemand, der mit Jesus Christus lebt. Der den Kreuzestod Jesu als seine persönliche Erlösung ansieht.

In seinem Buch»Warum Gott? Vernünftiger Glaube oder Irrlicht der Menschheit« geht der US-amerikanische Theologe Timothy Keller auf einen weiteren Einwand ein.»Ein Christ, der an den Absolutheitsanspruch Christi glaubt, ist arrogant.« Aber Keller widerlegt seinen eigenen Einwand, indem er argumentiert:»Ein echter Christ und Nachfolger Jesu ist immer auf Gnade angewiesen. Er weiß, dass der Weg zum Paradies aus eigener Kraft nicht zu schaffen ist. Alles, was nur religiös ist, führt zu Arroganz. Wer aber mit vollem Herzen Jesus nachfolgt, der kann nicht arrogant werden. Denn Arroganz würde bedeuten, dass er dem Irrglauben erliegt, die eigene Moral wäre die bessere.

Jesus, der »Radikalisierer«

Um auf das Thema Toleranz zurückzukommen: Jesus hat die moralischen Zehn Gebote der Juden nie aufgehoben. Nein, er hat sie sogar radikalisiert! In der berühmten Bergpredigt ermahnt er seine Nachfolger:»Ihr habt gehört, daß zu den Alten gesagt ist: Du sollst nicht ehebrechen. Ich aber sage euch: Wer ein Weib nur ansieht, ihrer zu begehren, der hat schon mit ihr die Ehe gebrochen in seinem Herzen. Ärgert dich aber dein rechtes Auge, so reiß es aus und wirf's von dir. Es ist dir besser, daß eins deiner Glieder

verderbe, und nicht der ganze Leib in die Hölle geworfen werde.«
Was für eine moralische Forderung! Christus sagt: Nicht nur das
Fremdgehen, sondern schon der Gedanke daran ist für Gott straf-
bar. Gott ist in diesem Punkt null tolerant.

Christus hat in der Bibel viele Menschen geheilt. Was überlesen wird, ist, dass er den Geheilten häufig auch oft noch einen
moralischen Hinweis mitgegeben hat: »Sündige hinfort nicht
mehr!« Oder ganz konkret: »Der Mann, mit dem du jetzt lebst,
ist nicht dein erster Mann!«

Jesus hatte strenge Anforderungen. Er verfolgte aber keine
Nulltoleranzstrategie. Es gibt bei Christus immer eine Chance
für einen Neuanfang. Keiner wird bei ihm für die Ewigkeit verurteilt. Nur die religiösen Pharisäer werden von Jesus scharf verurteilt. Er nennt sie »Schlangenbrut«. Brut meint: die Kinder
einer Schlange. Der Vater dieser Brut ist natürlich der Teufel.
Und Christus stellt den Pharisäern abschließend eine rhetorische
Frage: »Wie wollt ihr der höllischen Verdammnis entrinnen?«
(Matthäus 23,33) Es scheint keine Möglichkeit für die Überfrom-
men zu geben, der Hölle zu entfliehen.

Für Jesus ist die Intention einer Tat wichtiger als die Tat selbst.
Er schaut den Menschen ins Herz. Hier werden die Entscheidungen des Lebens getroffen. Gehört unser Herz Christus, werden
wir unser Leben anders gestalten. Ist er das Zentrum, muss sich
am Ende alles um ihn drehen.

Toleranz kann nicht erwarten, dass die andere Person sofort
ihre Meinung ändert. Das Ändern der eigenen Meinung ist ein
organischer Prozess. Dieser braucht Zeit und vor allem Offenheit. Offenheit im Denken und Handeln.

In Matthäus 5,29 droht Jesus mit der Hölle. »Denn es ist besser,
dass eines deiner Glieder verloren geht, als dass dein ganzer Leib
in die Hölle geworfen werde.«

Macht die Androhung der Existenz einer Hölle Jesus noch intoleranter? Dass es diesen Ort der ewigen Verdammnis gibt, diese Karte hat er nie als Druckmittel benutzt. Er hat selten etwas dazu gesagt. Allerdings hat jede Religion den Anspruch, ihren Anhängern einen Ausweg aufzuzeigen, der nach dem Tod nicht in die Hölle führt. Wobei jeder Ausweg anders aussieht. Sie unterscheiden sich. Für die einen führt der Weg nur über bestimmte Handlungen. Für die anderen über bestimmte Gebete. Für die dritten über Meditation. Das ist natürlich ein Dilemma. Der so genannte »interreligiöse Dialog« kann eigentlich nicht funktionieren. Jede Religion glaubt an einen anderen Gott. Einen Gott mit anderer Kragenweite, anderen Ansprüchen und anderen Werten. Wie soll man da dialogisch miteinander reden können, wenn das eine das andere ausschließt?

Es gibt wenige Religionen, die in alle Richtungen wirklich tolerant sind. Die einzige mir bekannte ist die so genannte »New Age«-Bewegung: eine religiöse Suppe aus allen Zutaten, die unsere Menschheitsgeschichte mit sich bringt. Ein wenig Astrologie, ein bisschen Kartenlegen, eine Prise Engelsglaube. Es gibt keinerlei Verpflichtungen, alles ist erlaubt. Du kannst Pinguine verehren, Petersilie oder meinetwegen auch deinen Porsche 911. Einer der wenigen verbindlichen Werte, die dort vermittelt werden, ist: »Liebe deinen Nächsten, wie dich selbst!« New Age ist die vielleicht unverbindlichste Religion unserer Zeit. Es gibt dort keine Moral, zumindest keine externe Moral. Keine Moral, die von außen aufgezwungen wird, in schriftlicher Form für jeden verfügbar. Es ist alles erlaubt, was ich für gut befinde. Das ist bei den Christen ganz anders. Dort hört alles auf Gott. Dort lautet das erste Gesetz: »Gott sagt dir, was zu tun ist!« Im Glauben der Juden wurde der Wille Gottes auf Gesetzestafeln niedergeschrieben. In den asiatischen Religionen kommen die moralischen Vorstellungen nicht von einer Tafel. Sie kommen aus dir selbst. Diese verinnerlichte Moral verträgt sich auch besser mit unserem westlichen Kapitalismus. Denn ihr liegt ein Lebensmodell zugrunde, das nach allen Seiten offen ist. Sie kann sich stetig verändern, ohne sich selbst zu verleugnen. Genau wie der westliche Kapitalismus auch. Wenn ein Christ sagt: »Jesus ist der einzige Weg zu Gott«, macht er sich sofort unbeliebt. Dennoch ist das ein Kernsatz im Christentum, den auch andere Religionen kennen. Wenn Jesus aber sagt: »Wer nicht für mich ist, der ist gegen mich!«, wird jedem klar, dass die Toleranz für ein intolerantes Verhalten deutlich überschritten wurde. Und zwar von Jesus selbst.

Ich glaube, dass sich der moderne Mensch vor so einer radikalen Entscheidung drücken will. Er will nicht öffentlich behaupten, dass der Andersgläubige mit seinen Ansichten falsch liegt. Das ist eben nicht en vouge.

Christentum und Islam sind gleichermaßen intolerant

Generell ist der Islam ja in den letzten Jahren stark in Verruf geraten. Zumindest in der westlichen Welt. Wobei die meisten Menschen nicht zwischen Islam und Islamismus unterscheiden können. Der Islam ist in seiner DNA eher eine sehr friedliche Religion.

Interessant ist auch, dass der Koran tatsächlich nur eine jüngere, verzerrte Auslegung der Bibel ist. Viele Textstellen der heiligen Schrift wurden 900 nach Christus in den Koran aufgenommen, abgeändert und abgedruckt.

Was mir wichtig ist: Keiner kann ernsthaft behaupten, dass beides wahr ist. Auch wenn moderne Gesellschaften vor solchen Aussagen gern zurückschrecken: Beide Religionen sind zu absolut, zu ausgrenzend und zu intolerant.

Dagegen hat sich unsere Gesellschaft in den letzten 40 Jahren in eine völlig andere Richtung entwickelt. Der Gegentrend zur Leistungsgesellschaft sagt uns:»Alles ist okay. Du bist okay, so wie du bist! Sie ist okay, so wie sie ist. Er ist okay, so wie er ist. Wir sind okay, so wie wir sind.« Wir sind eine Okay-Gesellschaft. Die Aufklärung hat weitreichende Folgen für den gläubigen Menschen gehabt. Plötzlich war die Bibel keine wissenschaftliche Quelle mehr. Ihre Aussagen über die Entstehung der Welt wurden auf einmal hinterfragt. Als Reaktion darauf entstanden verschiedene Befreiungsbewegungen. Da waren die Frauen, die sich emanzipierten. Da waren die Rassen, die auf gleiche Rechte pochten, egal, ob schwarz, gelb, rot oder weiß. Und in der dritten Gleichstellung befinden wir uns gerade. Es ist die Gleichstellung der sexuellen Orientierungen.

Ich glaube: Bei Hetze gegen Andersgläubige machte Jesus nicht mit. Er unterschied Menschen weder nach ihrer Religionszugehörigkeit, ihrer Rasse, ihrem Geschlecht oder ihrer sexuellen Orientierung. Und doch war er in einem Punkt sehr intolerant. Alle Wege führen nach Rom? Nein, das hätte Jesus niemals unterschrieben. Never ever. Christus akzeptierte nur einen Weg zu Gott: sich selbst, Jesus.

In diesem Punkt ließ er nicht mit sich verhandeln. Da war er streng, nein, betonköpfig. Da ließ er nur noch gelten, was in unserer Okay-Gesellschaft sonst nur noch für Intensivstraftäter gilt: Zero Toleranz!

12.
Jesus wollte keine Karriere.
Es ging ihm um unser Herz

»Und er rief das Volk zu sich und sprach zu ihm: Höret zu und fasset es! Was zum Munde eingeht, das verunreinigt den Menschen nicht; sondern was zum Munde ausgeht, das verunreinigt den Menschen ...«

(Matthäus 15,11)

»Wes das Herz voll ist, des geht der Mund über. Ein guter Mensch bringt Gutes hervor aus seinem guten Schatz des Herzens; und ein böser Mensch bringt Böses hervor aus seinem bösen Schatz ...«

(Matthäus 12,34b-35)

»Verkaufet, was ihr habt, und gebt Almosen. Machet euch Beutel, die nicht veralten, einen Schatz, der nimmer abnimmt, im Himmel, da kein Dieb zukommt, und den keine Motten fressen. Denn wo euer Schatz ist, da wird auch euer Herz sein ...«

(Lukas 12,33-34)

»Also werden die Letzten die Ersten und die Ersten die Letzten sein ...«

(Matthäus 20,16)

»Deshalb, wie der Heilige Geist spricht: ›Heute, wenn ihr seine Stimme hört, verhärtet eure Herzen nicht ...‹«

(Hebräer 3,7)

»Und ich werde euch ein neues Herz geben und euch einen
neuen Geist schenken. Ich werde das Herz aus Stein aus eu-
rem Körper nehmen und euch ein Herz aus Fleisch geben.«

(Hesekiel 36,26)

Kaum ist das Ende der Schulzeit absehbar, fängt die Fragerei
an: »Wo will ich eigentlich hin?« – »Mache ich was mit Medien,
oder lerne ich lieber doch einen richtigen Beruf?« – »Geld oder
Freude, was ist wichtiger?« Wir denken an unsere Zukunft und
daran, wie hoch wir die Karriereleiter steigen könnten. Vielleicht
schaffen wir den Abteilungsleiter, landen im Management oder
werden sogar Chef? Die Antworten auf diese Fragen sind elementar. Denn sie entscheiden über unser ganzes zukünftiges
Leben. Sie beeinflussen nicht nur die Berufswahl und die damit verbundene Ausbildung. Sie bestimmen auch die Wahl des
Wohnortes, die Partnersuche und vielleicht sogar die Familien-
planung.

So geht es im Beruf los. Doch das ist meist nur der Anfang.
Nach den ersten Jahren im Job kommt irgendwann die Frage
auf: »Will ich das wirklich für den Rest meines Lebens machen?«
Oder: »Was nützt ein krisensicherer Job, wenn ich schon morgens die Stunden bis zum Feierabend zähle?« Wir fragen uns,
ob wir uns in dieser Stelle selbst verwirklichen können. Ob sich
der Kraftaufwand überhaupt lohnt. Wir hinterfragen unser Ziel.
Und auch das Ziel hinter dem Ziel.

Über Schönheit und gutes Aussehen haben wir in diesem
Buch schon nachgedacht. Aber auch im Berufsleben kommt
eine ähnliche Frage immer wieder auf. »Wie muss ich aussehen,
um dieses Ziel zu erreichen? Wieviel muss ich noch abnehmen?
Soll ich an meiner Frisur etwas ändern? Brauche ich einen neuen
Anzug? Oder ein größeres Auto? Einen schlankeren Po?«

Wir sind nicht unsere Arbeit

Viele Menschen haben den Wunsch nach Erfolg und Karriere. Sie definieren sich darüber. Das Selbstwertgefühl hängt entscheidend von den Erfolgserlebnissen im Beruf ab. Das belegen Studien auf der ganzen Welt. Alle kommen zu dem gleichen Ergebnis: Der Beruf macht einen sehr großen Teil unserer Identität aus. Uns begegnen weltweit Männer und Frauen, die nur noch für ihre Arbeit leben. Und für ihren Körper, denn beides hängt miteinander zusammen. Beruflicher Erfolg und gutes Aussehen gehen in vielen Branchen Hand in Hand. Das fängt beim Friseurberuf an und hört im Management auf. Einen dicken, bepickelten Haarschneider mit schlechter Kleidung wird niemand einstellen wollen. Vor einem schlanken, gut aussehenden Manager, mit graumeliertem Haar plus Waschbrettbauch hat man automatisch Respekt. Morgens eine halbe Stunde joggen. Nach dem Obstfrühstück radelt das Model mit dem neuen Fixie zur Arbeit. Das hat Stil!

Auf dem Rückweg schaut Mann oder Frau noch schnell bei der Kosmetikerin vorbei: Augen zupfen und Wimpern färben! Dann schnell noch eine Runde »Wer wird Millionär?« gucken, und jetzt aber husch, husch ins Bett. Denn morgen kommen die Kunden von der Firma Y, um den Vertrag zu verlängern. Da heißt es: Frisch und ausgeschlafen aussehen. Zumindest äußerlich.

Nicht wenige Leute gestalten ihr Leben genau so. Immer unter Strom. Immer im Stand-by, um auch nach Feierabend noch nervige E-Mails oder Telefonate zu beantworten. Das Ziel ist klar: besser werden, höher kommen, fit für den Job sein. Jeder will Karriere machen.

Im Internet finden sich unzählige Portale zum Thema Karriere. Sogar eine Karriere-Bibel ist dabei. Diese Bibel wurde von meinem Freund Jochen Mai aus Köln herausgebracht. Mittlerweile ein Bestseller. Jochen Mai ist von Beruf Journalist, er hat lange für die Wirtschaftswoche geschrieben. In seinem passenden, zum Buch verfolgten Internetblog gibt er täglich neue Karrieretipps für Mann und Frau.

Unser Büchermarkt wird jedes Jahr überschwemmt mit neuen Titeln zu dem Thema. Amazon hat sogar vor Jahren eine eigene Bestsellerliste mit Büchern in der Kategorie »Business & Karriere« geschaffen. Auf dem Videoportal YouTube heißt der betreffende Ratgeber »Tutorial«. Milchgesichtige Mittzwanziger in viel zu großen Boss-Anzügen erklären, wie man step by step nach oben kommt. Wie man effizienter werden kann. Wie man alles aus dem Weg räumt, was die eigene Karriere behindert. Ich nenne diese Jungs »Karriere-Hirten«. Es sind Tschakka-Tschakka-Typen, die mit ihren Ratschlägen dumme Schafe zurück zu grüneren Weiden führen wollen.

Das Enfant terrible unter den »Karriere-Hirten« ist der so genannte »Investmentpunk«. Sein richtiger Name ist Gerald Hörhan, er ist gerade erst 40 Jahre alt und angeblich schon mehrfacher Millionär. Wer ihn sieht, mag das kaum glauben. Der Österreicher gefällt sich tatsächlich in der Rolle als Punk. Zumindest äußerlich.

Er trägt Lederjacke und Totenkopf-Shirts, die Haare hat er auf dem Kopf steil nach oben gegeelt. Irokesen-Look light. Und wüsste man nicht, dass er auch mit seinem jüngsten Ratgeber wieder einen Bestseller gelandet hat (»Null Bock Komplott: Warum immer die Weicheier Karriere machen und Ihr nie«), dann würde man ihm gern einen Euro zustecken.

Der ehemalige Investment-Banker hält Seminare und Vorträge in Fachhochschulen, Universitäten und Manager-Konferenzen. Er macht das ausgesprochen gut, mit einer unnachahmlichen Mischung aus Wiener Schmäh und spätadoleszenter Chuzpe. Leider wissen wir nicht, ob durch seine Tipps jemals ein Mensch reicher geworden ist – außer er selbst. Noch mehr würde uns interessieren, ob jemand durch seine Theorien glücklicher geworden ist. Erfüllter, fröhlicher, psychisch und physisch gesünder.

Ich habe nichts gegen Karriere. Erfolg zu haben, da ist etwas Schönes. Sich Ziele zu stecken und zu erleben, wie man sie erreicht, schafft ein Gefühl von Zufriedenheit. Ich bin auch kein Feind von einem gewissen Wohlstand, egal, ob Jesus sagt, man könne nur einem Herren dienen, entweder ihm oder dem Mammon.

Ich frage mich nur: Wer hört noch auf sein Herz, wenn er sich in seinem Hamsterrad immer schneller dreht? Eine Antwort auf diese Frage geben die vielen Seminare zur Selbstoptimierung leider nicht. Dabei gehört diese Antwort zu den wichtigsten überhaupt.

Für die Recherche an diesem Buch habe ich ein Gespräch mit einem befreundeten Psychologen geführt. Er arbeitet an einer großen Klinik in einem Berliner Vorort. Seine Patienten, das sind überwiegend Manager, die am Burnout-Syndrom leiden. Diese Menschen hat ihr Karrierestreben krank gemacht. Von einem Burnout erholt man sich nicht so schnell. Laut einer aktuellen Statistik, die von der Deutschen BKK Kranken- und Pflegekassen in Auftrag gegeben wurde, sind die Krankheitstage mit der Diagnose »Burnout« in den vergangenen zehn Jahren um 1080 Prozent gestiegen. Tausendundachtzig Prozent! Das ist der reinste Wahnsinn!

Karriere kann krank machen. Muss es aber nicht. Denn der Wunsch nach einer Karriere ist ja nicht verwerflich. Er kann in einem Menschen sogar ungeheure Kräfte freisetzen. Es senkt den Blutdruck, wenn einem der Chef anerkennend auf die Schulter klopft und man irgendwann sogar einen Briefumschlag mit einer Gratifikation auf seinem Schreibtisch findet. Man erlebt es als erfüllend und sinnstiftend.

Karriereleiter ohne Herz?

Warum aber macht der Job dann trotzdem so viele Menschen krank? Psychologen reden vom inneren Menschen und vom äußeren Menschen, wenn sie dieses Phänomen erklären. Beide müssen sich miteinander im Einklang befinden. Erfolg verändert den Menschen aber. Man hat mehr Einfluss, mehr Macht, mehr Verantwortung, mehr Geld. Aber der innere Mensch, das Herz, wächst nicht schnell genug mit. Die Seele ist nicht stabil genug. Und dann kommt es zu einem Zusammenbruch. Von einem richtigen Burnout erholt man sich nur sehr langsam. Es braucht viel Zeit. Es braucht viele Stunden Therapie.

Jesus wusste das bereits vor 2.000 Jahren. Ihm war klar: Nur mit einem gesunden Herzen können wir unser Leben wirklich genießen. Der innere Mensch muss fit sein. Für viele Karrieremenschen ist der Zustand des eigenen Herzens aber eher zweitrangig. Es geht um Prestige und Anerkennung, um Gewinnmaximierung und Zahlen. Diese Menschen möchten die Karriereleiter schnell hochlaufen. Sie möchten am liebsten ein, zwei, drei Sprossen überspringen. Und vergessen dabei, auf ihr Herz zu hören. Dabei ist dieses Herz das Kostbarste, das sie haben. Hier fängt alles an. Und hier hört auch alles auf. Das behauptet Jesus. Und ich glaube, er hat recht.

Der russische Schriftsteller Leo Tolstoi (»Krieg und Frieden«) soll einmal gesagt haben:»Im Herzen eines Menschen ruht der Anfang und das Ende aller Dinge.« Ein bemerkenswerter Satz. Aber was genau ist das Herz? Was meint die Bibel, wenn sie vom Herzen spricht? Und was meinte Jesus damit?

Wir wissen alle: Jesus war Jude. Sein Denken ist in jüdischen Vorstellungen verwurzelt. Für die Juden war das Herz die Schaltzentrale eines Menschen. Hier treffen wir bewusste und unbewusste Entscheidungen. Unsere Neigungen, aber auch unsere

Leidenschaften wohnen in unserem Herzen. Wenn sich unser Herz mit dem Verstand verbindet, wird es zu einem »weisen Herz«. So war das zum Beispiel bei dem israelitischen König Salomo. Er soll laut 1 Könige 3,12 ein »weises und einsichtsvolles Herz« gehabt haben.

Für die Bibel ist nicht unser Verstand der Ort, an dem wir unsere Entscheidungen treffen. Auch wenn hier der Sitz für die Logik, die Argumentation und die Vernunft sitzt. Das Zentrum liegt woanders. Es ist das Herz. Dieses Herz kann sich in einem guten oder in einem schlechten Zustand befinden. Vor der Sintflut, bevor also (1 Mose 6,5) Gott Wasser über die ganze Erde kommen ließ, urteilte der Schöpfer über den Menschen, dass »alles Gebilde der Gedanken seines Herzens den ganzen Tag nur böse war«. Das Herz wird hier als ein Ort für böse Gedanken beschrieben. Die Menschheit hatte ein schlechtes, ein böses Herz bekommen.

Jesus predigte immer wieder über das Herz. Auch in der oben aufgeführten Stelle in Matthäus 12. Da bezeichnet er unser Herz als eine Quelle, aus der Dinge, die in unserem Inneren sind, einfach herausquellen. »Wes das Herz voll ist, des geht der Mund über.« Und das stimmt ja auch. Wovon jemand überzeugt ist, was ihn besonderes freut, was ihn besonders ärgert, dem muss er Luft machen. Es muss raus.

Und wie? Natürlich über den Mund. Wir jubeln über den Mund, wir loben und ermutigen über den Mund. Das sind gute Worte, die aus einem Schatz des Herzens kommen. So sagt es der Gottessohn. Hat sich aber jemand nicht um den Zustand seines Herzens gekümmert, wird es dunkel, finster und böse. Jesus bezeichnet so ein Herz als einen Ort, der Böses hervorbringt.

In Markus 7,21 behauptet Christus sogar, dass dunkle Gedanken und jede Art des Bösen aus einem schlechten Herzen kommen werden. Interessant ist auch, dass er auf die Frage, welches das wichtigste Gebot der Juden sei, einen Hinweis auf das Herz gibt. Dort sagt er in Matthäus 22,37-39: »Du sollst lieben Gott, deinen HERRN, von ganzem Herzen, von ganzer Seele und von ganzem Gemüte. Dies ist das vornehmste und größte Gebot.« Er will damit sagen, dass die Liebe zu Gott alles in uns ausfüllen soll. Sie soll die Schaltzentrale unseres Denkens prägen. In Lukas 8,15 vergleicht Christus das Herz mit einem Acker. Er fordert seine Zuschauer auf, diesen Acker in Ordnung zu halten. Er soll weich sein und so beschaffen, dass der Samen des Wortes Gottes gut treiben und aufgehen kann. Denn nur so wird er gute Frucht bringen.

Das kann alles nur eins bedeuten: Der Zustand unseres Herzens ist veränderbar. Keiner kann sagen: »Huch, ich hab da ein Problem mit meinem Herzen! Ich bin einfach so. Das ist genetisch bedingt!« Oder: »Ich bin schon in der Schule immer gehänselt worden, die Lehrer waren schlecht zu mir!« Oder: »Meine Eltern sind schuld. Ich kann nichts dafür, dass ich ein schlechtes Herz habe!« Natürlich mag ein Funke Wahrheit in solchen Sätzen stecken. Aber Jesus hat dennoch recht: Jeder Mensch, ob gläubig oder nicht, kann für die Beschaffenheit seines Herzens eine Menge tun. Keiner muss der Versuchung erliegen, sich von seiner Karriere vereinnahmen zu lassen. Man kann seine Sichtweise auf den Erfolg selber bestimmen und beeinflussen. Man kann sich um die Beschaffenheit des Herzens selber kümmern.

Es ist ja nicht automatisch so, dass Erfolg oder Nichterfolg im Beruf unseren Selbstwert bestimmen. Nur wenn ich mich ausschließlich über meinen Beruf und über den Erfolg definiere, habe ich ein Problem. Dann wird der Beruf zu Gott, und ich bin ihm ausgeliefert.

Nach Äußerlichkeit strebend, ohne Herz lebend

Dabei gaukelt uns die Werbung so gern ein Idealbild vor: So muss man sein, so und nicht anders! Seit gefühlten Dutzenden von Jahren läuft beinahe täglich ein Werbefilmchen im TV. Es ist immer vor der Tageschau, kurz vor 20:00 Uhr. Dort spielen ein dicker Hund und eine schlanke Frau die Hauptrolle. Im Clip wird versucht, auf witzige Art die Unförmigkeit (dicker Hund) mit der Idealfigur (bombastische Frau) zu kontrastieren. So muss Frau aussehen, wenn sie einen Mann abbekommen will. Wenn eine Frau die Aufmerksamkeit des Männer-Modells auf sich ziehen möchte. Zumindest am Strand, freundlich lächelnd. Der Intellekt ist nicht entscheidend, sondern der Bauchumfang!

Seit einigen Wochen hat sich die Handlung des Clips verändert. Die Dame hat den Traummann gefunden und heiratet. Frau, topschlank, im wunderschönen Brautkleid, heiratet in der Kirche. Sie hat ihre Figur, sie hat ihren Ehemann, und den Hund hat sie auch noch. Und das alles nur dank des Pulvers, durch dessen Einnahme jede (und jeder) Fettleibige schlanker werden kann. Dieser permanente Druck hat zur Folge, dass Männer oder Frauen wie fremdgesteuert agieren. Wie von unsichtbaren Mächten getrieben, rennen sie durch ein Labyrinth, immer bereit, auf Knopfdruck in die Luft zu hüpfen und Blumen oder Taler zu fangen. Wie die Figur aus diesem beliebten Jump & Run-Spiel: Super Mario.

Von Super Mario zum reinen Herzen ist es da gar nicht so weit. Schon der Psalmist schrie in einem Gebet voller Dringlichkeit zum Himmel: »Schaffe in mir, Gott, ein reines Herz und gib mir einen neuen, gewissen Geist« (Psalm 51,12). Das klingt so, als hätte der Autor dieses Psalms gespürt, wie sein Herz nicht so tickte, wie es ticken sollte. Wie es in einen Zustand kam, den Gott nicht will. Das Gegenteil von »rein« ist bekanntlich »unrein«. Unrein war für die Juden alles, was Gott verboten hatte.

Aber kann ein schlechtes Herz als Entschuldigung für schlechtes Handeln dienen, nach dem Motto: »Oh Herr, ich kann doch nichts dafür! Du hast mir ja schließlich dieses schlechte Herz gegeben!« Nein, Jesus ruft uns auf, unser Herz in Schuss zu halten. Für ihn ist ein gutes Herz das A und O. Christus sagt: Der Zustand unseres inneren Menschen ist wichtiger als jede äußere Schönheit, als Kleidung und Frisur. Aber auch wichtiger als unsere Ausbildung, unsere Titel, die Stellung in der Gesellschaft. Wichtiger als Erfolg, Waschbrettbauch oder Brüste in Doppel-D. Die Aufzählung könnte beliebig fortgeführt werden.

In Matthäus 13,1-8 predigt Christus über den vierfachen Acker. Er beschreibt vier Zustände, die ein Bauer auf seinen Feldern vorfindet. Und er macht klar, dass der Kornsamen nur dort gut aufgeht, wo er auf einen gut vorbereiteten Boden fällt. Mit dem Ackerboden meinte Jesus unser Herz. Damit macht er klar: Jeder Mensch ist selbst dafür verantwortlich, in welchem Zustand sein Herz ist. Ist unser Herz krank oder gesund? Ist unser Herz bereit für Gottes Wort? Haben wir Mitgefühl mit anderen, oder sind wir immer uns selbst der Nächste? Dreht sich in unserem Herzen alles um die Karriere oder um andere Menschen?

Wir müssen unser Herz wieder weich machen. Wir müssen dafür sorgen, dass die guten Samen in uns keimen können. Gute Ideen, gute Gedanken. Liebevolle Gefühle und kein Hass. Und wenn ein schlechter Same in uns keimt, dann sollten wir ihn möglichst schnell herausreißen. Wie Unkraut, Brennnessel oder Löwenzahn.

Heute erlebe ich viele Menschen, die vor allem um sich selbst kreisen. Es gilt nicht mehr: »Liebe deinen Nächsten wie dich selbst.« Sondern: »Ich zuerst, nach mir die Sintflut.« Anderen zuzuhören, sich in sie hineinzuversetzen und zu fragen, was sie bewegt, ist aus der Mode gekommen. Es geht nur noch um mich. Erst müssen meine eigenen Wünsche erfüllt werden. Erst wenn ich alles habe, was ich zum Leben brauche, bin ich bereit, mich um andere zu kümmern. Und das kann dauern. Mitunter eine Ewigkeit.

Ein Freund wähnte sich in einer Berufung in den asiatischen Kontinent. Als Mediziner war dies wie ein Ziel seines Lebens. Doch dann wollte er erst die Eigentumswohnung in Wanne-Eickel sichern. Abbezahlt ist sie immer noch nicht. Und bis heute lebt er weit von Asien entfernt.

Woher kommt diese Sucht nach Selbstliebe und Anerkennung, der Wunsch, groß herauszukommen? Warum träumen schon Sechsjährige davon, in einer Casting-Show aufzutreten oder You-Tube-Star zu werden, damit sie auf der Straße erkannt werden und ständig für Selfies posieren müssen? Kommt dieser Drang aus uns heraus? Oder erliegen wir nur den Verlockungen der Werbung mit ihren Bildern von knitterfreien Karrierestrebern? Die Wahrheit liegt vermutlich irgendwo dazwischen.

Soziologen haben herausgefunden, dass sich in der westlichen Welt eine neue Form des Wunschdenkens entwickelt hat. Schon junge Mädchen fragen sich beim Blick in den Spiegel:»Wie wäre ich gern?«Ihnen schwebt das Bild eines Idealmenschen vor, das man nie erreichen kann: eine Mischung aus Lady Gaga, Lena Gercke und Prinzessin Lillifee.

Das bestätigen auch Psychologen in Deutschland. Denn einige dieser Menschen landen später als junge Erwachsene bei ihnen in der Therapie. Jeder möchte der Hübscheste, der Schlaueste, der Verrückteste sein. Doch Selbst- und Fremdwahrnehmung driften irgendwann so weit auseinander, dass sich die Menschen gar nicht mehr selbst im Spiegel wiedererkennen.

Aber ist dieser Trend wirklich so neu? Schon in der Antike gab es Vorbilder, die zur Veränderung angespornt haben. Im alten Griechenland wollte jeder so sein wie Odysseus. Er war der bekannteste aller Abenteuerhelden. So wie Odysseus wollte man sein. Seine außergewöhnliche Intelligenz, seine listige Art, den Feind zu besiegen. Er nahm sogar das große Troja ein.

Ein Held steht einem nahe und bleibt doch in unerreichbarer Ferne. Vielleicht könnte Jesus heute zu so einem Helden werden. Ein alter neuer Held, der uns als Vorbild dient. Der von ganz unten kam, alles veränderte, um dann wieder zu gehen.

Heute werden Helden am laufenden Band produziert. Eine eigene Industrie hypt täglich neue Gesichter in Casting-Shows oder geskripteten Reality-TV-Serien wie »Berlin, Tag und Nacht«. Es gibt Homestorys in »The Closer«, der »Instyle« oder in der »Bravo«. Richtig geschafft hat es der Newcomer, wenn er ein Parfum herausgibt, das seinen Namen trägt.

Kein Mensch weiß mehr, warum sie eigentlich bekannt geworden sind. Aber überall sind sie dabei. Das Paris-Hilton-Prinzip. Marionetten der Industrie, werden Sie jetzt sagen und mit den Augen rollen, aber für viele Teenager sind diese Stars echte Vorbilder.

Jesus bietet ein komplett anderes Lebensmodell an. Er vermittelt vollkommen andere Werte. Er sagt in Matthäus 20,16: »Die letzten werden die ersten sein!« Gegensätzlicher geht es kaum noch. Wer ganz unten steht, wird für Gott ganz oben stehen? Menschen, die in der Welt die Entscheider sind, sind bei Gott die Nullnummern? Und diejenigen am Rande der Gesellschaft, die stehen bei Jesus hoch im Kurs. Das ist ein großartiges Versprechen. Und es zeigt, dass Gott Erfolg anders definiert.

Wer vom Karrieredruck befreit werden will, braucht ein gesundes Herz. Ein Herz, das Christus vertraut. Das sein Vertrauen in Gott und seine Worte setzt und nicht in den beruflichen Erfolg. Dieses Vertrauen ist wie ein Anker.

Christus konnte seinen Schülern die Füße waschen und sagen: »Wahrlich, wahrlich, ich sage euch: Der Knecht ist nicht größer denn sein Herr, noch der Apostel größer denn der ihn gesandt hat.« Das ist der Umkehrschluss allen Karrieredenkens. Vielleicht sollten wir uns selbst fragen: Wann hat uns unser Chef das letzte Mal die Füße gewaschen?

Göttliches Vertrauen als Gegenmittel gegen den Stress im Job, vielleicht auch als Prophylaxe? Das klingt abstrakt. Aber es kann uns tatsächlich die nötige Bodenhaftung verschaffen. Das sagen sogar Psychiater und Psychologen, die nicht an Jesus und die Bibel glauben.

Die Forschung ist sich einig: Der Charakter eines Menschen ist veränderbar, und der Glaube an Gott kann dabei eine große Rolle spielen.

Ich bin mir sicher, dass um das Herz eines jeden Menschen ein Kampf tobt. Wir bekommen davon kaum etwas mit, aber er ist da. Ob Politiker oder Werbe-Ikonen, ob Popstars oder Motivationstrainer: Sie alle kämpfen um unser Herz.

Wollen wir all unsere Kraft, unser Geld und unsere Energie in unser Äußeres stecken, in unseren Beruf und unsere Karriere? Oder gehen wir den Weg Jesu und kümmern uns mehr um unseren Charakter, um unser Herz?

Für Jesus war das Herz wichtiger als das Äußere. Und er konnte selber mit gutem Beispiel vorangehen. Jesus konnte verzeihen. Er war nicht nachtragend, nicht berechnend. Jesus sah nie von oben auf andere herab. Er war kein Egoist, er hatte immer das Wohl der anderen im Blick. Sogar Menschen, die ihn aufs Schlimmste verletzt und beleidigt hatten, konnte er entspannt gegenübertreten. Ja, er hatte sogar noch Liebe für die Soldaten, welche ihn gefoltert und schließlich an das Kreuz genagelt hatten: »Vater, vergib ihnen, denn die wissen nicht, was sie tun!« (Lukas 23,34)

Das Herz ist auch der Ort, wo die Liebe entsteht. Nicht umsonst malen wir kleine Herzen in unsere Liebesbriefe. Kein Gefühl wird so stark an diesem Platz verortet wie die Liebe.

Eine Karriere macht keinen besseren Menschen aus uns. Aber Erfolg im Beruf kann erfüllend und sinnstiftend sein. Umso mehr, wenn der Beruf zu einer Berufung geworden ist. Dennoch ist es wichtig, dass wir unser Herz immer im Blick haben als Zentrum unseres Wesens, als der Ort, aus dem unsere Emotionen sprudeln. Unser Herz muss weich bleiben, offen, empfänglich für Gottes Wort. Wenn Jesus zu uns sprechen will, dann braucht er einen weichen Boden, auf den sein Wort fallen kann. Den Boden unseres Herzens.

13.
Zum Schluss: Jesus klebt?

Lieber Leser, liebe Leserin dieses Buches. Ich erlaube mir, Dich am Ende des Buches zu duzen. Wir sind uns irgendwie nahegekommen. Ich Dir auf jeden Fall. Das hoffe ich zumindest. Du hast meine vielleicht ungewohnten Thesen bis zum Schluss ausgehalten. Vielleicht hast Du sie sogar in Dein Herz gelassen, das weiß ich natürlich nicht. Vielleicht habe ich bei Dir Zustimmung gefunden. Vielleicht aber auch Ablehnung und Ärger. Vermutlich aber beides. Danke, dass Du Dich auf das Buch eingelassen hast!

Zum Abschluss geht es mir um eine Einladung. Es soll eine Einladung sein, sich persönlich mit diesem Jesus weiterzubeschäftigen. Ihn weiter reden zu lassen. Ihn an das eigene Leben heranzulassen.

Mitte der 90er-Jahre gab es für alle Christen in Hamburg etwas Großes zu feiern. Der Evangelist Reinhard Bonnke hatte zum Heiligengeistfeld geladen, um dort die Masse zu missionieren. Bonnke ist ein frommer Mann. Mit zehn Jahren hatte er nachts eine Vision. Jesus sagte ihm, er solle mit »tausenden von schwarzen Menschen das Brot brechen«. »Brot brechen« ist Christendeutsch. Es meint so viel wie: das Abendmahl feiern, welches Jesus als Ritual eingeführt hatte. Bonnke hat das nie vergessen. 1967 brach er seine Zelte in Deutschland ab und zog nach Südafrika, um dort sein eigenes Missionswerk zu eröffnen. Vielleicht hätte er dort bleiben sollen? 1978 entwarf er ein Zelt, das Platz für 10.000 Menschen haben sollte. 1979 stockte er diese Zahl auf 30.000 auf. Das Zelt wurde zum Schauplatz für das bis dato größte Bekehrungsevent in der afrikanischen Geschichte. Es fand im November 2000 in Lagos, Nigeria, statt und lockte 1,6 Millionen Besucher an. Wahnsinn! Wie er das allein logistisch gelöst hat, bleibt mir bis heute ein Rätsel.

Nun sollte dieser Pionier mit seinem großen Zelt auch nach Hamburg kommen! Und dann auch noch auf das berühmte Heiligengeistfeld, das direkt neben dem Rotlichtviertel der berüchtigten Reeperbahn liegt. Allein der Name dieses Ortes und das Umfeld haben den Mann Gottes mit Sicherheit extrem motiviert.

Im Vorfeld wurden seine Gottesdienste in allen Gemeinden fulminant angekündigt. Jeder Hamburger Christ wusste davon. Die Messlatte hing hoch: »Diese Veranstaltung wird in Hamburg alles verändern! Nichts wird mehr so sein wie vorher.« Die Werbung klang nach einem Aufbruch, auf den die Kirchen in Hamburg schon so lange gewartet hatten. Weit über 70.000 Besucher sollten auf das Heiligengeistfeld kommen. So jedenfalls hatten es die unverbesserlichen Optimisten prophezeit. Die Frage war nur, was da eigentlich passieren sollte. Würden tatsächlich Flammen vom Himmel fallen, so, wie es die Werbung versprochen hatte? Sollten Blinde wieder sehen können und Aidskranke wieder gesund werden? Und wohin mit den vielen Rollstühlen? Denn die würde ja keiner mehr brauchen, glaubte man den Broschüren, die überall in Hamburg verteilt worden waren. Gelähmte sollten wieder laufen können!

Die Realität sah dann etwas anders aus. Es regnete in Strömen, und nur einige hundert Besucher fanden den Weg auf das Heiligengeistfeld. Ich kann mich an keinen Menschen erinnern, der im Gottesdienst wirklich geheilt wurde. Und auch an niemanden, der tatsächlich Christ geworden und geblieben ist. Feuerflammen über Hamburg wurden auch nicht gesichtet. Schade eigentlich.

Was passierte, das war ernüchternd. Es war sogar das Gegenteil von dem, was uns versprochen wurde. Vor dem Eingang der Veranstaltungen hatten sich einige hundert Autonome aus der Hafenstraße versammelt, um gegen Bonnkes Happening zu demonstrieren. Sie hatten in kunstvoller Hausarbeit eigene Plakate bemalt. Auf dem schwarzen Untergrund war dort in großen, roten Lettern zu lesen: »JESUS KLEBT!«

Die Freunde hielten dieses Schild jedem entgegen, der das Heiligengeistfeld betreten wollte oder nicht. Und natürlich hielten sie es auch dem deutschen Pastor aus Afrika unter die Nase. Diese Inschrift war ihre Art, gegen den Gottesdienst auf dem Heiligengeistfeld zu protestieren. Und es war eine Persiflage auf einen damals sehr bekannten christlichen Slogan. Die Jesusbewegung der 60er-Jahre hatte ihn sich in den USA ausgedacht. Viele hatten den Spruch noch Jahre später auf ihren Autos als Sticker kleben. »Jesus lebt!« (Übrigens: Man kann die Plakette »Jesus klebt« noch heute im Internet auf der Seite www.punk. de bestellen.)

Klebt Jesus wirklich? Ist er nicht mehr von unserer Wirklichkeit zu trennen? Klebt er so stark, dass wir ihn nie wieder loswerden? Ist dieser Kleber so hartnäckig, dass die säkulare Welt nicht von ihm loskommt? Trotz aller wissenschaftlichen Bemühungen? Trotz Habermas und der Kritischen Theorie? Trotz des Versagens der evangelischen Kirche in der Dritten Welt? Trotz Missbrauchsskandalen und Finanzchaos bei den katholischen Christen?

Jesus hat gelebt

Dass Jesus wirklich gelebt hat, darin sind sich mittlerweile alle ernst zu nehmenden Wissenschaftler einig. Kaum ein Historiker würde das heute noch bestreiten. Nicht einmal Erich von Däniken, der Mann, der das All wie seine Hosentasche kennt. Es gibt mehrere Belege des Wirkens Jesu aus alten römischen Schriftquellen. Und diese Quellen wurden per se nicht von Menschen geschrieben, die man als gläubige Christusnachfolger bezeichnen könnte. Darum bezeichnen Historiker diese als neutral.

Jesus war vermutlich ein jüdischer Wanderprediger. Er lebte wohl 30 Jahre in Israel. In seinem kurzen Leben konnte er, hochgerechnet, vielleicht nur zwei bis drei Jahre in der Öffentlichkeit predigen. Damit war seine Wirkungszeit relativ kurz, verglichen mit Micky Mouse oder Jopie Heesters.

Seine wichtigsten Worte sind uns schriftlich überliefert worden. Zu Lebzeiten konnte er mit seinen Ideen vielleicht gerade mal einige Tausend Menschen direkt ansprechen. Auf die Zahl kommt man, wenn man die Zuhörer hinzuzählt, die seine Bergpredigt, die Ansprachen um den jüdischen Tempel und die öffentlichen Predigten auf den Straßen in Israel gehört haben.

Dennoch ist das Christentum heute mit rund 2,26 Milliarden Anhängern die am weitesten verbreitete Religion der ganzen Welt. Weit vor dem Islam (rund 1,57 Milliarden), dem Hinduismus (rund 900 Millionen) und dem Buddhismus (rund 460 Millionen).

Unser Leben ist ständiger Veränderung ausgesetzt. Ob wir das wollen oder nicht. Die Umwelt verändert sich. Wir sprechen vom Klimawandel und der Erderwärmung. Der technische Fortschritt galoppiert unaufhaltsam voran. Vielleicht wird die nächste Generation sogar noch einen bemannten Flug zum Mars erleben, wer weiß. Die Chancen stehen dafür gar nicht so schlecht.

Alles wird immer schneller. Die Autos, die Computer und die Übertragungsgeschwindigkeit der Daten im Internet. Und wir Menschen werden immer älter und können die neuen Errungenschaften der Technik auch nicht lange genug genießen. Zur Zeit erhöht sich die durchschnittliche Lebenserwartung um drei Jahre pro Jahrzehnt.

Der in diesem Buch beschriebene Jesus war ein einzigartiger Mann. Was er gesagt und getan hat, spricht noch heute zu uns. Nach über 2.000 Jahren ist er immer noch ein Vorbild für viele. Er war liebevoll mit den Armen, hat gegen Krankheiten gekämpft und sie besiegt. Er hatte eine gute Nachricht, die er an die Menschen weitergeben konnte. Die Kernaussage dieser Nachricht war: Gott liebt uns!

Der Gottessohn war ein Mensch

Aber Jesus konnte auch aggressiv und laut sein. Wer ihm dumm kam, den konnte er mit harten Worten in seine Schranken weisen. Aggressiv, mit einer Waffe in der Hand, um sich schlagend. Interessant ist auch, dass sich seine Aggressionen nur gegen die Superfrommen gerichtet haben. Gegen Gottgläubige, die immer alles besser wissen wollen. Gegen Fromme, die gern sofort verurteilen, anstatt zuzuhören, nachzufragen und zu verstehen.

Jesus Christus ist heute immer noch so aktuell, wie er es vor Tausenden von Jahren war. Wir müssen ihn bloß neu zu uns sprechen lassen. Direkt, ohne das religiöse Drumherum. Vorher müssen wir nur sein vergilbtes Bild aus dem Rahmen nehmen und gegen ein aktuelleres eintauschen. Jesus war kein Hippie, der das Peace-Zeichen schon in seinen Pupillen trug. Er war kein Robin-aus-dem-Wald, der der Welt den Rücken gekehrt hatte, um nichts anderes zu machen, als zu beten.

Jesus war und ist lebensfreudig und fröhlich. Jesus liebt es, zu feiern, er liebt die Musik und den Tanz. Und Jesus hatte cojones: Eier. Ok, er hatte das besser im Griff als die meisten von uns, aber er war ein sexueller Mensch wie wir auch. Christus möchte, dass wir diese wundersame Erfindung in vollen Zügen genießen. Rauschhaft, verschmelzend, liebevoll und schön.

Mit Jesus kam der Heilige Geist, und dieser Geist hat das neue Gesetz in unser Herz geschrieben. Es geht nicht mehr um etwas, was auf Papier gedruckt wurde. Wir müssen unser Herz nur reinhalten und pflegen, damit sein Wort gut darin aufgehen kann. Es geht um unsere Beziehung mit dem Schöpfer, die gehegt und gepflegt werden will. Wie ein Garten oder ein Spargelacker. Das Buch der Bibel hilft dabei sehr. Aber nur, wenn es als lebendiges Buch verstanden wird und nicht als ein Buch mit toten Buchstaben.

Christus wird uns in der Bibel nicht nur als liebevoller Gutmensch mit Bart und Dauerlächeln beschrieben. Er konnte auch laut sein, schreiend um sich schlagen, wenn ihn etwas richtig wütend machte. Ein Gebetshaus, das als Kaufhalle zweckentfremdet wurde, als Basar, an dem Aal-Andreas und Wurst-Willi ihre Lebensmittel verramschen, gehörte dazu.

Es gibt Geschichten von Jesus, die so wundersam sind, dass man nie weiß, was Dichtung und was Wahrheit ist. Die Geschichte von der Brotvermehrung war so eine. Aber vielleicht zeigt es uns den Menschensohn auch nur von einer ganz menschlichen Seite. Es war ein völlig unnötiges Wunder, womit er vor seinen Freunden möglicherweise auch ein wenig posen wollte.

Manchmal muss man eben genau hinschauen, um den Menschen Jesus hinter dem nostalgischen Schleier zu erkennen, der mehr verhüllt als offenbart. Und dann erkennt man auch, dass Jesus vielleicht noch verrückter war, als wir dachten. Nehmen wir zum Beispiel seine Art, Kriege zu verhindern. Anstelle der gut funktionierenden militärischen Abschreckung schlägt er vor, den Feind zu lieben! Den Feind zu segnen. Dem Feind etwas Gutes zu tun. In der Weltpolitik hat noch keine Regierung diesen Vorschlag Jesu jemals diskutiert oder ernst genommen, geschweige denn umgesetzt. Bis heute.

Sein Kopf steckte eben schon in den Wolken. Aber mit den Füßen stand er auf dem Boden. Er beschäftigte sich mit den alltäglichen Sorgen, die den Menschen auch heute noch plagen. Die Angst vor Krankheit. Die Angst vor dem Tod. Die Angst, den Job zu verlieren. Auch Jesus hatte keine Patentrezepte, er setzte auf Prophylaxe. Er riet den Gläubigen einfach, Gott zu vertrauen. So weltfremd uns das heute auch erscheinen mag.

Ich habe an anderen Stellen aufgezeigt, dass Jesus aus heutiger Sicht wirklich einige verrückte Botschaften verbreitet hat. So glaubte er an den Teufel, er redete und verhandelte sogar mit ihm. In der Begegnung mit dem Bösen blieb Christus aber bei allen Versuchungen stark. Aus seinen Reaktionen können Christen bis heute etwas lernen.

Wenige wissen, dass Jesus nicht nur eine Religion gegründet hat. Er war auch ein großer Prophet. Im Islam ist er sogar nur unter dieser Bezeichnung bekannt geworden. Einiges vom dem, was er in seiner Vorausschau über das Ende der Welt gesagt hat, scheint heute auf einmal überraschend aktuell. Nehmen wir seine Offenbarung an Johannes für bare Münze, dann wusste er sogar, dass wir alle eines Tages nur noch mit Zahlen bezahlen würden. Mit einer Chipcharte, die unsere Kontonummer erfasst. Und diese Vorhersage kam vor für über 2.000 Jahre, wo es noch lange keine Computer gab.

Dabei war es nie sein Ziel, berühmt und erfolgreich zu werden. Im Zentrum seines Wirkens standen immer die anderen, nicht er selbst. Das galt bis zu seinem Tod und auch danach. Christus hat uns klargemacht, dass Karriere um jeden Preis nicht das Ziel sein kann. Egal, wie prall die Früchte unserer Karriere auch sein mögen. Die Frucht, welche aus unserem Herzen erwächst, war ihm viel wichtiger.

Ja, ich stimme zu: Jesus klebt. Wir kommen nicht von ihm los. Ich komme nicht von ihm los. Wie ein alter Werbeaufkleber hängt er auf unserer Geschichte. Da können wir rubbeln, so viel wir wollen. Wir können es auch mit einem Spachtel probieren, mit Stahlwolle oder mit Spiritus. Wir werden ihn nicht los.

Aber es gilt auch: Jesus lebt. Das bedeutet für mich: Er existiert, und man kann sogar heute noch mit ihm reden. Er lebt in einer anderen Welt, die zwischen unseren Welten verborgen ist, fernab von unserer Realität, und doch ganz nahe.

Vieles, was er heute tut oder nicht tut, verstehen wir nicht. Das braucht Menschen aber nicht davon abzuhalten, sich mit ihm zu beschäftigen. Wenn Jesus die Hinrichtung an diesem Kreuz wirklich überlebt hat, wenn er nach drei Tagen im Leichenraum plötzlich wieder aufgestanden ist und mit seinen Freunden geredet hat, dann ist das ein richtig großes Wunder. Wissenschaftlich nicht zu erklären, total verrückt und doch eine wunderschöne Geschichte. Überall auf der Welt berichten Menschen, dass sie ihn gesehen und erlebt haben. Seit über 2.000 Jahren taucht er hier und da immer wieder auf. Als Mensch, als Gott, als Geist. Er lächelt uns an. Er schaut sich um, wie sich seine Erde mit den Jahren verändert hat. Er schaut, wie die Menschen, wie wir uns in den Jahren verändert haben. Und er schaut in unsere Herzen.

Wenn wir ihn lassen, dann ist er überall dabei. In der Uni, auf der Arbeit und im Wartezimmer des Jobcenters. Auf dem Schulhof, in Bussen und Bahnen, in der Sauna. Und auch auf der nächsten Party, dem nächsten Open-Air-Festival und der Kifferrunde im Stadtpark.

Sein Name ist Jesus Christus, aber man nannte ihn auch den »Immanuel«. Weil er eben nicht in einem unberührbaren Universum blieb. Gott ist einer von uns, Gott ist mitten unter uns. Er ist uns nahegekommen. Sehr nahe sogar.

Mit ihm zu leben macht Spaß. Es macht Sinn, und es schützt Dich. Es schützt Dich davor, innerlich auszubrennen, vor der Rache, dem unheilbaren Schmerz und vielem anderen mehr.

Zum Schluss meine ganz persönliche Empfehlung: Nimm Dir die Zeit, die Du brauchst. Überprüf für einen Moment Dein eigenes Gottesbild. Versuche, in Dein Selbst, in Dein Herz zu schauen. Überprüfe seinen Zustand. Ist es noch weich oder schon hart geworden? Empfänglich für den Samen, der vom Himmel fällt, oder eher nicht?

Vielleicht ist der Zeitpunkt ja auch für Dich gekommen, einmal bei Jesus anzuklopfen. Seine Tür ist unsichtbar. Sie steht in einer anderen Dimension. Aber sie ist nur ein Gebet weit entfernt.

Klopf, klopf, klopf! Er wird seine Tür bestimmt öffnen. Vielleicht nicht sofort, aber er wird es tun. Das hat er versprochen. Und dann könnte aus dem vergessenen Jesus ein bekannter Jesus werden. Ein Gott, der Dich als Freund gewinnen will. Mit dem man über alles reden kann. Zu dem man beten kann. Und den man auch anbeten kann, wenn es soweit ist.

Martin Dreyer

Mein Credo.
Was ich glaube

Nach all dem Kritischen in diesem Buch, dem Hinterfragen und Neudenken, dem Distanzieren, dem Zertrümmern von falschen Gottesbildern und dem Entwurf von neuen Gottesbildern, möchte ich abschließend meinen eigenen Glauben bekennen. Hier ist mein ganz persönliches Credo.

Das Wort Credo stammt aus dem Lateinischen und heißt übersetzt »ich glaube«. Seinen Glauben in einer liturgischen Form zu bekennen, hat eine lange Tradition. Jede christliche Kirche bekennt regelmäßig ihren Glauben in dieser Form.

Ich habe mich entschieden, das entlang des Apostolischen Glaubensbekenntnisses zu tun. Dieses Bekenntnis wird in der weltweiten Kirche von allen Konfessionen als allgemein gültig anerkannt. Bei all den Kämpfen um unterschiedliche theologische Positionen ist das schon etwas Besonderes.

Wie so Vieles im Glauben birgt aber auch dieses Bekenntnis die Gefahr, es ohne Herz, ohne innere Beteiligung zu sprechen. Es einfach so aufzusagen wie einen Vers oder ein Gedicht, ohne es zu meinen. Ohne die Worte mit Leben zu füllen. Nach meinem Gefühl wird es in vielen Kirchen an einer Stelle im Gottesdienst einfach nur heruntergeleiert, ohne eine innere Beteiligung, ohne Emotion, ohne den nötigen Respekt. Und dann ist es eigentlich auch kein Bekenntnis mehr, sondern nur noch eine leere Worthülse.

Die theologische Forschung sagt, dass unser Apostolisches Glaubensbekenntnis bereits im 5. Jahrhundert nach Christus in Gallien entstanden ist. Das Original wurde natürlich in Latein verfasst.

Ein Glaubensbekenntnis ist immer auch eine Art Zusammenfassung der eigenen Überzeugungen. Jeder Christ sollte beides kennen und praktizieren. Ein einheitliches Glaubensbekenntnis, das alle Christen weltweit sprechen. Was sie verbindet und vereint. Aber auch ein ganz persönliches Glaubensbekenntnis. Eine eigene Formulierung, die den eigenen Glauben ausdrückt. Etwas, was letztendlich nur durch die eigene Geschichte mit Gott geschrieben werden konnte.

Ich glaube an Gott

Ich, Martin Dreyer aus Berlin, habe einen Glauben. Dieser Glaube gründet sich auf eine höhere Macht. »Ich glaube« bedeutet für mich, dass ich dieser höheren Macht, diesem Gott, vertraue. Ich glaube nicht nur, dass er existiert, ich vertraue ihm auch. Ich vertraue diesem Gott mein ganzes Leben an. Er ist vertrauenswürdig, weil er mich liebt. Ich glaube, dass dieser Gott wirklich Gott ist. Das bedeutet: Er steht über allen Dingen. Er steht über der Zeit. Über der Wissenschaft. Über dem ganzen Universum. Er verfügt über unendliche Kraft. Aber es ist auch mein ganz eigener Glaube. Das »ich« ist mir wichtig. Denn ich habe erlebt, dass andere Menschen ihren Glauben anders erfahren und ausleben.

… den Vater, den Allmächtigen, den Schöpfer des Himmels und der Erde.

Ich glaube, dass Gott verschiedene Seiten hat. Verschiedene Arten, wie er sich den Menschen gegenüber ausdrückt. Auch wenn es ein- und derselbe Gott ist. Gott stellt sich mir als ein Vater dar. Schon Jesus Christus hatte Gott als seinen Vater benannt.

Gott ist ein guter Vater. Er ist ein Vater, der mich auch mitgezeugt hat. Nicht nur mein irdischer Vater ist für meine Zeugung verantwortlich, sondern auch mein göttlicher Vater. Seine Gene stecken in meinen Genen. Wie das genau passiert ist, weiß ich nicht. Aber ich glaube es. Gott hat mich gewollt. Ich bin nicht zufällig entstanden, Gott wollte, dass ich lebe. Ich darf zu diesem Gott eine Beziehung haben wie zu einem Vater. Einem Vater, der mich liebt, wie seinen eigenen Sohn. Einem Vater, der mich anfeuert und fördern will. Ein guter Vater. Dieser Vater ist mächtig, er kann alles. Es gibt für ihn keine Grenzen, weder Grenzen in der Zeit noch in der Naturwissenschaft. Und ich glaube, dass er der Schöpfer des Himmels und der Erde ist. Der Himmel und die Erde sind nicht zufällig entstanden. Nicht aus Versehen. Es gibt einen Plan dahinter. Einen göttlichen Plan. Himmel bedeutet für mich alle Universen im Weltall, aber auch alle Parallel-Universen, eine Welt also, die man nicht sieht. Erde bedeutet für mich die Natur, aber auch alle Naturgesetze, alles Geschaffene, jede Pflanze, jedes Tier. Und auch jeder Mensch.

... Und an Jesus Christus, seinen eingeborenen Sohn. Unseren Herrn.

Ich glaube, dass es Jesus Christus gibt, dass er immer noch existiert, dass man mit ihm kommunizieren kann. Ich vertraue diesem Jesus Christus voll und ganz. Ich glaube, er ist das einzige Kind Gottes gewesen ist, welches direkt von ihm abstammt. Auch wenn jeder Mensch sich als Kind Gottes verstehen kann, war er in einer besonderen Weise einzigartig in seiner Beziehung zu ihm. Ich glaube, in Jesus Christus können wir alles finden, was Gott ausmacht. Gottes Charakter können wir an Jesus Christus ablesen. Gottes Art, mit den Menschen umzugehen, können wir an Jesus Christus ablesen. Jesus kam als menschliches Baby auf die Welt. Er war ein ganz normales Kind, mit allem, was einen Menschen ausmacht. Er musste essen und trinken, er wusste, wie es ist zu frieren. Er mochte es, umarmt zu werden. Er war auch müde und brauchte seinen Schlaf. Und genau dieser normale Mensch wurde von Gott zum Chef, zum Herrn der ganzen Schöpfung erklärt. Ich glaube, dass Jesus unser uneingeschränkter Chef sein muss. Alle Entscheidungen sollten über seinen Schreibtisch laufen. Er sollte uns beherrschen. Er muss das Sagen haben. Er muss unser Herr, unser Herrscher genannt werden. Nur dann ist es richtig. Aber seine Herrschaft über uns ist ein Dienst an uns. Er bietet uns seine Freundschaft an, und jeder kann sie annehmen. Als Chef und Herr ist er auch Diener und Knecht geworden. Er hat die Karriereleiter auf den Kopf gestellt. Ganz oben wurde zu ganz unten. Ganz unten wurde zu ganz oben.

… empfangen durch den Heiligen Geist. Geboren von der Jungfrau Maria.

Ich glaube, dass ein Teil von Jesus Christus durch die Geburt in einem menschlichen Körper voll und ganz menschlich war. Das ist der Teil, der von Marias Körper stammt. Gott kann neues Leben erschaffen. Und er kann auch das Leben in einer Frau erschaffen, ohne dass ein männlicher Same dazu nötig gewesen wäre. Ich glaube, dass die lebensschaffende Kraft Gottes, sein Heiliger Geist, das reife Ei in Maria befruchtet hat. Das scheint wundersam zu sein wie all das andere auch, was er getan und gesagt hat. Aber für Gott ist so eine Befruchtung ein leichtes Spiel. Gott hat mit einem Hauch die Meere gemacht, mit einem Wort das Licht und die Pflanzen. Er kann das. Ich glaube tatsächlich auch, dass Maria eine Jungfrau war. Das ist kein Übersetzungs-fehler, sondern die Wahrheit. Zu dieser Zeit waren alle jungen Frauen noch Jungfrauen, es sei denn, sie haben als Tempelpros-tituierte gearbeitet. Das war Maria aber nicht. Sie hatte noch nie mit einem Mann geschlafen und bekam trotzdem ein Kind: Jesus.

… Gelitten unter Pontius Pilatus,

Ich glaube den Erzählungen um den Tod Jesu, so wie sie uns im Neuen Testament überliefert werden. Jesus Christus wurde tatsächlich verhaftet und vor einem menschlichen Gericht an-geklagt. Da Israel in der Zeit von der römischen Armee besetzt war, konnte es selbst keine Todesurteile aussprechen und voll-strecken. Vor dem römischen Gericht konnte man keine Schuld finden, die eine Strafe verdient hätte. Eigentlich hätte man ihn freisprechen müssen. Aber auf Druck der jüdischen Elite wurde er verurteilt. Römische Soldaten folterten ihn, er wurde ausge-peitscht und gedemütigt. Und das, obwohl er juristisch gesehen tatsächlich unschuldig war. Ich glaube, dass dies in der Zeit und der Verantwortung des römischen Herrschers Pontius Pilatus passiert ist. Und ich glaube, dass dies so geschehen musste, dass Gott das aus bestimmten, nicht immer nachvollziehbaren Grün-den so gewollt hat.

… gekreuzigt,

Ich glaube, dass Jesus Christus an einem Kreuz hingerichtet wurde. So war es damals für Schwerverbrecher üblich. Das war und ist ein schrecklicher Tod. Er wurde mit Nägeln oder mit einem Tau an das Kreuz befestigt. Dann steckte man das Kreuz an einer Stelle in den Boden. Der Tod setzte entweder durch

Verdursten, durch Ersticken oder durch Verbluten ein. Es war eine Methode der Hinrichtung, die den Verurteilten mit Absicht langsam und grausam töten sollte.

... gestorben,

Ich glaube, dass Jesus Christus die Folterungen mit der anschließenden Kreuzigung nicht überlebt hat. Sein Herz hörte auf zu schlagen, seine Hirntätigkeit stellte sich ein. Sein Organismus hatte an keiner Stelle mehr die Energie, einen Zerfall des Körpers zu verhindern. Er war tot.

... und begraben,

Ich glaube, dass man seinen Leichnam nach einer Zeit vom Kreuz heruntergenommen und ihn in einer Grabhöhle beerdigt hat. Die Grabhöhle hatte ein fremder, wohlhabender Mann gestiftet. So war es damals üblich. Dort lag sein Leichnam dann für einige Zeit.

... hinabgestiegen in das Reich des Todes,

Ich glaube, dass Jesus die drei Tage, in denen er tot war, tatsächlich im Totenreich gewesen ist. Das Reich des Todes wird uns nicht näher beschrieben. Vom Wort her glaube ich, dass an diesem Ort die Seelen aller gestorbenen Menschen verweilen. Was er dort getan hat, ist mir nicht bekannt. Ich glaube, dass es im Reich des Todes keine Zeit gibt, wie wir sie kennen. Ich glaube, dass Christus dort allen bis dahin gestorbenen Menschen begegnet ist und jedem, der noch sterben wird. Und ich glaube, dass jeder Mensch von dort noch eine weitere Chance erhält, mit ihm in das Reich der Himmel zu kommen.

... am dritten Tage auferstanden von den Toten,

Ich glaube, dass die Kraft in Jesus Christus, die Gott in seinen Geist gelegt hatte, stärker war als der Tod. Ich glaube, es handelt sich um die gleiche übernatürliche Kraft, mit der er in den Jahren zuvor Menschen heilen und Tote ins Leben zurückholen konnte. Ich glaube, dass er nach drei Tagen tatsächlich wieder Leben in sich gespürt hat, sein Körper und sein Geist sich regeneriert haben und er wieder vollständig ins Leben zurückgekommen ist. Und das, obwohl er vorher, wie man heute sagen würde, »klinisch« für drei Tage tot war. Für mich ist das eine der zentralen Botschaften des Christentums. Jesus war stärker als der Tod. Er ist auferstanden.

...aufgefahren in den Himmel.

Ich glaube, dass Jesus Christus nach diesem Ereignis noch einige Tage mit seinen Schülern verbracht hat. So wird es uns in der Bibel geschildert. Ich glaube, dass er anschließend körperlich in eine andere Dimension gebeamt worden ist. Nennen wir sie Himmel. Es ist eine Dimension außerhalb oder neben unserer Wirklichkeit. Dort »wohnt« Gott. Wie das genau passieren konnte, ist mir ein Rätsel. Da Christus aber auch zu Lebzeiten viele rätselhafte Dinge getan und gesagt hat, beunruhigt mich das nicht.

... Er sitzt zur Rechten Gottes, des allmächtigen Vaters.

Ich glaube, dass die Position, in der sich Jesus Christus seither befindet, schwer einzuordnen ist. Er befindet sich gleichberechtigt neben Gott. Er sitzt zu seiner Rechten. Zur Rechten Gottes sitzen bedeutet auch, dass er sich in der gleichen Stellung wie Gott befindet. Und das muss bedeuten: Jesus kann alles, ihm ist nichts unmöglich. Er hat die gleiche Macht wie Gott. Vorher hatte er zu seinen Schülern noch gesagt, dass er immer bei ihnen sein wird. Solange, bis es diese Welt nicht mehr gibt. Daher glaube ich, dass Jesus auch immer in greifbarer Nähe zu den Menschen ist, die ihm vertrauen. Er ist in unserer Nähe. Auch wenn das schwer zu begreifen ist: gleichzeitig auf dem Thron bei Gott zu sitzen und auf der Welt zu sein auf Augenhöhe mit den Menschen. Dies Versprechen galt und gilt allen, die seine Schüler sind, die sich von ihm etwas beibringen lassen wollen. Denen ist er nahe. Ich glaube, dass diese überdimensionale Nähe von Christus zu den Menschen, die an ihn glauben, erst durch den Heiligen Geist möglich wurde.

... Von dort wird er kommen zu richten die Lebenden und die Toten.

Ich glaube, dass es ein »Richtig« und ein »Falsch« gibt. Ich glaube, dass Gott einen konkreten Willen für jeden Menschen hat. Nach meiner Überzeugung ist alles, was Gott von uns will, auch immer gut für uns. Ich glaube nicht, dass Gott ein Despot ist, ein ungerechter Herrscher, sondern ein liebender Vater. Er steht über den Dingen. Gott will uns nicht beherrschen, er will uns lieben. Gott möchte eine Liebesbeziehung zu uns, wie Kinder sie zu ihrem liebenden Vater haben. Das hat uns Christus gelehrt. Darum braucht kein Mensch dieses Gericht wirklich zu fürchten. Solange er eine Beziehung zu Jesus Christus hat und nicht im Hass oder in einer Revolte gegen Gott lebt, wird das Urteil immer versöhnlich und voller Liebe sein. Und dennoch wird es einen Tag geben, an dem sich jeder Mensch für seine

Taten vor Gott rechtfertigen muss. Jesus wird bei dieser Verhandlung eine besondere Rolle haben. Für den Jesusgläubigen wird er wie ein Anwalt auftreten und den Gläubigen verteidigen. Da ich mir schwer vorstellen kann, dass ein liebender Gott seine Geschöpfe für die Ewigkeit von ihm getrennt sein lässt, bin ich mir unsicher in der Frage, ob er diesen schrecklichen Ort der Hölle auf Ewigkeit für alle Ungläubigen reserviert hat. Und bin auch unsicher über die Dauer der Strafe in der Hölle. Aber so eine Art Gerichtsverhandlung wird es geben, für alle.

... Ich glaube an den Heiligen Geist,

Ich glaube an alles, was uns in der Apostelgeschichte überliefert wurde. Ich glaube, dass Jesus, als er bei Gott dem Vater angekommen war, tatsächlich diesen Geist auf die Erde geschickt hat. Ich glaube, dass es sich bei diesem Geist um eine Art unsichtbare göttliche Kraft handelt. Diese Kraft kann in jeden Jesusnachfolger einziehen. Keiner ist in der Lage, zu Jesus zu finden ohne sie. Ich glaube, dass jeder Christ, der Christus sein Herz gegeben hat, über diesen Geist verfügt. Ich glaube, dass wir diesen Geist als Kraft in uns wahrnehmen können. Ich glaube aber, dass es unterschiedliche Stärken und Dimensionen davon gibt, inwieweit diese Kraft in einem jesusgläubigen Menschen wohnt und wirkt. Ich glaube, dass uns dieser Geist als Sender und Empfänger in einer übernatürlichen Welt zur Verfügung steht. Ich glaube, dass man dieser Kraft Raum im eigenen Leben geben kann. Man kann sie aber auch verdrängen, einengen, verleugnen und nicht wahrnehmen. Ich glaube, dass man Gott immer bitten kann, mehr von diesem Heiligen Geist zu schenken. Ich glaube, dieser Heilige Geist ist ein sehr zurückhaltender Geist. Er drängt sich einem Christen nicht auf. Er folgt den Regeln der Selbstbestimmung.

Er überfordert niemanden und kommt nur in der Stärke, wie man es zulässt, wie man bereit dafür ist.

... die heilige christliche Kirche,

Ich glaube, dass diese Kirche nicht als eine einzelne Organisation zusammengefasst und genannt werden kann. Keine der Teilkirchen kann für sich behaupten, die einzig wahre Kirche zu sein. Die Gesamtkirche besteht aus verschiedenen Teilkirchen, die alle unterschiedliche Überzeugungen in Teilfragen der Theologie haben. Die Kirche im Allgemeinen ist fehlerhaft und nicht heilig. Ich glaube, dass ein Christ ohne die Unterstützung der Kirche nicht lange existieren kann. Glaube braucht Gemeinschaft, wir brauchen Geschwister im Glauben. Zur Unterstützung und zur Korrektur. Ich glaube, dass jeder Mensch, der Jesus Christus in seinem Herzen trägt, Teil der großen Kirche ist. Die Gemeinschaft aller Gläubigen, die Gemeinschaft aller Christen ist etwas, das Gott gestiftet hat. Daher hatte es eine göttliche DNA, daher ist es heilig. Auch wenn das nach einem Widerspruch zu meiner These von der Fehlerhaftigkeit der Institution Kirche klingt.

... Gemeinschaft der Heiligen,

Ich glaube, dass jeder Mensch, der Christus in sich trägt, in einem gewissen Sinn heilig ist. Weil Christus heilig ist, wird auch der Mensch heilig, in welchem er wohnt. Gott sieht ihn als heilig an, auch wenn er nicht heilig lebt. Zu hundert Prozent heilig leben kann keiner, es ist ein Ziel, welchem ein Christ nachstreben sollte. Wenn sich viele Menschen versammeln, die in diesem Sinne heilig sind, passiert immer etwas Besonderes. Auch wenn es Kräfte gibt, die diese Gemeinschaft auseinander bringen wollen, ist meine feste Überzeugung, dass jeder Christusgläubige die Gemeinschaft mit anderen Gläubigen braucht. Kein Christ kann alleine seinen Glauben auf Dauer erhalten. Die Gemeinschaft der Heiligen ist eine Realität, die Raum und Zeit durchbricht. In dem Augenblick, wo ich mein Vertrauen auf Christus setze, bin ich mit allen Heiligen, die jemals gelebt haben und jemals leben werden, auf geheimnisvolle Art und Weise verbunden.

...Vergebung der Sünden,

Ich glaube, dass jeder Mensch in seinem Leben Dinge tut, die nicht richtig sind. Ich glaube, dass Gott nur das als Sünde bezeichnet, was auch schlecht für den Menschen ist. Ich glaube nicht, dass es Gott nötig hat, einen komplizierten Regelkatalog in ein Buch für uns zu schreiben, ohne Sinn und Verstand. Und ich glaube nicht, dass nur derjenige, welcher diese Regeln befolgt, in den Himmel kommt. Ich glaube, dass sich Gottes Wille für jeden Einzelnen aus der Beziehung zu ihm ergibt. Ich glaube, dass Christen nicht mit einem Buch in Verbindung stehen, sondern mit einem lebendigen Gott. Sünde definiert sich für jeden Einzelnen aus einer lebendigen Beziehung zu Jesus Christus. Das bedeutet auch: Was für den einen eine Sünde, muss nicht für den anderen eine Sünde sein. Der lebendige Gott hat beschlossen, sein Gesetz in unser Herz zu schreiben. Und jedes Herz ist anders. Ich glaube, dass Menschen die Tendenz haben, sich selbst und andere zu verletzen. Wir haben die Tendenz, unsere Umwelt zu zerstören. Wir haben die Tendenz, uns selbst zu zerstören. Gott kann nicht alles gut finden, was wir tun. Mit unseren Taten verletzen wir auch ihn. Wenn wir Dinge tun, die seine Liebe zu uns in Frage stellen, ist das wie ein Graben, der zwischen uns und ihm entsteht. Darum musste Jesus kommen. Auf für uns heute nicht vorstellbare Weise hat Gott dieses Problem mit der Kreuzigung Jesu gelöst, unerklärlich und geheimnisvoll. Dadurch war es möglich, immer wieder neu im Leben mit Gott anzufangen. Ich glaube, jeder Mensch kann Jesus Christus um Vergebung seiner Schuld bitten, und ich glaube, jeder wird sie erhalten. Er muss nur seine Taten auch von Herzen bereuen. Für die Vergebung der Sünden braucht es keinen Priester oder Pfarrer, obwohl es dabei ungemein hilft. Das ist Gottes Aufgabe. Seine Vergebung soll es uns ermöglichen, auch Vergebung untereinander zu praktizieren. Ich glaube, dass Rache, Vergeltung, Zurückschlagen nie der Weg ist, den Jesus uns vorgelebt hat und den wir gehen sollten. Das bezieht sich auf alle Bereiche des Lebens, von der Beziehung zu Freunden bis hin zu Beziehungen unter Staaten.

... Auferstehung der Toten,

Ich glaube, dass eines Tages alle Menschen, die jemals gestorben sind, wieder lebendig werden. Den Zeitpunkt, wann das geschehen wird, kennt nur Gott. Ich glaube, dass es einen himmlischen Ort geben wird, an dem alle Geschöpfe in Frieden miteinander leben werden. Ich glaube, dass es an diesem Ort Kommunikation, Berührungen und auch Musik geben wird. Ich glaube, dass die Auferstehung der Toten passieren wird, wenn es mit dieser Welt zu Ende geht. Ich bin mir ganz sicher, dass der Tod als eine reale Macht durch die Auferstehung Christi endgültig besiegt wurde. Dieser Sieg wird an einem unbestimmten Tag vollendet werden, wenn wir alle nach unserem Tod vor Gott treten.

... und das ewige Leben.

Ich glaube, dass es kein endliches Leben, sondern nur ewiges Leben gibt. Das betrifft aber nur die Seelen, nicht unseren Körper. Ich glaube, dass jeder Mensch nach dem Tod in einen anderen Seinszustand übergehen wird. Wie dieser Zustand genau aussieht, vermag ich nicht zu sagen. Ich glaube aber, dass wir in diesem Zustand keinen Körper mehr haben werden. Er wird nicht so sein, wie wir ihn jetzt kennen. Ich glaube, dass es in diesem Zustand kein Leid mehr geben wird. Es wird keinen Grund mehr geben zu weinen. Wir werden keine Angst mehr kennen. Es wird kein Geschrei mehr über unnötige Dinge geben. Es wird ein Zustand der totalen Liebe sein, der innigen Zweisamkeit mit Gott, in unermesslichem Frieden. Und dieser Zustand wird für immer anhalten, ewig. Dieser Ort und dieser Zustand ist das, was wir heute unter dem Namen Paradies kennen.

Das ist mein Credo. Mein ganz persönlicher Glaube. Meine Hoffnung, für die ich lebe.